onomy of
w Aesthetic Categories

新審美美

經齊

著 潘罡

新審美經濟：數智時代文化產業研究的範式演化

向勇

（北京大學藝術學院教授、北京大學文化產業研究院院長）

　　潘罡博士是一位博學多聞、勤勉用功的學者。他接受過台灣大學四年本科英語文學的語言訓練，酷愛西方古典音樂和經典繪畫，對西洋文化的熟稔自不必言。他曾是一名資深媒體人，有過長期在媒體從事藝文領域深度評論報導的工作經歷，積累了雄辯綿密的寫作風格。

　　在取得了北京大學文化產業研究方向的藝術學博士學位之後，他以職業學者的身分轉戰學術領地，先後在兩岸幾所高等院校深耕教研，幾年前落腳台南藝術大學，專注音樂文化創意和審美經濟的研究。在他潛心多年深研的學術大作《新審美經濟》即將付梓之際，囑我為其作序。手捧書稿，揣其心力，甚感榮焉。

　　審美研究一直是美學家的專屬領域。美究竟是一種客觀的「物象」，還是一種主觀的「圖像」，亦或是一種主客交融的「意

象」？面對這些問題，柏拉圖、亞里士多德、奧古斯丁、托馬斯·阿奎那、康德、席勒、黑格爾、叔本華、尼采、克羅齊、杜夫海納、孔子、老子、莊子、柳宗元、王夫之、葉燮、石濤、梁啟超、王國維、蔡元培、朱光潛、宗白華、李澤厚、葉朗等中外美學家給出了各自的理解。

無論如何，歷代美學家都承認美不是一種邏輯判斷，而是一種前邏輯的直覺感知。正是在這個意義上，鮑姆加通構建了美學作為「感性學」的學科地位。當然，在沙特看來，這種審美的直覺感知不是「被動的直覺」，而是「主動的想像」。18世紀以來，隨著大眾審美興趣的興起和現代藝術市場的確立，約翰·凱恩斯、利奧尼爾·羅賓斯、威廉·鮑莫爾、大衛·索羅斯比、理查德·凱夫斯、露絲·陶斯、詹姆斯·海爾布倫、厲以寧、魏傑等中外經濟學家也開始關注審美在人們理性決策行為中扮演的角色。從這些美學家和經濟學家的論述中可以看出，人的審美意識古已有之，審美需求作為人的精神需求，可以促使人的藝術化生存，這是「人之為人」最為本質的生存特徵。

審美意識是時代的產物，不同時代有不同的審美感知，不同時代的審美感知就產生了不同時代的審美範疇。從古希臘「單純、靜穆、和諧」的優美，到中世紀的「高尚、聖潔、神聖」的崇高，從18世紀的浪漫、19世紀的理性到20世紀的荒誕，審美意識經歷不同時代的洗禮而完成歷史的嬗變。

潘罡認為，只要是能夠帶來審美快感、激發「燦爛的感性」

的審美範疇，都應該成為審美經驗的一員，具有激發審美愉悅的審美價值。潘罡通過學術術語的歷史爬梳和嚴謹考證，澄清了「審美」與「美學」兩個詞彙在英文世界與中文世界的區別與聯繫。他認為，美感作為審美經驗的一種感知，正在超越「美感、崇高、幽默、模仿、滑稽與嘲諷」等傳統的審美範疇，形成在當今世代更為活躍的「沉浸」、「可愛」、「奇觀」與「振奮」新審美範疇。在此基礎上，潘罡構築了其「新審美範疇經濟學」的理論基石。

審美經濟來自於審美價值的生產、分配、交換和消費等人的審美活動的全過程。審美價值在華爾特·班雅明那裡發展為膜拜價值和展示價值，隨著日常生活審美化的社會發展和科學技術的日益進步，審美價值以「符號價值」的形態正在進行一種「全面的審美化進程」，全面滲透到人的「所有生活經驗」。在格羅特·波默（Gernot Böhme）看來，審美經濟是資本主義經濟要素的「進步狀態」，推動了人的審美勞動和審美消費的生活生產行為。審美經濟是人們通過審美勞動滿足人的無限需求的結果，是滿足人們情感體驗、精神愉悅的審美消費的結果。

在潘罡看來，審美經濟「指涉多樣的感性範疇」，強調一種新型實用價值的「演示價值」，審美價值與審美經驗、審美愉悅構成了三位一體的關係。在這裡，潘罡以一種歷史發展主義的「審美範疇觀」，去直面那些經由影音產品、網絡產品所帶來的「虛幻的滿足」、「迷狂的娛樂」等審美體驗，從而拓寬了審美愉悅的概念範疇和適用範圍。凡是能帶來姚斯所謂「創

造的快樂」的審美愉悅、「觀照神會」的審美愉悅、「心靈淨化」的審美愉悅、馬斯洛所謂「高峰體驗」的審美愉悅，只要能「帶來圓滿性、創造性和超越性心理感受」的「新感性能力」，都被潘罡納入審美範疇，都可以成為審美經濟的研究範疇。

　　潘罡引證了大量的經典文獻，詳述了「可愛」、「搞笑」、「有趣」、「酷」等那些被傳統審美範疇忽略的審美感知如何成為當代美學領域的論述焦點。潘罡認為，「沉浸式（immersive）」、「奇觀化（spectacle）」、「可愛（cuteness）」以及「認同和振奮（identity & thymos）」成為當代審美經濟最為重要的四大驅動力。

　　奧利維耶・阿蘇利（Olivier Assouly）認為，審美不只是社會現象或經濟現象，也是一種特殊的意識形態，品味的工業化、審美的資本化是資本主義文化生產的主要形式和時代趨勢。潘罡將審美資本聚焦到「沉浸、可愛、奇觀與振奮」等審美範疇，詳細地論述了「古典日常化」的「驚奇」與數字時代的「奇觀振奮」，數字科技驅動下的「沉浸式審美」及其與「擬真」、「崇高」的審美聯繫，「可愛的演示」在性別消費、圖式消費與世代轉變的不同表現形式，後人類「認同的振奮」及其帶來的經濟奇蹟，最終構建出一套審美經驗的範疇圖式。潘罡的這套審美經驗圖式是在「感性的直覺」和「智慧的直覺」作用下，具有感性導向、語意導向、詮釋導向和價值導向等四種審美狀態。在他看來，日常生活全過程的審美化是文化產業和審美經濟發生的內生動力，而傳統精緻藝術的當代轉化、當代文化產業的

蓬勃發展又持續激發出新的審美範疇。

　　正如潘罡所言，「審美經驗是人生最可貴的資產」。文化產業是人們審美意識蓬勃激盪的結果，其終極目的是為了滿足人們的審美經驗。文化產業研究不只關注文化產品在生產、流通、分配與消費過程中的價值實現機制，更要揭示文化產業作為意義生產的審美價值。如果說波默審美經濟的研究開創了文化生產審美經濟的理論審視，那麼潘罡的新著則給我們拓展了數智時代審美經濟研究的詮釋範疇，帶給我們知識的啟迪。

　　這本書凝聚了潘罡多年心血，它全面而系統地闡明了潘罡對審美經濟理論的基本構想，完成了潘罡自身的一次學術總結和學術超越。

為新現象歸納，為新審美立言

林谷芳

（前中華文化總會副會長、國策顧問、

佛光大學藝術學研究所前所長）

　　這是一本對審美經濟作哲學性思惟的書。

　　這時代談哲學，有時很尷尬，原來，哲學是一種對事物作本質性思惟的學問，它的目的在超越一般浮面觀察，深究現象之「實然」，以為生命「應然」之依，而此本質性的詮釋，原是總覽既存現象的一種歸納演繹，但尷尬的是：就在這個時代，每天都有太多新生事物，它們不僅非過去所有，甚至已非過去所能想像。

　　資訊化是工業化以來的最大躍進，信息乃至物件盡乎可以無限高真複製，而「虛擬實境」又是在這之上的發展，它將人類的「實然」經驗擴充至「實存」的時空之外，現象世界中的真與假、虛與實既多溢乎既存經驗，哲學之作為指導性、本質性學問的角色自然面臨質疑。

　　然而，雖說如此，卻不能就否定哲學性的思惟，畢竟，當

代事物許多既已溢出經驗之外，缺乏總體觀照，人就更容易被現象所牽而盲撞地走向未來；反之，有了深度思惟，新事物就更可能成為生命與文明的資糧。

本書的作用正在於此，新審美經濟一詞，說明了所面對的是新問題，這問題不只是現象的，更深的，還牽涉我們究該如何看待人類的感知經驗，而作者在此，面對當代的多樣性，在傳統的審美外，又為我們提出了四個新的範疇：奇觀、沉浸式劇場、可愛的演示、認同與振奮，不僅對新經驗的出現提供了另一向度的觀照，對許多人眼中所謂流行的、商業的、日常的審美化實踐，其在生命與文化上的可能意義，也作了一定的描述與奠基。

本書是作者的論文寫作，作為論文，批判性意識是必需的，面對傳統主流——這裡包含古典、前衛等種種菁英思惟，本書在此的基點非常清楚，而由於本書更多著力於本質性思考，如果要對作者有更進一步的期許，那就是，這新審美經濟對生命所帶來的正負作用，在未來若能有更多的描述與論證，相信所起的作用也將更大。

潘罡是老朋友，為人敦厚，治學尤勤，對西方古典藝術有他的專精，長年的記者生涯，則讓他對前衛乃至民族藝術也有一定的領略，而這本書既能跳出作者原先的背景，作反向或超越性的思考，對於未來更進一步的論證，相信也必指日可待！

是為之序！

自序

　　本書論證在當代文化產業與審美經濟風潮下，一些新的審美範疇蔚然成形，包括劇場的沉浸式審美（immersive）帶來前所未有的藝術欣賞經驗；可愛（cuteness）及其相關授權商品提供消費大眾建構社交生活並獲得認同的契機；奇觀（spectacle）掙脫被預言的同質化窘境，在新媒體與表演藝術等領域中展現旺盛創造力；網際網路世界中尋求認同的振奮（thymos），也正改變社會結構與秩序。

　　上述論證首先是釐清當代審美研究已回到當年美學學門創立者鮑姆加通的原初構想，不再侷限於美感闡釋與藝術哲學，而是探索多樣的感性狀態，也不再侷限於傳統藝術領域，而是關注當代可能發生的所有審美經驗，包括日常生活審美化的實踐。其次，影音多媒體、資通訊科技與網際網路，形塑了新的感知模式、意義與價值，成為當代經濟最主要驅動力，帶來迥異於印刷文字時代的生活樣貌，並與歷史上人類發明的所有媒介大匯流，邀請社會大眾以其心靈與感官創造性參與。

　　因此新的審美範疇是時代產物，它們不是阿多諾所形容的虛幻娛樂；相反地，它們如同美感、崇高、幽默等傳統範疇，都能帶來審美愉悅，某些極致狀態下，同樣激發出「燦爛的感性」，為吾人生命開展出一個意義豐滿的超越境界，沉浸式審

美就是最佳範例，活絡的產業生態也正圍繞著這些新的審美需求蓬勃發展中。無可諱言，當代文化產業商品與作品一如過往的文化藝術創作，品質必然良莠不齊，但消費者依然可積極展現主動性，尋覓並建構多元審美價值的生活樣貌。

1960 年代起，新審美範疇的浮現與探索漸受重視，近年多篇研究論文與著作問世，對我撰寫本書有很大啟示，這些先進的姓名與著作均列在註腳與參考文獻中。此外要感謝表演工作坊、尼可樂表演藝術、呂紹嘉先生、劉柳小姐、林宜函小姐提供照片。

在本書撰寫過程中，我在國立臺南藝術大學應用音樂學系任教的藝術管理學程學生，包括陳俞雯、趙芳秀、張慶琳、王詩婷與王琳琳等協助部分中文文獻彙整，系主任陳樹熙教授以及辦公室資深助理陳淑瀅小姐予以關切與協助，還有我以前在中國時報系服務時的同事鍾怡君小姐支援製圖，在此一併致謝。本書所討論的新審美範疇，在文化產業與美學領域中，仍屬尚待深入發展的課題。我的研究只是初步涉獵，難免許多粗糙疏漏之處，期盼相關領域先進不吝指正，也期許自己未來更精進。

目錄

目錄

表目錄

圖目錄

目錄

第一章

緒論

本書中文書名《新審美經濟》顧名思義涉及當代興起的「審美經濟」（aesthetic economy）研究。這個跨美學（aesthetics）與經濟學的學門與術語，最早是由德國文化學者格爾諾特‧波默（Gernot Böhme）於 1990 年代提出[1]，如今已成為文化產業研究普遍採用的理論視角。

　　本書則延伸波默學說，論證審美經濟蓬勃發展的同時，幾種以往被忽略、貶抑或未見的「審美範疇」（aesthetic categories）[2]正快速竄起並茁壯。如本書英文書名所示，部分學者已注意到，當代出現值得美學界與文化產業界關注的新審美範疇，它們都屬於「審美經驗」（aesthetic experience）的一圜，都會激發「審美愉悅」（aesthetic pleasure），從而具有「審美價值」（aesthetic value）。

　　然而在正式闡釋並介紹新審美範疇之前，幾個關鍵性課題與相關的當代理論必須予以討論並釐清，包括什麼是審美？什麼是審美經驗？什麼是審美愉悅與審美價值？否則我們無法解釋當代為何會出現「審美經濟」理論，也無法論證本書核心課題：打從蘇珊‧桑塔格（Susan Sontag）1961 年正式揭櫫「新感性能

---

1 不少大陸文獻認為波默是在 2001 年提出「審美經濟」概念。然而根據他 2003 年發表的《對審美經濟批判的貢獻》一文，波默自述最早是在 1992 年發表的一篇文章中提及「審美經濟的草案」（Sketch of an Aesthetic Economy），該文爾後收錄在 2001 年出版的一本演說文集中，因此審美經濟的概念雛形最早可追溯到 1992 年。參 見 Böhme, G. (2003). Contribution to the Critique of the Aesthetic Economy. *Thesis Eleven: Critical Theory and Historical Sociology*, 73(1), 71-82, p.73.

2 援引自史丹佛大學學者 Ngai, Sianne (2015). *Our Aesthetic Categories: Zany, Cute, Interesting*. Massachusetts: Harvard University Press. 。

力」（the new sensibility）[3] 起，某些新審美範疇如今已發展出強大「審美支配力」[4]（aesthetic dominant），對大眾的吸引力相較於傳統審美有過之無不及，並呼應當代享樂主義風潮，讓消費大眾樂在其中，也驅動相關文化產業蓬勃發展。

關於審美與美學定義

什麼是審美？對從未涉獵美學研究者而言，這個問題似乎很容易回答：審美就是「領會美感」（sense of beauty），因此審美經驗就等同於美感體驗。但在美學專業研究中，美學的英文名稱 aesthetics 其實指稱一種涉及所有感性經驗研究的學術領域。

如同中國北京大學美學家彭鋒所言，當年創立美學的德國學者鮑姆加通（Alexander Baumgarten）為美學命名時，取材一個德語詞彙 aesthetica。而 aesthetica 源自希臘文 aisthetikos，原意為

---

3 Sontag, Susan (1961). One Culture and the New Sensibility. In *Against Interpretation and Other Essays*, pp.293-304. London: Penguin Books.

4 「審美支配力」（aesthetic dominant）援引並借用後現代學者詹明信在著作《後現代主義 — 或晚期資本主義的文化邏輯》第一章所提及的 cultural dominant。詹明信指出不同資本主義發展階段都出現一種 cultural dominant，早期的競爭階段是寫實主義，後續的壟斷型資本主義的 cultural dominant 是現代主義，到了當今後工業時代，則由後現代主義取代。由於詹明信把 dominant 當名詞使用，有些中文譯者把 cultural dominant 翻譯為「文化支配物」。本研究則翻譯為「文化支配力」，呼應詹明信所言，後現代主義一如寫實或表現主義具有支配性力量，是一種「力量場域」（force field），但不具備風格。相關概念將於後續章節闡釋。參見 Jameson, Fredric (1991). *Postmodernism, or, The Cultural Logic of Late Capitalism*, pp. 3-4. Duke University Press.

「屬於感官感受的、感性認知的」[5]，相關感性經驗涵蓋大自然與藝術等審美對象[6]。

鮑姆加通認為，人的認知分成兩種層面，包括低階的感性認知與高階的理性認知。研究理性認知的理論是邏輯學，研究感性認知的學問就是美學。此外他選擇以 aesthetics 來為探究感性的學問命名，因此美學便致力於發掘「感性的完善」[7]。如此一來，aesthetics 比較恰當的中文譯法應該是「感性學」，這種譯法更符合鮑姆加通選擇該字的出發點：這是一門關於感性認知的科學[8]。

只是後來 aesthetics 的研究重心幾乎全轉往藝術領域，形同「藝術哲學」，而美感是藝術研究的重大課題之一，18 世紀之前藝術往往被理解為美的結晶，因此當初把此一學門介紹到中國的西方傳教士便把 aesthetics 翻譯成「美學」而非「感性學」[9]。歷來已有多位學者認為這種翻譯不妥，比如為華人美學研究奠定基礎的朱光潛在他知名著作《文藝心理學》開頭曾建議：美學研究屬於哲學「知識論」分支，譯為「美學」不如譯為「直覺學」[10]。

5　Munro, Thomas (1986). "Aesthetics", In *The World Book Encyclopedia Vol. 1*, p. 80, ed. A. Richard Harmet, et al. Chicago: Merchandise Mart Plaza.
6　Riedel, Tom (1999). Review of "Encyclopedia of Aesthetics 4 vol. Michael Kelly". *Art Documentation: Journal of the Art Libraries Society of North America*, 18(2), p. 48.
7　朱光潛（1983）。《論美與美感》，第 181 頁。台北市：藝軒圖書出版。
8　彭鋒（2005）。《西方美學與藝術》，第 2 頁。北京：北京大學出版社。
9　關於美學一詞最初的漢譯考察，可參見黃興濤（2000）。〈「美學」一詞及西方美學在中國的最早傳播〉《文史知識》，2000 年第一期。轉引自彭鋒（2005）。《西方美學與藝術》，第 2 頁註腳。
10　朱光潛（1984）。《文藝心理學》，第 9 頁。台北縣：漢京文化出版。

不料「美學」譯名沿用至今，導致社會大眾望文生義，美學就被誤解為純粹研究美（beauty）的學問[11]。這個結果大量誤導坊間涉及美學的言論、寫作與撰述[12]，甚至影響很多學術研究，包括台灣與審美經濟相關的研究[13]。

　　aesthetics 的譯法同時牽涉另一問題，也就是單數的 aesthetic 該如何翻譯？如上所述，美學的英文 aesthetics 是 aesthetic 的複數，而 aesthetic 原本指感性認知，含有一種動詞屬性。比如哲學家康德《純粹理性批判》起頭談到 transcendental aesthetic，這裡的 aesthetic 是單數，哲學界普遍翻譯成「攝物」或「感性」，符

---

11 某些中國藝術與審美研究者已發現類似困擾。例如大陸符號學與傳播學學者趙毅衡（2011）。〈都是「審美」惹的禍〉《文藝爭鳴》2011 年第 7 期。吉林省。

12 例如台灣學者李清志在楊瑪利、藍麗娟、陳應欽（2007）。《新·東京美學經濟》。台北市：天下文化。一書中寫道：「東京是個設計之都，喜歡設計或從事設計的人，都會時常前往這座都市朝聖或見學。每次前往東京都像是被設計美感重新洗滌了一番，特別是居住在台北這樣一座缺乏美感城市中的人，更感覺需要經常到東京去遊逛走走，接受美學的洗禮。這些年來，我每年幾乎都要到東京旅行觀察，因為東京這座城市每年都會推出許多令人驚喜的設計作品，從工業設計、服裝設計、媒體設計，到建築設計，甚至都市規劃等領域，綻放著一朵朵燦爛美麗的美學煙花。」文中直接把美學等同於美感，並強調設計所帶來的美感。

13 比如許碧月（2017）。《美學經濟產業之服務創新與服務價值對顧客滿意與忠誠度影響之研究》第 7-8 頁。南華大學企業管理學系管理科學碩士班碩士論文，嘉義縣。解釋「美學」時，誤解「美學」主要闡釋的是美感，因此美學經濟就是學者李仁芳所述：「將美感生活與產業發展相結合的產業活動。」吳俊賢（2013）。《「客家圓土樓體驗館」的創意發想：美學經濟觀點》，第 62-63 頁。大葉大學設計暨藝術學院碩士班文化產業組碩士論文，彰化縣。提到：「美學經濟即建基於美感體驗設計的體驗經濟。」也犯了同樣錯誤。蔡杪穎（2021）。《從美學經濟探討補習班品牌形象設計- 以「王可樂日語」為例》，環球科技大學視覺傳達設計系文化創意設計碩士班碩士論文，雲林縣。則有點可惜，文中確實提到「美學」指的是對感知的、感官的感受進行探討的學門，如果她進一步研究，將可發現除美感外，「美學」另涉及滑稽、悲劇與崇高等感性經驗，但她隨即套用一位學者施百俊的大眾著作（施百俊（2009）。《美學經濟密碼》。台北市：商周出版）中對「美學經濟」的錯誤定義與描述。

合希臘與德文原意 [14]。

該字應用於美學或文化研究時，礙於複數的 aesthetics 已約定俗成譯為美學，對於單數的 aesthetic，大陸學術界妥協翻譯成「審美」，也呼應原字的動詞屬性。但華文圈中，仍有不少人單、複數不分，一律譯成美學，諸如「美學經濟」、「美學價值」都是單複數不分的結果。如上分析，aesthetic 翻譯成「審美」顯然比較正確，本書也採用這種譯法。

針對上述現象，專業華人美學學者看到「美學」與「審美」這兩個中文詞彙，普遍就會（也必須）自動修正認知，把研究與思考範圍擴及其它「感性」範疇。如彭鋒指出，美只是眾多生命價值中的一種，甚至不佔主導地位，其它審美價值還包括崇高、荒誕甚至醜等等 [15]，它們均構成不同於美的感性經驗。

另一位中國美學家葉朗也指出：在中國古典美學體系中，「美」並不是中心範疇，也不是最高層次範疇，「美」這個範疇在中國美學的地位遠不如在西方美學中那樣重要 [16]。這幾句話讓美學外行人一定如墜五里霧中。而葉朗儘管採用美學這個詞彙，但他深知中國美學研究必須討論的課題如「神韻」、「飄逸」、「意境」、「風骨」等，迥異於狹隘美感範疇。

換句話說，這種美學概念的自動修正，對華人研究者而言

---

14 可參見康德（2004）。《純粹理性批判》。鄧曉芒譯。台北市：聯經出版。以及香港哲學家牟宗三：康德（1981）。《純粹理性批判》。牟宗三譯。台北市：學生書局。分別翻譯成感性與攝物。
15 彭鋒（2005）。《西方美學與藝術》，第 18 頁。
16 葉朗（1985）。《中國美學史大綱》，第 3 頁。上海：人民出版社。

是一大考驗：什麼時候要把美學中的美理解為「美感」或其它感性經驗，必須保持高度警覺。aesthetic(s) 對當代西方美學與藝術哲學學者而言，似乎比較不構成問題，因為他們單從字面直觀以及研究趨勢已熟知，這個詞彙指涉多樣感性範疇。儘管如此，把 aesthetics 等同於美感的誤解，也普遍發生在西方社會與大眾傳媒，同樣讓西方學者頗為困擾[17]。

關鍵原因就在於，在長達兩千年的西方文化思想史中，美感一直是很重要的課題，直到 18 世紀經驗美學興起之前，美學的研究重心就是美感理念，後來才大幅轉變[18]，回歸 aesthetics 原初定義。

西方學者 Jerome Stolnitz 指出，美感在當代美學研究中的地位已式微，和精緻藝術（fine arts）或其它感性相比，格外顯得脆弱，但它曾是美學理論、藝術批評和日常美學談論中的主導概念[19]。也因為如此，提出「審美經濟」概念的學者波默就曾特別強調，審美經濟提及要賦予商品「審美元素」，不能被簡單解釋為重視「美麗的」（beautiful）外觀[20]，因為消費者也可選擇可愛（cute）、酷（cool）、搞笑（zany）等其它當代感性範

---

17 例如學者 Wolfgang Welsch 也曾談到西方通俗字典與百科中對於 aesthetics 的誤解。參見 Welsch, Wolfgang (2003). Aesthetics beyond Aesthetics. *Action, Criticism & Theory for Music Education*, 2(2). Sidney: Mayday Group.

18 彭鋒（2005）。《西方美學與藝術》，第 16 頁。

19 Stolnitz, Jerome (1961). 'Beauty': Some Stage in the History of an Idea. *Journal of the History of Ideas*, 22(2), p. 185. University of Pennsylvania Press .

20 Böhme, Gernot (2017). Précis of the book. In *"Aesthetic economy, Book forum- On Gernot Bohme's Critique of aesthetic capitalism"*, XLVII, IV 3, 235-267, p. 238.

疇的商品。

如同 Jerome Stolnitz 的觀察，當代美學著述與評論一旦使用 beautiful 這個詞彙，通常意味一件作品不令人討厭（inoffensive）或只是特別勻稱工整，而且不具表現力（expressive）。

當代認為其它領域比美感重要，美感只是審美價值領域之一。近百餘年來，美學研究重心移轉到精緻藝術與其它審美經驗的分析探討，美感偶而才會現身，甚至整個被忽略[21]。

因此，我們討論審美經濟時有一個重要學術前提：在當代研究中，除了美感，還有其它更受重視的感性價值與範疇，後者是本書的重點。無可否認，在 20 世紀興起的文化產業與創意經濟中，美感透過設計業，成為日常生活中最常激發的感性經驗，體現在家具、服飾、文具等商品設計以及建築、室內裝潢等行業，可說無所不在，成為非常重要的經濟驅動力之一。

但由於美感相關討論已長達兩千年，屬於古典審美範疇，研究著述如汗牛充棟，本書無法做出新的貢獻。

關於審美經驗的當代研究

如上所述，美學其實牽涉到種種感性經驗的探討。這些經驗都有迷人之處，從兩千年前的希臘到當代，從蘇格拉底討論美開始至今，人文學界就想揭開它們的神秘面紗。它們到底與

---

21 Stolnitz, Jerome (1961). 'Beauty': Some Stage in the History of an Idea, p. 185.

一般日常生活經驗有何不同？究竟是怎樣的一種知覺狀態？為何會引發快感？而這種快感有何特點？具有什麼價值？這些成為千百年來美學研究關注的焦點，很多命題也逐漸形成共識。

特別是，在 20 世紀之前，美學幾乎等同於藝術理論。藝術哲學家建構精緻藝術的知識體系，包含美感、崇高、幽默、模仿、滑稽與嘲諷等傳統審美範疇的討論，也都以精緻藝術作為範例來闡釋。他們認為精緻藝術相對於民俗藝術更為優越，也畫分出高等文化與低等文化的差別。這些價值區分幾乎不容挑戰，彷彿擁有絕對客觀標準，進而形成「形式主義美學」（formalism aesthetics）相關理論。

然而文化藝術發展到當代，形式主義美學遭遇嚴重挑戰。特別是文化工業崛起，文化消費商品大量出現，流行文化藝術廣受大眾青睞，精緻藝術越來越侷限在小眾市場。此外流行文化產品的生產與消費，其形式、價值與意義，均與精緻藝術有很大差別。以往認定的藝術理論與價值體系開始不適用，內在主義（internalism）的「審美經驗」學說出現並挑戰形式主義，也導致審美價值、審美愉悅與感性範疇重新界定。

學者塔達基維奇（W. Tatarkiewicz）指出，從希臘到 18 世紀，美學的探討主要聚焦在美感。這段時期，人文學界普遍認為，美具有客觀形式，因此形式主義美學一直是主流見解，主張美感源自外在客體的比例與和諧[22]。

---

22 塔達基維奇（1990）。《西方美學概念史》。褚朔維譯，第 165-170 頁。北京：學苑出版社。

到了 18 世紀，形式主義美學地位開始受到衝擊，許多學者從實證（empirical）、現象學（phenomenological）以及邏輯（logical）三個方向，挑戰並論證它的錯誤，包括美的物件並不存在形式主義美學所宣稱的特定比例；運用邏輯推論，起先被認為美的本質與元素，出現在其他物件就不美了，因此形式主義美學有嚴重邏輯矛盾。換句話說，美並沒有一種客觀的本質[23]，人的心靈恐怕才是美感的關鍵。

　　到了康德劃時代的三大批判，康德一方面被認為主張形式主義美學，其美學蘊含一個「追尋美的過程就是作出普世皆準的判斷」的探討前提，意味審美有客觀的品味標準[24]。然而，另一方面，康德的「創造性的想像」（creative imagination）理論，又為後代的「審美經驗」學說，對於心靈在審美所扮演的關鍵角色探討，提供了先期指引。

　　美國哈佛大學學者 Samantha Matherne 指出，康德在《純粹理性批判》中提出創造性的想像力理論。想像力源於人類與生俱來的心靈統攝（synthesis）機能，可以在心靈中重現物體，即使物體並不在眼前被人們直覺（intuition）。想像力因此是一種再現的機能，而且訴諸「直覺性」的感知狀態。想像力因此成為感官認知與理解認知的橋樑，就此而言它兼具雙重屬性。

　　此外，儘管想像力具有「直覺性」，但不同於感官被動性

---

23 彭鋒（2005）。《西方美學與藝術》，第 16-18 頁。
24 亞瑟‧丹托（2010）。《在藝術終結之後 — 當代藝術與歷史藩籬》，第 43 頁。
　　林雅琪、鄭惠雯譯。台北市：麥田出版。

地接收的直覺；相反的，它既然源自心靈統攝的即時呈現，因此具有創造性。我們心靈中多樣的直覺藉由統攝導入、存取與合併，形成「想像」，進而成為心靈審視覺察的對象。想像力的統攝就感知的語境而言，擁有「直觀」與「再造」雙重屬性，但它又有「超越性」與「創造性」的成分，形成經驗的基礎。

再者，想像也擁有圖式化（schematize）能力，在我們心靈中再造出「意象」（image），這些意象不僅是物體在心靈中剎那的再現，心靈也可根據所有覺察而做出一種統合性的描繪。心靈的統攝能力可以察覺這些意象，隨時召回再現，並且進行聯想的連結，發展出知識。

然而心靈也可任由想像去自由馳騁，毋需服膺於任何概念的連結法則，而是提供許多前所未見、未經發展的材料，交由人生閱歷融合而出的品味去判斷（judgement of taste），因此它是超功利性的（disinterested）。如果想像能成功召喚我們的領會，讓這些材料與感知達成和諧一體，就能引發審美愉悅[25]。

上述康德對於創造性想像力與品味判斷等描繪，在在啟發了後代學界，也讓美學探討重心，從審美對象的客體形式逐漸移轉到欣賞者的內在主體。而美國哲學家杜威（John Dewey）的審美經驗學說，堪稱集大成。

當代美學界公認，杜威在 1934 年發表的著作《藝術作為經

---

25 以上四段討論綜合自 Matherne, Samantha (2016). Kant's Theory of the Imagination, In *The Routledge Handbook of the Philosophy of Imagination*, ed. Amy Kind, pp. 55-68. London: Routledge.

驗》（Art as Experience）是 20 世紀美學經典與審美經驗學說的里程碑[26]。杜威總結多年對藝術、自然與科學的思考，提出審美經驗學說，不只適用在傳統精緻藝術領域，也適用於流行文化、自然環境與日常生活等審美研究[27]，還搭起藝術與科學之間的橋樑[28]。因此杜威的審美經驗學說，最能解答人類兩千多年來的疑惑。

然而杜威的審美經驗理論並非獨創，他有所資取於康德等人的學說，也從商人暨藝術收藏家 Albert C. Barnes 的畫作文章得到啟發，因此他把《藝術作為經驗》題獻給 Albert C. Barnes。

從康德到杜威，審美經驗理論的探討，充分解釋了人的審美是一種源自內在的創造性活動，進而挑戰長久以來盤據在西方美學主流的形式主義美學有關審美關鍵源於外在客體的主張。

杜威採用康德「創造性想像」與「品味判斷」理論，延伸論證：當創造的想像力召喚了我們的綜合感知，讓材料與心靈達成和諧一體，引發我們的快感，這種狀態就是「審美經驗」。審美經驗是內在於心靈的創造性活動，跟外在客體是什麼毫無關聯，因此不限於藝術領域，包括暢快地玩一場遊戲，一次愉快的對話，或是在巴黎餐廳滿意地享用了美食，都可稱為審美

---

26 Jauss, Hans Robert (1982). *Aesthetic Experience and Literary Hermeneutics*, Translated by: Michael Shaw, p. 112. Minneapolis: University of Minnesota Press.

27 Puolakka, Kalle (2021). Dewey's Aesthetics. Stanford Encyclopedia of Philosophy. https://plato.stanford.edu/entries/dewey-aesthetics/#AestExpe. Retrieved at 09/02/ 2020.

28 Ruoppa, Raine (2019). John Dewey's Theory of Aesthetic Experience: Bridging the Gap Between Arts and Sciences. *Open Philosophy*, 2, 59–74. De Gruyter.

經驗[29]。

此外，審美經驗發生於一個連續的感知狀態中，包含啟動、發展與圓滿的實踐過程[30]；其中品味判斷的材料被充實而達至完美，整個經驗內在圓滿融合，這是最獨特的一種人生經驗。

但不同於康德強調審美的「超功利性」[31]，杜威認為即使是現實性的、知識性的活動，也能變成審美經驗，比如執行一次開刀，進行一次機械操作，都可以帶著藝術性眼光去審視體會，因此關鍵就在於內在的經驗品質[32]。審美的大敵不在於經驗對象是否現實性或知識性的，而在於單調乏味，漫無目的或是臣服於現實或知識的成規[33]。審美經驗如是可把現實的、情感的、知識性的存在緊密連結成一個整體[34]。杜威就此把審美經驗擴大到所有生活領域。

至於怎樣的事物可以激發審美經驗？杜威認為必須符合審美形式（aesthetic form），但這個形式並非意味它擁有明確的客體，而是一種客觀性的狀態（objective conditions），讓知覺經驗得以延續、提升並淨化[35]。其中相異的經驗材料被組織成一種藝術性內容，它們不再是彼此隔絕的個體，而是形成直接的、主

29 Dewey, John (1934). *Art as Experience*, p. 43. NY: Minton, Balch & Co.; reprinted in LW 10.
30 Dewey, John (1934). *Art as Experience*, p. 62.
31 葉朗（2009）。《美學原理》，第 147 頁。北京：北京大學出版。
32 Dewey, John (1934). *Art as Experience*, p. 103.
33 ibid., p. 47.
34 ibid., p. 61.
35 Dewey, John (1925). *Experience and Nature,* p. 292. Chicago: Open Court reprinted in LW 1.

動的、靈活的與充滿活力的關係。在這種情況下，事物相互連結，不斷解構又重組，相互圓滿又阻撓，相互烘托又掣肘，互相激勵又妨礙[36]。因此審美形式不是一堆毫無關聯的知覺，而是一系列連續作用、建構與強化的知覺[37]。不只時間藝術如音樂，包括空間藝術如建築、雕刻等，甚至一些具有空間性的短暫活動，都必須激發一系列積累的互動知覺，才算完成一趟審美體驗[38]。

總之杜威把審美經驗的權利與權力，交給審美主體，只要主體認為已達至上述審美境界，符合杜威所闡釋的狀態，就具備完美的審美經驗，至於客體是什麼並非關鍵。

不過，儘管讓審美的發動回到主體，杜威對於文化藝術還是給了很高的評價，一如他給自然的評價。他認為自然與文化是人類兩大經驗來源，審美與其息息相關，而文化與自然也構成審美經驗的意義與價值脈絡。

杜威認為，文化是人類與環境在漫長積累的互動後，從自然中湧現（emergence，或譯為「突現」），因此是一種自然形式，不是憑空冒出或突然降臨[39]。自然與文化是人類兩大生命基底，並形成兩種基本的世界特徵：節奏與祭典。自然所存在的節奏如日出、日落與四季變化等，預示了音樂、建築、詩歌與繪畫

---

36 Dewey, John (1934). *Art as Experience*, p. 139.

37 ibid., p. 136.

38 ibid., p. 224.

39 Dewey, John (1934). *Art as Experience*, pp. 34-35.

的誕生[40]。

此外，杜威認為，宗教祭典則是人類進一步參與自然的體現，藉由這類共同集結與參與的活動，人類紀念並慶祝自我與自然的緊密關係，把種種生命經驗如戰爭、狩獵、播種收割、月升日沉以及星辰環繞等，轉化為啞劇，把生活視同並提升為戲劇[41]。

杜威認為，祭典創造了族群的群體意識，把他們的世界觀與價值具體化。藉由祭典，人不僅可以族群溝通，也連結了以往的世代，如此擴大並豐富了「生活的設計」（designs of living）[42]，因此祭典是審美的。這類群體活動把現實、社會與傳承等層面聚合成具有審美形式的整體[43]。

藝術就在這種功能上展現獨特價值。杜威認為，不同族群會誕生相異的文化，但可藉由經驗的擴大與交流，吸收其他文化的態度與價值，創造連結與共同體。在一個充滿分裂、藩籬並限制經驗共享的世界中，藝術創作堪稱人與人完整無礙溝通的最佳媒介[44]。當我們進入非洲或波利尼西亞的藝術精神中，隔閡打破了，狹隘的偏見消融了[45]。藝術因此具有服務生命的功能，進而引領我們對於日常經驗的環境與當下需求，懷抱一種

40 Dewey, John (1934). *Art as Experience*, p. 174.
41 ibid., p. 153.
42 ibid., p. 29.
43 ibid., pp. 330-331.
44 ibid., p. 110.
45 ibid., p. 337.

嶄新的感性態度[46]。

如上所述，杜威美學最大特點是把審美的權力與權利交還給社會大眾，不管他們面對什麼感性對象，只要他們認定自己的審美經驗確實具有啟動、發展、圓滿等完整實踐過程並激發審美愉悅，沒有人可以評價他們的品味。

形式主義美學則不然，主張審美的關鍵源於外在客體的構成，既然如此，客體就具有某種客觀成分，不只激發審美經驗，還決定了品味的高雅、低俗等價值。

事實上，康德也曾強調，品味判斷會讓人產生一種誤解：他所經驗的美感，似乎是客體本身內在具有的一種性質，因此他的品味顯然是合邏輯的，彷彿這當中有一種概念在作用著，進而構成他對客體的知識。但康德提醒上述看法是錯誤的，品味判斷的過程跟邏輯判斷雖然類似，但結果僅能適用於審美主體本身而已，美感會連結到快感，只是無法轉化為概念。但審美判斷由於不具功利性，主體會覺得這是合法的權力，並要求這種態度適用於所有人。因此，品味判斷的結果無法要求每個人都同意，但可以要求：每個人都具有品味判斷的權力[47]。

康德接續又論證：如果我們認為某種事物是美的，而且不允許別人有異議。這不是因為我們的品味判斷有任何合理的概念基礎，只是我們根據自己的情感，假設了一個共通感，並要求人人都有權力做自己的品味判斷。這樣的共通感沒有共通的

---

46 Dewey, John (1934). Art as Experience, pp. 140-144.
47 康德（1965）。《判斷力批判》上卷，第48-50頁。宗白華譯。上海：商務印書館。

經驗基礎，它並不要求每個人都同意我的品味判斷所得，而是要求每個人都同意我有權力獲得這樣的品味判斷[48]。

康德上述見解也吻合杜威等人提出的審美經驗與態度。但他後來又轉向形式主義美學，後代形式主義與精緻藝術擁護者自然避而不談康德的審美內在主義。此外，即使杜威的學說獲得高度評價，20 世紀美學界依然由形式主義盤據，包括客體形式主義與經驗形式主義，而且也都取材康德的學說來支撐自己的論述[49]。

上述現象被形容為「康德學派的轉向」[50]（Kantian turn）。哲學家伽達默爾（Hans-Georg Gadamer）認為，新康德學派偏激地引用部分康德學說，使得他們都變成現代自然科學的僕人[51]。形式主義美學主要採用詮釋學（hermeneutics）而非現象學來闡釋審美，讓審美變成菁英階層如阿多諾（Theodore Adorno）、丹托（Arthur Danto）等人的知識特權，進而貶抑當代文化產業與審美經濟。

如上所述，杜威的審美經驗學說，賦予所有生活經驗等同於精緻藝術的審美價值，如今已被文化產業學界普遍引用，藉

---

48 康德（1965）。《判斷力批判》上卷，第 78 頁。

49 Kirby, Christopher C. (2012). John Dewey and the Prospect of Going "Beyond Aesthetics". *Aesthetic Pathways*, p. 77. Ainosco Press.

50 Bosakova, Kristina (2016). Kantian Turning Point in Gadamer's Philosophical Hermeneutics. *CON-TEXTOS KANTIANOS :International Journal of Philosophy*, 4, 167-179.

51 ibid., p. 169.

以對抗形式主義的菁英學派[52]。此外，杜威美學有助於打破文化霸權，不僅可反駁高等與低等文化之類的偏見，而上述有關審美如何破除狹隘的族群文化偏見，也可應用到後殖民文化理論、東方主義與多元文化主義的討論。

審美對象與審美態度

審美經驗具有一種特殊的感知狀態，除了杜威予以生動比擬，中國美學家彭鋒在解釋法國哲學家杜夫海納（Mikel Du-frenne）的審美經驗現象學時，也做了非常精彩的描述。

彭鋒指出，杜夫海納認為，所謂藝術作品與審美對象之間是有區別的，關鍵在於有否成為感性對象。未進入審美經驗中的藝術作品是非感性的存在，只要進入審美經驗，就會變成「感性要素的聚集」、「感性的頂峰」與「燦爛的感性」。審美對象，只是藝術作品在審美感知中必然呈現的感性狀態，它不需要欣賞者主觀的創造或補充，需要的是審美感知的照亮和見證。作為感性的審美對象自身散發光芒，自身展開想像，並由此展現出一個意義世界。

彭鋒指出，杜夫海納反對將審美對象視為抽象的意義，但

---

52 除法蘭克福學派外，其餘如李維斯學派、大部分結構主義學派、經濟決定論版本的馬克思主義、政治經濟學派等，也都貶抑文化產業，雖然徒勞無功。參見約翰‧史都瑞（2001）。《文化消費與日常生活》，第 229 頁。張君玫譯。台北市：巨流出版。

他不反對審美對象具有意義。相反地杜夫海納主張審美對象充滿意義，意義在審美對象中達到了最飽和的程度。但需注意的是，審美經驗中的意義與其他活動如知識或實踐中的意義完全不同。認識或實踐中的意義總是超出它的感性對象而指向抽象概念，審美經驗中的意義則固定在感性自身之中，展示感性自身的內在結構。這是意義的一種特殊形式，它既不是不存在，也不是超越的，用杜夫海納的話來說，它「內在於感性，是感性自身的構成」。這種內在與感性的意義，就好像一種環繞性的情感氛圍（atmosphere），它不像概念一樣完全脫離感性，也不是完全虛幻的假象。由於有意義的浸透，作為審美對象的感性不再是一種客觀物體，而是一個「被表現的世界」（expressed world）。這個被表現的世界既不是物質世界，也不是概念世界，而是情感世界，因為正是瀰漫在審美世界中的情感特質（affective quality）將審美世界中的各個部分統一成為整體，從而讓審美對象充滿表現力[53]。

以上兩段文字堪稱審美經驗的最高境界寫照，凡能達到這種境界的審美者，無疑將獲得最大快樂，也就是美學家所講的「審美愉悅」。

值得注意的是，不管是杜威或杜夫海納，絕大多數美學家都認定，審美對象並不侷限在當下觀照的事物。即使這些事物已經不在面前，我們曾經形成的審美經驗，隨時可從心靈中再

---

53 摘錄自彭鋒（2005）。《西方美學與藝術》，第 21-22 頁。

度召回，再度成為審美對象，而且同樣獲得感動與歡愉。對此，杜威在《藝術作為經驗》中便強調，就算當下的審美經驗結束了，審美對象所產生的作用不會消失，而是以間接方式，持續與心靈交流[54]。

台灣旅美曾於普林斯頓大學任教多年的學者高友工以及大陸學者葉朗等人都有同樣分析。以高友工為例，他論述審美經驗的美感與快感中，會存在一種心理空間領域，他稱之為「心境」，經驗材料在此領域中開展，得以被審美主體觀照。而所有感知包括刺激與快感等，均內化為經驗材料之中，與其它材料並列與交錯、融合，這樣的審美經驗因為是屬於心理的材料，所以即使在審美對象消失後，仍會存在於心境中，而且具有一種自發性，與其它心理材料持續激盪烘托。如果審美材料在心境中與主體的正向價值感匯流融合為一體，就形成華人所形容的「境界」。他以結構主義學柯勒（Jonathan Culler）所說的「內境」（inscape）來形容這種境界是審美的「情景交融」階段，同時讓主體得到一種價值感[55]。

然而杜夫海納、高友工等形容的境界是人人都有機會享有嗎？不管他的教育程度與知識水平，不管他所面對的是簡單如 Hello Kitty 圖像或是達文西、米開朗基羅的作品，不管他愛讀的是打油詩、通俗小說或李白《行路難》、托爾斯泰《戰爭與和

---

54 Dewey, John (1934). *Art as Experience*, p. 144.
55 高友工（2004）。《中國美典與文學研究論集》，第 40-41 頁。台北市：國立台灣大學出版中心。

平》，都有機會召喚出「燦爛的感性」嗎？

對經驗美學家如杜威、舒斯特曼（Richard Shusterman）或建構「接受美學」（aesthetics of reception）的德國文藝理論家與美學家漢斯・羅伯特・姚斯（Has Robert Jauss）來說，答案是肯定的，因為審美的發動權已經交給所有人，由他去判斷並追求上述的審美境界。一首打油詩也可觸動審美者深層複雜的人生體驗，從而召喚出豐富的情感與意義，獲得極大感動與超越的感覺。

因此關鍵不在於審美對象為何，而是在於審美者有否一顆豐富的審美心靈，對於客體能否採取審美態度。

姚斯曾舉過一個捷克民俗故事，當中有位女僕叫安娜，她邊擦洗地板時，邊唱一首捷克民間歌謠。這首歌謠讓她突然湧現一種死亡的期盼，想像著自己不久後就要躺在棺材中，額頭上戴著花圈，這種念頭讓她感到非常安慰。在這種狀態中，正由於採用審美態度，安娜得以轉化歌詞的悲哀情緒，進而超脫現實的不幸處境，達至詩的超越境界。而且由於她意會到自己其實正在擦地板，而非真正就要死亡，這種審美距離也讓她不致陷入恐懼。因此審美經驗的發生，並不倚賴高等文化藝術與否，也並非由知識份子品味所專擅。只要想像能夠把審美材料納入感知，並與心靈達成和諧，就能達至感性的巔峰，獲得審美愉悅 [56]。

---

56 Jauss, Hans Robert (1982). *Aesthetic Experience and Literary Hermeneutics*, pp. 118-119.

至於現代流行歌曲、電影、電視等流行文化藝術呢？

　　美國美學家舒斯特曼指出，流行文化藝術同樣能讓人獲得審美快感，但這種快感，卻不被法蘭克福學派阿多諾等學者視同所謂高等文化所帶來的愉悅，反而被判定是膚淺虛假的娛樂，因此對阿多諾等人來說，無法提供真正的審美滿足。此外，大眾藝術以及其所屬的文化工業，也被認為不能提供任何審美上的挑戰或能動的響應，因為它們的形式被判定為太簡單，只能引起一種被動的消費，而且內容也被認為很膚淺，無法引起智力上的積極參與。再者，對阿多諾、霍克海默等人來說，流行文化是文化工業生產出來的商品，由於具有標準化、技術化和批量化的特徵，全然違反藝術的原創性、個體性，也缺乏審美的自律性和反抗性[57]。

　　換句話說，阿多諾等人認為，流行文化無法成為審美對象，因此它無法激發如杜夫海納所說「燦爛的感性」。

　　本書隨後便要處這個關鍵課題：到底流行文化與其提供的消費商品，果真如阿多諾之流學者所言，它們所激發的「審美愉悅」只能算是膚淺虛假的娛樂？到底「審美愉悅」該怎樣定義？大眾文化消費產品如果作為審美對象，它們所訴求的「審美態度」，是否跟以往的精緻藝術有所差異？

　　不過在進入討論之前，我們必須先爬梳一遍阿多諾與另一位德國社會學者霍克海默（Max Horkheimer）對文化產業的批

---

57 舒斯特曼（2002）。《實用主義美學》，第236-266頁。彭鋒譯。北京：商務印書館。

判，尤其是牽涉到審美品味與審美愉悅方面的批判，以便跟審美經濟學說做比對。如果文化產業商品無法引發杜威所形容的審美經驗與愉悅，還能自詡為「審美經濟」嗎？

關於文化工業的批判與反思

如上所述，當代文化產業與審美經濟高度重疊，比如大陸著名美學家葉朗便認為，「文化創意產業是大審美經濟」[58]。阿多諾與霍克海默對文化工業的批判，凡牽涉到藝術與審美品味者，均可視為對當代審美經濟的批判。兩人對文化工業的批判，主要在其合著的《啟蒙的辯證：哲學的片簡》一書中，其中〈文化工業：作為群眾欺騙的啟蒙〉一章是集大成。

此外，與藝術相關批判也可見諸阿多諾死後出版的《審美理論》（Asthetische Theorie）。姚斯形容，阿多諾以該書建構了藝術否定性理論（否定美學）的最後聖殿[59]。

《啟蒙的辯證：哲學的片簡》已被社會學界正典化（canonization），被形容是「20 世紀西方學術界公認的思想名著」，而且是「波瀾壯闊的 20 世紀資本主義社會文化總體批判」，內容

---

58 何剛晴（2004）。〈審美經濟驅動力及美育的時代轉變〉《讀與寫（教育教學刊）》，2004 年 1 月第 11 卷第 1 期，第 47-48 頁。
59 Jauss, Hans Robert (1982). *Aesthetic Experience and Literary Hermeneutics*, p. 14.

牽涉到哲學、社會學、心理學、歷史學、政治學等方方面面[60]。本書只聚焦在文化工業與審美的相關篇章，討論兩人做了怎樣的批判。

在〈文化工業：作為群眾欺騙的啟蒙〉一章中，阿多諾、霍克海默兩人一開始就指出，文化工業讓所有事物變得一致，電影、廣播、爵士、流行音樂等，每個領域自身都是一致的，而且也與其他領域一致，都冒充為藝術，都是經濟強權的意識型態工具與「廢物」[61]。這是他們定義的文化工業普遍特徵之一，稱之為「文化同型構」（cultural homogeneity），而既然每個領域自身產品，甚至整個文化工業都沒有創新可言，因此就出現第二個普遍特徵「可預測性」（predictability）[62]。

其中，電影形同「完全複製日常的知覺世界」，比起幻景劇場（illusion theatre，也就是變魔術演馬戲之類的劇場），阿多諾兩人認為，電影讓觀眾更沒有想像和思考的維度，看電影時，大眾的想像力會自發性地萎縮。由於阿多諾會看卓別林之類的默片，因此對他而言，有聲電影更不可取，因為對話與音樂會干擾蒙太奇敘事節奏，形同破壞觀眾原本需投注的想像力與詮釋視角，「這種產品的客體性質就足以癱瘓那些能力」，結果

---

60 黃聖哲（2008）。〈波瀾壯闊的二十世紀資本主義社會文化總體批判〉。阿多諾、霍克海默（2008）。《啟蒙的辯證：哲學的片簡》導讀，第 3-10 頁。林宏濤譯，台北市：商周出版。

61 阿多諾、霍克海默（2008）。《啟蒙的辯證：哲學的片簡》，第 156-157 頁。

62 朱元鴻：〈文化工業：因繁榮而即將作廢的類概念〉。張苙雲主編 (2000)。《文化產業：文化生產的結構分析》，第 13 頁。台北市：遠流出版。

就是電影觀眾的想像力被壓抑，也不會有思考活動[63]。此外，配樂也跟對話一樣糟糕，它們是「無聊的插曲，把電影劇情搞得支離破碎。[64]」

按照他們的批判，不管電影、電視有何敘事內容，不管是高達、雷奈、英格瑪・柏格曼等藝術電影或好萊塢商業片，對阿多諾兩人都沒有差別，一視同仁都是廢物，都破壞觀眾的自發性想像力。

至於爵士樂，對兩人而言則是粗鄙的藝術。爵士的切分音特色與即興演出，被他們視為一種純粹主義的技法，一種行話（jargon），任何樂句都盡量納入這種行話加以改造，否則即予排除。諸如賈克路西耶（Jacques Loussier）[65]這類爵士樂手演繹巴赫、莫札特等古典樂曲，阿多諾兩人承認構成一種新風格，但在他們眼中卻是一種「非文化體系」，「我們可以承認它有某種『風格的統一性』，如果所謂『符合某種風格的粗鄙』是有意義的話。[66]」

至於流行音樂則是一成不變的套用固定音域與曲式，但前衛藝術則不同於流行音樂，相反地是「服事真理的」[67]。因此，對兩人而言，所有電影、電視或流行歌曲、廣播等，都是沒有

---

63 阿多諾、霍克海默（2008）。《啟蒙的辯證：哲學的片簡》，第 162-163 頁。
64 同上，第 175 頁。
65 Jacques Loussier. Wikipedia. https://en.wikipedia.org/wiki/Jacques_Loussier/. Retrieved at 2022/02/15。
66 阿多諾、霍克海默（2008）。《啟蒙的辯證：哲學的片簡》，第 163-165 頁。
67 同上，第 165 頁。

創意的，一直服膺於固定風格。然後普羅大眾被資本主義商品牢牢控制了身心，俯首帖耳地聽命於所有商業指令。

在上述情況下，阿多諾兩人認為，流行歌曲、短篇小說等大眾文化，都被資本主義強迫規範成後期自由主義的平庸口味；機械化徹底主導娛樂商品的產製，進而宰制了大眾閒暇時光的休閒內容與口味。兩人強調，大眾甚至只能品嚐到資本運作的渣滓，因為所有粗鄙、愚蠢或低級的文化元素，文化工業體系都不予篩選，一視同仁納入生產與消費體系[68]。

總括而言，對阿多諾兩人而言，整個文化工業就是娛樂工業，文化產品以公式化產製來滿足娛樂消遣的需求，都是被馴化的、平庸的、粗俗的劣質品，「文化工業灌注自身的完美，禁止且馴化業餘者，藉此雕琢以前的劣質品，雖然它自己不斷出現粗糙的紕漏，而沒有那些紕漏，我們就無法想像那高尚的水準是什麼東西。[69]」

以上就是阿多諾兩人大力批判的「文化工業的整體性」。兩人堅稱，這種整體性導致所有產品內容清一色呆板、重複、空洞，充滿陳舊乏味的意識形態，但無數消費者樂在其中，時時享受不勞而獲、僵化制式的虛幻快感。結果是，消費者的心靈與情感無法昇華，卻不斷被撩撥著情慾，沉浸在「肆無忌憚的快樂」中。文化工業打造出「一個虛假的社會」，裡面充斥著歡笑與幽默，卻是對一切階級剝削的幸災樂禍，笑聲只是一

---

68 阿多諾、霍克海默（2008）。《啟蒙的辯證：哲學的片簡》，第 170-175 頁。
69 同上，第 173-174 頁。

種腐蝕意義與價值的疾病，「把歡樂捲入社會的卑鄙的全體性裡。[70]」

　　既然如此，對阿多諾兩人而言，文化工業產品是不是藝術，答案就不言可喻了。這些公式化的劣質娛樂商品，根本不具備兩人最推崇的自律性（autonomy）以及否定性（negativity）藝術特質。而這些藝術特質僅體現於浪漫主義、表現主義到前衛藝術中，因為它們「具有跌宕不羈的表現，以及向制度抗議的工具」[71]。兩人堅稱，偉大藝術家如畫家畢卡索、作曲家荀貝格（Arnold Schoenberg）等，均時時抱持否定的態度來創作，即使在作品中採用風格，目的只是要「堅決反對那混亂的痛苦呻吟」，把風格視為否定性的真理[72]。

　　有趣的是，即使古典作曲家海頓、莫札特不斷重複同樣曲風，以至於上百首交響曲、協奏曲幾乎顯得千篇一律，猶如阿多諾兩人所批判的文化同型構。而羅西尼（Gioacchino Rossini）、董尼才悌（Domenico Donizetti）等 19 世紀義大利作曲家更是套路式譜曲，自詡很快可完成一齣歌劇並相互較勁叫陣[73]。但在阿多諾兩人眼裡，這種古典藝術風格就是不一樣，因為在他們的作品裡，「表現得到了力量」，而且「蘊含著客觀傾向，

70 阿多諾、霍克海默（2008）。《啟蒙的辯證：哲學的片簡》，第 175-180 頁。

71 同上，第 161 頁。

72 同上，第 167 頁。

73 Gossett, Philip (1970). Gioachino Rossini and the Conventions of Composition. *Acta Musicologica*, 42, 48-58. International Musicological Society.

也就是想要拋棄他們的風格。[74]」

　　阿多諾兩人認定，好的藝術就是不斷否定，既否定體制，也否定原有風格，藉以超越現實。藝術的要求始終是一種意識形態，尋找衝突並表現痛苦，而它超越現實的環節則存在於蘊含差異的每個特質中，存在於「對同一性的渴求的必然挫敗裡」。這樣的否定性，也讓藝術獲得自律性，對兩人來說，這才是偉大的藝術作品[75]。

　　如此被推崇的「否定性」與「自律性」，阿多諾在《審美理論》中再度申論，藝術的否定性早在文藝復興時代便已浮現，文藝復興作品以一種辯證姿態，彰顯了藝術的自我認知以及美學的哲學地位。藝術從此更強調要掙脫企圖匡限它的社會現實，反抗各種建制如政治與宗教的權威。藝術在參與社會追尋解放與自由的道路上，藉由上述否定性，獲得了自律性，同時也建構了自我角色與社會位階[76]。

　　以上綜合了阿多諾、霍克海默兩人對文化工業與其藝術價值的批判。至於社會大眾對流行文化的熱愛，無疑印證了當代審美品味的庸俗化、低落與敗壞。

　　由於兩人見解缺乏實證調查與嚴謹證據，發表後一直被「反批判」。比如澳洲文化評論家約翰·達可（John Docker）以怒不可遏的語氣反駁，指出他們所勾勒的流行文化敗壞心靈之說，

---

74 阿多諾、霍克海默（2008）。《啟蒙的辯證：哲學的片簡》，第 167 頁。
75 同上，第 167-168 頁。
76 Jauss, Hans Robert (1982). *Aesthetic Experience and Literary Hermeneutics*, pp. 14-15.

根本是「錯亂、荒唐」，尤其兩人在尋找自圓其說的證據時，態度「根本太隨便，甚至可笑、自滿、可厭」[77]。這樣的嚴詞抨擊，反映出許多學者不以為然的心聲。

某些法蘭克福學派擁護者則採取修正立場。比如曼可·丹寧（Michael Denning）承認阿多諾兩人簡化了文化工業的運作[78]。Robert Witkin 則辯護說，阿多諾提供的不是一種品味判斷，而是關乎嚴肅與大眾藝術中共同存在的道德與政治課題，因此阿多諾理論不該被視為高等藝術擁護者以傲慢姿態對粗鄙的大眾藝術所做出的回應[79]。

文化學者約翰·史都瑞（John Storey）指出，自從文化工業20世紀起茁壯至今，這類對大眾文化的鄙夷論述已成某種學術傳統。除阿多諾外，最具代表性的就是英國李維思（Leavis）學派。此派對大眾文化消費的態度，奠基在1930年代出版的三本著作。他們的預設立場是：「文化永遠是少數人在保存。」真正有意義的文化消費，僅限於少數具有文化修養者。很顯然，此一殊榮專屬高等文化領域，包括古典音樂、嚴肅小說與精緻藝術。不幸的是，以往天之驕子的權威地位，在20世紀發生動搖，無法再獲得尊敬並從神壇上跌落。因此李維思學派致力於恢復以往讓大眾「全心服膺權威」的黃金時代[80]。

---

77 約翰·史都瑞（2001）。《文化消費與日常生活》，第43頁。

78 同上。

79 Witkin, Robert (2003). *Adorno on Popular Culture*, p. 1. London: Routledge.

80 約翰·史都瑞（2001）。《文化消費與日常生活》，第32-33頁。

他們毫不手軟地蔑視並抨擊大眾文化，宣稱通俗小說提供讀者沉迷墮落的「心理補償」與「精神渙散」；看電影會讓人上癮，因為這種通俗藝術是非常危險的快感源頭，觀眾被催眠並臣服於廉價的情緒感染力，而電影栩栩如生的幻相，讓感染力更無遠弗屆；看好萊塢電影形同自慰，通俗書刊則是對大眾心智的反教育，廣播終結了批判性思惟，廣告則如同疲勞轟炸的手淫式操弄[81]。

約翰・史都瑞指出，這套菁英觀點百年來影響力極大，成為文化分析的主流典範，即使到現在，大眾文化在很多領域已證明價值與意義，但在英美學術與非學術生活中的某些領域，李維思學派觀點依然形成一種被壓抑的「常識」[82]。

審美經驗再界定

菁英觀點的形成，主要建立在一種知性基礎上，賦予藝術如同知識的概念價值。菁英看待藝術必然要抱持形式主義美學視角，如前面章節所述，唯有形式主義美學才能建構審美客觀標準並界定品味高低。無可否認，藝術領域的菁英普遍比一般大眾擁有更多專業人文藝術知識，據此形成品味判斷與價值區分。倘若知識的詮釋無法在審美經驗中扮演主導角色，審美經驗就是主觀品味判斷，而且不分賢智愚癡，不分審美對象，人

---

81 約翰・史都瑞（2001）。《文化消費與日常生活》，第 43 頁。
82 同上，第 36 頁。

人都可享有同樣質量的審美愉悅，這種結果令他們難以忍受。

　　某種因應之道就是繼續堅持知識在審美經驗的角色，然後把通俗文化所提供的審美愉悅貶抑為虛幻娛樂，必要時，甚至否定審美愉悅在整個審美經驗的決定性角色。

　　為了讓形式主義美學抵擋來自審美經驗派的挑戰，從阿多諾、美國藝術學者丹托到當代學者做了很多努力。比如阿多諾賦予藝術「自律性」與「否定性」，相關創作與特色的分辨，顯然必須倚賴精緻藝術史知識，而這是流行文化工業領域付之闕如的。

　　結果如同姚斯指出，為了拉抬藝術自律性與否定性的至尊地位，阿多諾必須無視於藝術長期以來的溝通性功能以及諸多歷史事實，否決藝術成規於創作與產業生態的重要角色，自創許多獨斷說法如：「偉大的藝術不斷呈現新的層面，爾後老化，冰冷，死亡」；「真實的藝術作品攪動著（churn）一切」；「它們本身就是它們所提出的問題的解答」等等，甚至自創一種語焉不詳、與以往所有定義與案例毫無相關的「自然之美」（the beautiful in nature），視之為以往偉大作品正等待重拾的真理，然後毫不考慮這種「自然之美」是否遲早要被否定[83]！

　　尤有甚者，阿多諾為了貶抑文化工業，竟連藝術欣賞經驗包括其溝通功能與快感等，都一筆抹殺，宣稱「藝術經驗的自律性達成的唯一關鍵就在於去除品味與快感」，然後把藝術經

---

83 Jauss, Hans Robert (1982). *Aesthetic Experience and Literary Hermeneutics*, pp. 19-20.

驗的最高價值賜予審美反思性（aesthetic reflection），也就是訴求詮釋學主導的藝術欣賞態度。姚斯諷刺說，阿多諾作法形同倒掉洗澡水時連嬰兒都一併倒掉[84]。

而上述阿多諾對最高「審美體驗」等同「詮釋學」的見解，則由美國藝術理論家丹托接續發揚光大。丹托宣稱，由於藝術領域已徹底轉變為概念的、哲學的世界，因此傳統定義的藝術已不存在，因而他宣告當代已淪為「藝術終結」。

丹托到底怎麼得出這種驚人結論？他認為，藝術史彷彿有種內在意圖，試圖以哲學方式自我詮釋，也就是進行一種宣言（manifesto）[85]。藉由宣言，這些藝術流派把某種主張（被丹托定義為哲學）融入藝術創作核心，藉以界定藝術定義，同時「接受並使它成為藝術的哲學，這種哲學不僅存在於藝術真理的嚴謹定義中，也經常被當成一種具有特定傾向的對於藝術史的再閱讀，也就是把它當成發現這種哲學真理的故事來讀[86]。」

這段藝術流派紛提「哲學真理」的時間，丹托定義為「宣言時期」（age of manifestos），時間大約介於 1820 到 1960 年代前後[87]，此後呢？丹托說，藝術就終結了，再也提不出大敘述。儘管從抽象表現主義結束後的 1970 年代起，各種藝術流派大量出現，包括色域主義、普普、極簡到觀念藝術等等，對丹托來說，

84 Jauss, Hans Robert (1982). *Aesthetic Experience and Literary Hermeneutics*, p. 21.
85 亞瑟・丹托（2010）。《在藝術終結之後 — 當代藝術與歷史藩籬》，第 43 頁。
86 同上，第 62 頁。
87 同上，第 63 頁。

這些都欠缺「指引方向」，尤其法國新寫實主義與普普運動讓藝術作品等同於「單純的真實事物」（merely real things），而觀念藝術更是往前推進一步，讓藝術擺脫以往規範，「只要有形貌受到關心，任何東西都可說是藝術作品」。丹托強調，至此藝術從感官經驗轉向思想與哲學，所以宣告「藝術終結」[88]。

在這些論證中，丹托獨斷地認為凡可被納入「宣言時期」哲學的作品才符合藝術真理，而且他坦承這是一種「品味獨裁」[89]。換句話說，其餘不符合者，不管是西方東方，不管任何年代，不管能否激發意義或價值感受，就算能帶來審美愉悅，都是不入流的藝術。其次，即使普普運動、觀念藝術提出許多宣言，對丹托來說都欠缺指引方向，表現範疇淪為單純的真實事物，而這些真實事物除了自然物件外，其餘顯然是工業產品，藝術歷史自此劃下句點。此後一切都被丹托稱為「後歷史藝術」（post-historical arts），它們不再具有（丹托能定義的）統一風格，無法作為分類判準，也無法作為培養辨識能力的基礎[90]。

丹托大膽宣告藝術終結，只因由他所規範的「品味獨裁」過時且失效，當然引起很大抨擊。中國美學家彭鋒就認為，如果我們適當地擴大藝術範圍，丹托這種主張就不能成立。首先，如果自律的高級藝術在形式上已不能創新，形同日常生活「單純的真實事物」，如此一來等於是整體上顛覆自律藝術體制，

---

88 亞瑟・丹托（2010）。《在藝術終結之後 ── 當代藝術與歷史藩籬》，第 41-42 頁。
89 同上，第 169 頁。
90 同上，第 39 頁。

難道不能算一種創新嗎？其次在抽象表現主義之後的所有流派，彭鋒指出，都在致力發現一種讓藝術繼續存活的新觀念，同樣符合自律藝術創新標準。而且既然藝術必須創新，在所有藝術都遵循這條創新原則情況下，不創新能否算另一種創新呢？彭鋒認為答案顯然是肯定的：在高級藝術拚命創新情況下，大眾流行藝術、民間藝術反而給人耳目一新的感覺。第三，藝術發展始終與新技術的發展息息相關，當代資通訊科技和新材料科學，讓人們以往揣摩想像的藝術，如今均可在現實中實現。彭鋒指出，藝術與技術日漸結合成一種新的工藝，沒有人能阻止我們不把藝術的稱號授與新的工藝，綜合上述分析，只要人類沒有終結，藝術就不會終結[91]。

由於丹托等人見解爭議百出，於是當代學者不禁懷疑，所謂藝術自律性以及藝術否定性乃至丹托「藝術終結」，很可能只是高等藝術界自創的一種「社會虛構」（social imaginary）。目前有些學者已開始採用上述視角來檢驗各方陣營理論。

什麼是社會虛構？如當代哲學家卡斯托里亞迪斯（Cornelius Castoriadis）所闡釋，社會虛構源自一個特定社會（或社群）如何建構意義的過程。當我們一層層深入探測這些社會所宣稱的文化真理，往往最後會遇到一些除了本身之外無法指向其他事物的意義，他形容為「終極意義」（final meanings）。然後，這些社會大都會把終極意義強加諸本身與世界。

---

91 彭鋒（2005）。《西方美學與藝術》，第 243 頁。

由於這些終極意義無法指向任何實質事物，也由於它們要成立，所需的邏輯都源於自己，因此這些意義都無法獲得合理邏輯分析。它們都是反理性的（arational），只要求被承認並採用，而非要求理解。卡斯托里亞迪斯把這類終極意義稱為「根本虛構」（radical imaginary）[92]。

法國社會學與管理學者 Dominique Bouchet 近來便採用社會虛構的視角，詮釋了資本主義的運作邏輯以及現代主義藝術理論。他認為資本主義透過生產與消費的螺旋運作去積累資本，其中市場並不扮演關鍵性角色，相反地是由一個圍繞著「一切更美好」（betterment）的社會虛構來推動商業發展。

與此相仿，當代藝術發展也必須建構一種社會虛構，包括藝術家要致力於創造新事物；這些新事物並非實質物品，而是涉及一些根本問題的陳述方式，尤其這些問題千百年來對廣大群眾而言始終毫無變化與回應[93]。

因此，藝術必須連結到一種「神聖虛構」（sacred imaginary），藉此取代藝術的經濟層面，並避免藝術孤立與自毀，藝術家應該分享一種象徵意義，揭示人類的共同命運，也就是自古至今人生的變幻莫測與種種危機，在此藝術創意將提供理解

---

92 Castoriadis, Cornelius (1997). *The Imaginary Institution of Society*, Translated by Kathleen Blamey, pp. 142–143. Cambridge: MIT Press.
93 Bouchet, Dominique (2014). The Innovative Role of Art in the Time of the Absence of Myth. In *Aesthetic Capitalism*, ed. Eduardo de la Fuente & Peter Murphy, p. 182. Leiden: Brill.

的契機[94]。

Dominique Bouchet 顯然認為，藝術界採用神聖虛構，對社會發展帶來正面效益，因此社會虛構不見得全然負面。

澳洲雪梨大學學者 Vrasidas Karalis 也採用了「藝術否定性」，但把這種「社會虛構」諷刺地賦予資本主義。他依據馬克思・韋伯（Max Weber）提出的「經濟就是一種精神共同體」主張，論證大約在 16 世紀，共同體的信仰者開始把經濟產品當成是共同體的碎片化分身，而透過產品展示交易，形同掌握日漸消失的共同體精神。藝術品買賣就是建構共同體精神的手段之一[95]。

Vrasidas Karalis 分析，藝術品交易伴隨著資本主義經濟一起發展，而流行藝術與其美學是最新現象：流行文化資本在各國之間自由流動，作品與商品從原產地不斷被挪移轉化到其他地區，與此同時，藝術失去了定義，再也沒有階級區分[96]。而資本主義邏輯在此展現了最大能耐，持續運用審美表達來推進其發展，「資本主義最大的資本就是它的審美否定性——它始終具有植入象徵形式並形塑社會連結的能力。[97]」

儘管人文與社會學界對阿多諾、丹托等人多所批判，但形

---

94 Bouchet, Dominique (2014). The Innovative Role of Art in the Time of the Absence of Myth, pp. 174-194.

95 Karalis, Vrasidas (2014). The Artefacts of Capitalism and the Objecthood of their Aesthetics. In *Aesthetic Capitalism*, ed. Peter Murphy & Eduardo de la Fuente, p. 29. Leiden: Brill.

96 ibid., p. 37.

97 Karalis, Vrasidas (2014). The Artefacts of Capitalism and the Objecthood of their Aesthetics. p. 29.

式主義美學在全球藝術學院與機構中依然是主流，因此這些理論持續被奉為經典。

　　美國美學家舒斯特曼觀察到，內在的審美經驗探討起自文藝復興之後，大約與現代主義同步，歷經休謨、康德到杜威，沒想到20世紀中葉之後卻逐漸在英美哲學界中式微[98]。不過「審美經驗說」卻在文化產業界發揮很大影響力，變成審美經濟與審美資本主義（aesthetic capitalism）的理論視角，且不斷挑戰形式主義的權威，讓擁護者備感威脅。

　　由於「審美經驗說」把判斷審美價值的權力交給大眾與日常生活，而最重要的審美價值之一就是「審美愉悅」。為了對抗審美經驗說，如上所述，阿多諾喊出要把「品味與愉悅」從「藝術經驗的自律性」中去除掉。他拒絕審美必須帶有愉悅的說法，把它當成布爾喬亞階級的享樂主義的污染。阿多諾認為真正的審美經驗不同於審美主體膚淺的歡愉，反而需要「自我克制」（self-abnegation），更強調審美者應該把注意力移轉到藝術品本身的客觀成分[99]。

　　丹諾也主張藝術哲學不該涉及「審美愉悅」（aesthetic delectation）的討論，認為此說對藝術界而言很危險而該摒棄。他甚至避而不提「審美經驗」這幾個字[100]。

---

98 Shusterman, Richard (1997). The End of Aesthetic Experience. *The Journal of Aesthetics and Art Criticism*, 55(1), 29-41, p. 29. Denver: American Society for Aesthetics.

99 Adorno, Theodor (1984). *Aesthetic Theory*, pp.474-476. London: Routledge.

100 Shusterman, Richard (1997). The End of Aesthetic Experience, p. 29.

此外，曾任美國「美學學會」主席比爾茲利（Monroe Beardsley）曾感慨指出，當代藝術哲學發展出有史以來僅見的榮景，而 aesthetics 這個術語也被廣泛接受作為該學門名稱，但 aesthetics 越發達，aesthetics 這個詞就越受質疑，在他所羅列的 aesthetics 的錯誤用法中，「與藝術無關」就是其一。他宣稱該用法會威脅整個藝術哲學領域的基礎，因為本來就是因為 aesthetics 聚焦在藝術創作（artworks）的研究，美學這個學科才得以確立 [101]。

類似比茲利看法者不乏其人，有的主張直接把藝術哲學與美學做切割，藝術哲學也要拋開形式主義移轉到脈絡學（contextualism）與詮釋學（hermeneutics）[102]。最激進如 2020 年甫過世的美國哲學家喬治・狄奇（George Dickie）以及希伯來學者 Eddy Zemach 等，甚至宣稱這世上根本不存在所謂「審美經驗」[103]。

相關論述都牽涉到一個對「經驗」（experience）的價值理解差異。學者 Robert H. Sharf 指出，「經驗」這個辭彙從誕生以來就拒絕定義，因為它在語意上是用來貶抑一種客觀的、實證的權威性，強化了主觀的、個體的、私密感受的價值與地位 [104]。詮釋學大師、德國哲學家伽達默爾也認為，「經驗」可

---

101 Beardsley, Monroe (1979). In Defense of Aesthetic Value. *Proceedings and Addresses of the American Philosophical Association*, 52(6), p. 723.

102 Shelley, James (2017) The Concept of the Aesthetic. *The Stanford Encyclopedia of Philosophy*, Winter 2017 ed. Metaphysics Research Lab. Stanford University.

103 Shusterman, Richard (1997). The End of Aesthetic Experience, p .30.

104 Sharf, Robert H. (2000). The rhetoric of experience and the study of religion. *Journal of Consciousness Studies*, 7(11-12), p. 267. Exeter: Imprint Academic.

說是人類有史以來最難澄清的概念之一[105]。舒斯特曼引述王爾德對經驗的諧謔說法：「經驗」這個詞彙是人自以為是的賦予，事實上只是一種錯覺[106]。經驗美學派卻高舉「審美經驗」的大纛，讓形式主義與詮釋學派應對起來倍感棘手。

　　但文化產業擁護者對於高等文化詮釋學的反感，對於日常生活審美化的讚揚，不同面向之間出現勢同水火般對立，使得某些分析哲學家越來越排斥談論「審美經驗」[107]。

　　舒斯特曼觀察到，為了對抗審美經驗說被廣泛應用在文化工業與流行文化，從阿多諾的批判理論到詮釋學派、後解構主義學派與系譜分析學派，歐陸的批判火力聚焦在審美經驗的當下感受以及和現實世界之間的差異化[108]。

　　比如阿多諾等人，先把審美經驗解釋成一種僵化概念，把它狹隘地等同精緻藝術所引發的純粹的、自發的感受，再強調審美應該要提供超越現實的契機，然而人們必然受制於社會文化與意識形態，沒有警覺到藝術品很可能是一種控制工具。為了要有正確的、解放性的領會，審美主體必須擁有反思的批判能力，也就是借助思想[109]。阿多諾認為經驗固然是基礎，但思想也是，因為藝術作品就物質實存而言，無法恰如其分地呈現

---

105 Gadamer, Hans-Georg (1975). *Truth and Method*, Translated by Joel Weinsheimer, p. 310. New York: Crosssroad.

106 Shusterman, Richard (1997). The End of Aesthetic Experience, p. 29.

107 ibid., p. 37.

108 Shusterman, Richard (1997). The End of Aesthetic Experience, p. 30.

109 ibid.

內在意義，也無法如此被了解[110]。

伽達默爾也宣稱：藝術的萬神殿不是毫無時間性，並非僅止於滿足純粹的審美需求。相反地，它們是人類心靈薈萃的歷史實踐。既然我們是在這個世界中與藝術品相逢，有必要對美感與藝術採取一種態度，不能只求當下的賞心悅目，而是呼應人類的歷史實踐成果。他苦口婆心勸告人們不要僅享受眼前經驗的奇妙以及片刻的才情火花，否則將犧牲人類持續不斷的自我探索精神，而後者才是我們存在的意義[111]。

對於上述歐陸學界以「詮釋學」視角質疑杜威等人的經驗美學，舒斯特曼強調前者對後者有所曲解。阿多諾等人的論戰一直狹隘地侷限在精緻藝術，但審美經驗事實上跨越藝術領域，不只發生在日常生活方方面面，大自然也常激發我們的審美感受，更是超乎形式主義、詮釋學所能涵蓋的範圍[112]。

基本上，藝術往往是有限範圍的審美對象，但大自然景色無邊無際，時時變幻莫測，沒有固定形式，也不是單一對象。試想一座青翠小山，一條涓涓細流，相較於巍峨崇山峻嶺以及奔騰入海的巨川，如何找到客觀品味標準與知識範圍來詮釋或判斷我們所感受到的種種大自然之美？我們能定義台灣玉山比歐洲阿爾卑斯山更美嗎？反之亦然。倘若有做出判斷，那也是我們的主觀品味使然。因此，唯有「審美經驗說」才能把審美

---

110 Adorno, Theodor (1984). *Aesthetic Theory*, p. 479.
111 Gadamer, Hans-Georg (1982).*Truth and Method*, pp. 86-87.
112 Shusterman, Richard (1997). The End of Aesthetic Experience, p. 32.

研究延伸到藝術領域之外。

　　此外，經驗美學不曾反對知識理解對於審美經驗的價值。審美經驗也可蘊含詮釋性的理解，後者或可豐富並提升審美內涵。經驗美學只是特別強調：審美的關鍵就維繫在經驗本身，不管我們擁有任何詮釋性理解，也會融入當下經驗狀態之中，包括即時感受與日後回憶[113]。舉例來說，在某次審美經驗發生後，我們吸收了新知識，導致我們回憶或下次遭遇時，產生不一樣的審美判斷，但這並不會顛覆之前成立的經驗，也無法判定別人的經驗就是不完美的，即使他們不具備我們所擁有的知識。

　　此外，舒斯特曼指出，不管形式主義美學或詮釋派美學，都有一個很難回答的問題：如何解釋一個就形式意義與內涵而言被詮釋為完美的作品，卻引發極度負面如噁心、醜陋等感受與評價？這種情形屢見不鮮，前衛藝術、觀念藝術尤其常見。倘若審美有客觀條件，就該產生一致評價與感受，而且也不會發生審美疲勞，因為品味與價值判斷是由客觀條件所決定才對[114]。

　　事實上，這不是舒斯特曼第一次呼籲精緻藝術界要重視大眾的審美需求並正視流行文化的價值。早在 1992 年推出代表作《實用主義美學》（Pragmatist Aesthetics）時，他就深入論證：精緻藝術界對流行文化藝術的指控是站不住立場的。以往藝術

---

113 Shusterman, Richard (1997). The End of Aesthetic Experience, ,p. 32.
114 ibid., p. 35.

哲學界抨擊：流行藝術只能提供「褪色的」、「虛假的」感動，不能提供任何真正審美意義上的滿足。但舒斯特曼認為，單單考察搖滾音樂提供的審美經濟，包括它具有無比強烈吸引力和強大力量，讓樂迷產生精神上的著迷，無疑使高等文化界的指控成了謊言[115]。

此外，對於通俗藝術只能引起被動審美反應的指控，舒斯特曼反駁說：主動的反應不能僅解釋為智力方面的反應，也可理解為身體上的反應，如果說某些通俗藝術的確不能刺激人們智力上的積極反應，但絕大多數通俗藝術卻能激發人們身體上的積極反應。因此，除了智力投入之外，從人類整體身心觀點來看，還存其它具有價值並在審美上值得發掘的行為與形式。[116]

再者，對於流行文化藝術不能讓人的智力參與其中的指控，舒斯特曼指出，儘管很多大眾商品確實是膚淺的，但不能因此斷言所有流行文化藝術盡皆如此。許多優秀的流行文化，事實上具有精妙的複雜性，需要很高智力才能領會，只不過由於根深蒂固的偏見，藝評家不願承認它們的複雜性而已。尤其知識份子藝評家，一向無法理解通俗藝文的多樣表現層次和細微的意義差別，因為他們從一開始就沒有耐心，不願付出等同於精緻藝文的時間與精力去關注或詮釋大眾文化的複雜性[117]。

如上所述，舒斯特曼提示：審美追尋會吸納它所命名的經

---

115 舒斯特曼：《實用主義美學》，第 237 頁。
116 同上，第 244 頁。
117 舒斯特曼：《實用主義美學》，第 250 頁。

驗，因此它並不需要藝術哲學批判的認可。當代文化產業與審美經濟理論，都印證了舒斯特曼的觀察。隨著「審美經濟」時代來臨，中外學界都在致力於發展新論述來解釋此一前所未見的現象，而以往的「審美經驗」、「審美態度」、「審美愉悅」理論，如今都在被重新檢視與定義中。

審美經濟＆浪漫主義

如本章開頭所述，「審美經濟」這個詞彙由德國學者波默所提出。至於什麼是審美經濟？波默認為它起自 1950 年代資本生產目標從滿足人的生存需求轉向開發人的慾望的結果，屬於一種新型態經濟。這種經濟在馬克思所說的使用價值與交換價值外，引進第三種價值叫「審美價值」。審美價值是超越人類基本生理慾望的新型態價值，因此也被稱為「升級價值」[118]

但新的經濟型態絕對不可能憑空出現。整個社會把審美當成一種值得追求的價值，勢必經過一段醞釀過程，然後從思想到行為均出現典範的移轉（paradigm shift）。包括以撒・柏林（Isaiah Berlin）、柯林・坎培爾（Colin Campbell）、荷蘭學者 Maarten Doorman 等學者都論證，此一趨勢最早可追溯到 18 世紀浪漫主義濫觴時期。審美典範的出現，被視為對宗教律法的箝制以及對科學所挾帶而來的現代性所採取的抵抗。三位學者

---

118 李思屈（2007）。〈審美經濟與文化創意產業的本質特徵〉《西南民族大學學報（人文社科版）》，第 100-105 頁，2007 年第 8 期。

分別提出「審美模型」（aesthetic model）、「浪漫倫理」（romantic ethic）以及「浪漫命令」（romantic imperative）等理論視角來概括這個影響至今的現象與浪潮。

其中，猶太後裔美籍學者以撒・柏林指出，西方文化（思想史）發生過至少三次大轉折。第一次出現在亞里斯多德去世到斯多葛主義興起之間，主流學派從內在經驗與個人得救角度去看待人類，延續懷疑主義與犬儒主義，反對亞里斯多德、柏拉圖的客觀理性。第二次則以馬基維利（Machiavelli）為代表，截然劃分倫理與自然，認為政治價值不同於基督教倫理價值且幾乎無法並行，對宗教採取功利觀點[119]。

第三次轉折就是德國唯心論所稱的「浪漫主義」（romanticism）時期，發生於 18 世紀末期，結果使得社會與倫理有「真理」且有效力的觀念全然瓦解。以撒・柏林論證，從古典到中古，近代，西方社會一直有種自然法觀念，強調人性的實體會追求彼此認同的利益與價值，進而形成和諧的社會整體。如孟德斯鳩所言，人都想追求幸福、安定與正義，儘管手段與環境不同，也或許如休謨或赫德所說，這些課題都不是先驗的，也不盡然具普遍目的或完全符合理性，但以撒・柏林強調，基本上它們被視為是由上帝、理性與傳統給定的目標，因此關鍵問題僅在於如何實踐[120]。

此外，在浪漫主義濫觴前，思想家普遍認為人類的一切缺

---

119 以撒・柏林（2004）。《現實意識》，第 227-228 頁，彭淮棟譯，台北市：臉譜出版。
120 同上，第 231-233 頁。

點源自無知。換句話說，只要人類擁有知識，就能避免踏上歧路，更能追求理想境界。因此知識就是美德，而人的價值維繫於理性啟蒙。這個西方核心信仰從希臘一路到宗教改革都挺過風暴，卻被浪漫主義摧毀殆盡[121]。結果是，西方不再有真理，不但不再有客觀與絕對真理，也不再有主觀與相對真理，甚至連真理與效力本身，整個信仰基礎均遭瓦解[122]。

浪漫主義席捲的結果，不但違反康德所說的：理性具有普遍性，而且道德價值是理性的律令。相反地，費希特等人挪用並扭曲康德「價值是創造而非發現」的說法，找到社會運作的基本模型，也就是「藝術」。人的最高價值就在於創造、表達自己；藝術不是模仿，不是再現，而是「表現」，是內在神聖的火花；因此人可以在上帝創造的因果律物質世界中，創造一個「精神世界」，譜寫出「內在生命夢出來的詩」[123]。

以撒・柏林指出，自然法強調人必須與自然和諧，為此人應該先發現真理，再據以行動，並在宇宙的自然樂團中找自己的位置，如今這種「塵世的自我」被大膽、脫軌的個人藝術家取代，轉變成「創造性人格」，孕育並實踐自己的價值。以撒・柏林強調，浪漫時期的核心特色並非注重情感，而是注重自我行動與價值建構，而且既然這個世界的價值是由自己創造的，因此可任由自己詮釋與安排。「審美模型」從此成為社會

---

121 以撒・柏林（2004）。《現實意識》，第 235 頁。
122 同上，第 229 頁。
123 同上，第 236-241 頁。

與政治運作的基本模型，對此後的西方社會產生前所未見的影響[124]。

　　其中一個最大的影響就是審美模型之下的「價值」不再有客觀的評價等級區分，也為後現代的「去基礎主義」鋪了康莊大道。正如以撒‧柏林所說，由於所有生命價值是個體自己創造的，主要服膺於審美，而非客觀的發現，因此這些價值就不再有客觀性的命題可予描述，而且無法用先驗或後驗的層次去進行倫理學、政治學之類的辨識與歸類，也導致不同文明、族群或個人的價值不再承諾會進行協商並達致和諧[125]。

　　另一位知名學者柯林‧坎培爾（Colin Campbell）觀察近似。跟以撒‧柏林語帶惋惜的見解相比，自從 1987 發表其重量級學術著作《浪漫倫理與現代消費主義精神》(The Romantic Ethic and the Spirit of Modern Consumerism) 開始，坎培爾推出一系列著作闡釋他所提出的「浪漫倫理」以及「當代自發想像的現代享樂主義」（modern autonomous imaginative hedonism），成為現代研究消費行為的經典理論。

　　坎培爾針對 18 世紀的英國中產階級，探究他們為何會從清教徒思想迅速轉換為消費主義倫理[126]。當時的英國信奉的是禁慾、勤苦工作的新教教義與資本主義文化，把每天的世俗工作

---

124 以撒‧柏林（2004）。《現實意識》，第 239-247 頁。原中譯把 aesthetic model 翻譯成「美學模型」，本研究調整為「審美模型」。
125 同上，第 248 頁。
126 Campbell, Colin (1987). *The Romantic Ethic and the Spirit of Modern Consumerism*, p. 12. Oxford: Blackwell Publishers.

當成是上帝的恩典，勤苦是來自天國的召喚之聲，考量到人生苦短，為了確認自己是上帝選民之一，必需彰顯個人美德，因此不能浪費時間在社交活動、無謂的聊天、奢侈事物，甚至睡眠不能超過健康所需的 6 到 8 小時，否則就要遭致絕對的道德譴責。貪迷於物質財產是道德可悲，真正的道德不能放縱自己佔有財物，不能因肉體的誘惑與惰性而享受財富，否則將遠離了追尋正當生命的途徑 [127]。

因此，感性主義（sentimentalism）就成為對抗嚴苛新教倫理的解放途徑。這個過程先是借助於喀爾文教派（Calvinism），因為相較於英國國教，喀爾文教派比較沒有那麼禁慾與理性，合理的娛樂是允許的，其中包括享受性愛，因為性愛本身不是目的，而是上帝與理性要求的附屬行為 [128]。喀爾文教派不排斥財產，也敢於展現情感，隨著宗教改革，來自天主教廷的箝制減輕，人文思想逐漸受重視，開始相信人本身具備自然之美，終於演變成感性主義，也為接下來的浪漫主義全面擁抱歡樂做好準備 [129]。

感性主義開始重視個人、創造力、天賦才情，演變成另類宗教信仰，結合自然的泛神秘主義、泛神論等，將上述一切視同個人戲劇性的救贖與昇華途徑，進而把浪漫主義從原本的藝

---

127 Weber, Marx (1997). *The Protestant ethic and the spirit of capitalism*, p. 105. London: Routledge.
128 Campbell, Colin (1987). *The Romantic Ethic and the Spirit of Modern Consumerism*, p. 102.
129 ibid., p. 142.

術理念上升為生命哲學[130]。如今享樂歡愉不只可以接受，甚至本身就值得尊重，而且是一切有意義生命的必然屬性[131]。浪漫倫理於焉成形，也呼應了上述以撒‧柏林的見解。

在浪漫倫理典範下，坎培爾論證，既然浪漫主義重視天賦才情，藝術品就被當成藝術家的天才體現，他們把自己的經驗、想像與感覺，化為可觸可看的創造物，因此浪漫主義不只提倡了一種藝術生產理念，同時也啟示一種新的藝術消費觀。人們透過購買藝術品接觸到天賦才情，同時被要求發揮想像力，以便感受到藝術家的喜怒哀樂並融入作品中。坎培爾指出，浪漫主義的藝術論不只強調藝術家的原創力，也同樣強調消費者的「再創作能力」（re-creative abilities），藉由創造出一種可信的幻覺，讀者搖身變成另類藝術家，而想像力形同另一種天賦才情，在心中勾勒出足以感動自己的意象[132]。

坎培爾認為，浪漫主義的藝術理念相信可透過歡樂來提升道德感，因此創造出一種理想化人物原型，不僅適用於藝術家，也適用於藝術消費者。浪漫主義提供動態消費主義所需的「再創造」（recreation）哲學，合理化歡樂的追求，如此一來，也為現代人永無止盡的消費模式，提供了倫理學上的支持[133]。從個人到社會，無處不瀰漫著追求審美經驗的價值觀與行動，一路

130　Campbell, Colin (1987). *The Romantic Ethic and the Spirit of Modern Consumerism*, p. 182.
131　ibid., p. 191.
132　ibid., p. 189.
133　ibid., p. 201.

發展到當代，也為當代審美經濟奠定基礎。

荷蘭學者 Maarten Doorman 的著作《The Romantic Imperative》則認為浪漫主義從 19 世紀起成為宗教的替代品，此一影響仍持續至今，特點就是把藝術當成唯一的宗教，並連結到天才崇拜，以宗教般的祈使語氣發出「浪漫命令」，號召民眾對藝術形而上的追求，讓藝術變成超越的存在，進而擺脫布爾喬亞階級的枯燥生活 [134]。

如上所述，浪漫主義與其提倡的審美意識，對抗的就是科學、資本主義與理性主義聯手帶來的「現代性」（modernity）。如傅柯（Michel Foucault）所言，作為一種歷史分類，現代性指的是一個歷史階段標榜以個人主義、自由與平等為優先，對於社會、科學、科技與人性的完善，懷抱一種堅定的進步觀；崇尚理性主義與專業性；懷疑並拒絕傳統；社會國家體制則從封建制度轉移到資本主義與市場經濟，展現工業化、城鎮化與世俗化 [135]。現代性起源於歐洲中古世紀之後，一直發展到今天，以不同方式，在不同時間，蔓延到世界其他地方 [136]，至今依然是當代社會運作的基礎。

134 Doorman, Maarten (2006). *A romantikus rend (The Romantic Imperative)*, Translated by Tamás Balogh, pp. 141–175. Budapest: Typotex. Footnote Source: Szentpéteri, Márton (2019). Changing the Rhythm of Design Capitalism and the Total Aestheticization of the World, *Hungarian Studies Yearbook*, 2019(1), 82-99. Budapest: Scendo.

135 Foucault, Michel (1995). *Discipline and Punish: The Birth of the Prison*, Translated by Alan Sheridan, pp. 170–177. New York and Toronto: Vintage Books.

136 Berman, Marshall (2010). *All That Is Solid Melts into Air: The Experience of Modernity*, pp. 15-36. London and Brooklyn: Verso.

因此，而浪漫主義與審美主張，如同以撒・柏林等詮釋的「審美模型」、「浪漫倫理」、「浪漫命令」等等，就是對現代性所作的回應，從 18 世紀後期延續至今依然方興未艾，並由審美經濟與文化產業延續中。

如今，舒斯特曼觀察，從希臘時期到文藝復興，原本主流的信念是諸如美之類的屬性是世界的客觀呈現，如今以主觀經驗取代，哲學界對審美的典型定義就等同於「主觀經驗」，而非透過「主觀經驗」去獲得[137]。

因此休謨在論證「美」的標準時就強調，美並非事物的客觀本質，而只是存在於觀賞者的心中，即使有些心靈毫無疑問比他人優越[138]。康德把主觀審美經驗的快樂與否，定義為「審美判斷」能否成立的依據[139]。舒斯特曼論證，這種審美概念的提出，為其他不同於「美感」的感性經驗，比如崇高（sublime）或繽紛多彩（picturesque）提供了一種保護傘，而且這類感性經驗仍和古典品味與藝術有緊密關聯[140]。

審美經驗的主張，從浪漫主義濫觴以迄 19、20 世紀初期仍不斷扮演平衡科學的角色，生命哲學（lebensphilosophie）藉由廣泛地讚頌審美經驗來對抗因科學以及氾濫的工業化而帶來的

---

137 Shusterman, Richard (1997). The End of Aesthetic Experience, p. 29.

138 Hume, David (1963). "Of the Standard of Taste" Essay. In *Essays Moral, Political, and Literary*, p. 234. Oxford: Oxford University Press.

139 Kant, Immanuel (1957). *The Critique of Judgement*, pp. 41-42. Oxford: Oxford University Press.

140 Shusterman, Richard (1997). The End of Aesthetic Experience, p. 29.

機械決定主義 [141]。舒斯特曼論證，在相關哲學研討中，經驗取代原子構成的感官，被視為知識論的基本概念，且連結到生命所擁有的鮮活感受。在此藝術納入宗教的角色，在物質世界中提供了一種並非超自然的靈性信仰（spirituality）。如此一來，經驗現身成為自然主義或至少非機械主義式的心靈表達。藝術與經驗的統合，催生出一種美感經驗的理念，進而在 19 到 20 世紀之交的輝煌美學運動中，打造出大量極具文化重要性以及宗教力量的藝術創作 [142]。

結果在一個格外冷冰的物質與自然法則支配的世界中，審美經驗提供一個可讓自由、美感與理想主義信念棲息的島嶼。它不只是最高等級愉悅的基地，更是精神翻轉與超越的手段，它順理成章地作為詮釋藝術特色與價值的核心概念。舒斯特曼指出，它彷彿享有一種自治權，越來越超脫於主流的物質生命與實踐之外。以往現代主義標榜的「為藝術而藝術」，在此刻轉變為「為存在的自身經驗而藝術」，而且為了拓展藝術的疆域，審美經驗的繼承者確信：如果能激發對應的經驗，任何事物都可被歸類為藝術 [143]。

上述這些文化現象與實踐，也成為今天文化創意產業與審美經濟的基本基礎與信念。

---

141 Shusterman, Richard (1997). The End of Aesthetic Experience, p. 29.
142 Shusterman, Richard (1997). The End of Aesthetic Experience, pp. 29-30.
143 ibid., p. 30.

審美經濟 & 複製藝術

　　除了文化浪潮的轉變外，科學對審美經濟的蓬勃發展，也扮演了推波助瀾的角色，包括文化工業所帶來的「複製藝術」以及設計產業的崛起。在阿多諾等人喊出「文化工業」之前，德國學者班雅明（Walter Benjamin）已注意到文化產業的威力。1935 年，他發表〈機械時代的複製藝術〉一文，對傳統藝術與文化產業的價值與意義，提供了很多視角。

　　班雅明在〈機械時代的複製藝術〉一文提出膜拜價值（the cult value）以及展示價值（the exhibition value）兩種文化價值區分。如同阿多諾等法蘭克福學派成員，班雅明也生長在工業文明與資本主義快速蔓延的 20 世紀初期，目睹工業機械設備迅速生產許多設計商品。但他認為，即使最完美的藝術複製品也缺乏一種元素：藝術作品在創作當下時空裡的呈現，它在誕生所在地所擁有的獨一無二的存在狀態。這種獨一無二的存在狀態，決定了藝術作品本身的歷史——它於存留的時間中所始終具有的主體地位 [144]。而藝術作品的原始呈現就是「本真性」（authenticity）概念的前提 [145]。

　　班雅明認為，即使相較於手工製作的複製品，原作仍保留它的全部權威性，而前者通常被當成是贗品。但這種原作與手

---

144 Benjamin, W. (1992). The work of art in the age of mechanical reproduction, Translated by Harry Zohn. In *Art in Modern Culture: An Anthology of Critical Texts,* ed. Frascina, F. & Harris, J. , 297-307, pp. 298-299. New York: Icon Editions, HarperCollins.

145 ibid., p. 299.

工複製品的關係，並不等同於原作之於機械複製品的關係。這有兩點原因：首先，機械複製品比較不像手工複製品那般倚賴原作，例如攝影可以透過攝影者自主調整與選擇的鏡頭角度，把原作那些肉眼觀看時所忽視的層面凸顯出來。此外攝影可透過某些處理方式，譬如放大影像或延遲曝光，來捕捉自然視野常遺漏的畫面。其次，機械複製可以把原作的複製品放置在原作平時不會現身的情境中。更重要的是，不管透過攝影或錄音等方式，機械複製可以讓原作更接近欣賞者。比如一幀教堂攝影放在展示間中，等於讓教堂離開所在地，進入藝術愛好者的接收範圍。合唱音樂原本是在音樂廳或戶外演出，如今透過複製品得以迴響在樂迷家中[146]。

然而在機械複製品所置身的情境中，藝術原作並無法被耳聽目睹，因此原作所呈現的質感在上述情境中是有所減損的。這種情況不只發生在藝術品身上，也同樣發生在影迷在影片中所看到的自然景觀之上[147]。

班雅明認為，一件藝術物品的本真性，涵蓋它最初存在所能傳達的訊息，延伸到它經歷並見證歷史考驗所獲得的流傳地位，成為本真性的一切基礎條件。既然歷史見證著落在本真性，複製品會讓這種歷史見證顯得再也無關重要[148]。班雅明用「光暈」（aura）這個辭彙來統稱那些被減損的藝術元素，進而申論：

---

146 Benjamin, W. (1992). The work of art in the age of mechanical reproduction, p.299.
147 ibid.
148 ibid.

那些在機械複製時代萎縮的正是藝術作品的「光暈」。這種轉變過程成為一種徵兆，意味複製藝術的價值已經不受限於藝術領域。或許可以如此概括推論：複製技術讓複製的物品脫離了傳統所掌控的範疇，它以豐富多樣的複製取代了獨一無二的存在[149]。

　　班雅明指出，藝術作品的獨一性也等於是說它包容於所謂的「傳統」的整個關係網絡中，兩者密切不可分。無疑地，傳統本身仍是活生生的現實，時時在變化，比方一尊上古時代的維納斯雕像，屬於古希臘社會傳統之複雜體系，希臘人將之視為儀式崇拜物，可是到了中古世紀，教會人士則把它當成險惡的異教偶像。然而，這兩個全然相反的觀點之間卻有一項共通之處：無論古希臘人與中古世紀的人，對維納斯雕像的看法都出自它獨一無二的屬性，他們都感受到它的光暈[150]。

　　班雅明強調，藝術作品與其傳統的內在鏈接最初是透過膜拜（cult）來表現。他認為已知最早的藝術作品起源於祭典儀式，起初是一種神秘性質的儀式，後來則是宗教儀式[151]。藝術作品可以在很多層面上被感受和評價，但其中兩種特別明顯且針鋒相對。一種強調的是膜拜價值，另一種強調的是藝術品的展示

149　Benjamin, W. (1992). The work of art in the age of mechanical reproduction, p.299.
150　瓦爾特・班雅明（1999）。《迎向光暈消逝的年代》，第 66-67 頁。臺灣攝影工作出版。
151　Benjamin, W. (1992). The work of art in the age of mechanical reproduction, pp. 300-301.

價值[152]。

　　班雅明指出，藝術創作緣起於儀式目的時，註定它是為了膜拜而服務。我們可以總結指出，這種藝術作品的重要性在於它本身的存在，而非它被人所觀賞。但由於各種藝術實踐行動把藝術作品從祭典解放出來，導致這些作品被展示的機會越來越多[153]。如今，各種複製技術強化了藝術品的展示價值，這種情況增加到相當數量，竟然導致兩種對立價值的主客易位，從而改變了藝術的本質。本雅明認為，這種現象彷彿史前時期，當時的藝術作品全然側重它的膜拜價值，因此它最初顯然是一種神秘力量的載具，直到後來它才被認同是藝術作品。如今藝術作品循著同樣的模式，全然側重在它的展示價值，變成一種具有全新功能的創作，而人們原本認知的藝術功能，將來可能被當成次要的。班雅明發現在 20 世紀初期這現象已越發明顯，他預言攝影與電影未來將最能體現這種全新的服務功能[154]。

　　如今歷史發展證明班雅明對攝影與電影的預測非常準確，他提出的膜拜價值與展示價值也成為重要文化理論視角。但問題就在於：文化產業商品包括電影、電視、動漫遊戲等，乃至於家具、室內設計等，算不算是藝術品？班雅明已把機械時代發明的照相術、電影等，均納入藝術類型，只不過是具有展示價值而不具膜拜價值的複製藝術。但無論如何，起碼他承認是

---

152 Benjamin, W. (1992). The work of art in the age of mechanical reproduction, p. 301.
153 ibid., p. 301.
154 ibid., pp. 301-302.

藝術。

　至於其它同樣可以大規模複製的商品呢？班雅明稱之為「商品世界的審美化」（the aestheticization of the commodity world），預見這是高等資本主義的一個基本表徵[155]。但把審美元素注入商品世界的關鍵人物，創立德國包浩斯學院的建築家沃爾特・格羅佩斯（Walter Gropius）的答案則是：是的，它們都是藝術品。

　藉由大規模設計與生產的商品，把藝術美感讓民眾共享的行動，西方歷史上最知名的包括以文學家與工藝家威廉・莫里斯（William Morris）、作家魯斯金（John Ruskin）等人為代表人物的「英國藝術工藝運動」（arts and crafts movement），以及由建築師格羅佩斯等領軍的「包浩斯」（bauhaus）學院。只是兩者取徑不同。前者是藉由工藝家在工廠中批量生產，後者重視應用藝術與大規模生展方針，但都推動了日常生活審美化的趨勢。

　「英國藝術工藝運動」代表人物威廉・莫里斯 1834 年出生於英國英格蘭，成長時期深受「中古主義」（medievalism）運動的影響。如前所述，英國浪漫主義的興起主要原因之一在於對抗工業革命與資本主義，而中古主義運動者標榜騎士價值與自然有機理念，正如學者 Vrasidas Karalis 的觀察，也凸顯出當時提

155　Böhme, G. (2003). Contribution to the Critique of the Aesthetic Economy, p.74.

倡的共同體精神[156]。

此外，作家魯斯金對於威尼斯藝術與建築的闡釋，也大大啟發了威廉‧莫里斯。因此他終身反對俗麗的工業產品，致力於恢復紡織、染色等傳統手工藝，並且把工藝師提升到藝術家地位。他所參與或設立的工廠，往往聚集上百位工藝師，產品標榜手工製作，人人買得起，但不屬於任何藝術等級體系[157]

舉例來說，1861 年他與一群投資者在倫敦創立了一間名為「Morris, Marshall, Faulkner & Co.」裝飾藝術公司，所有成員都致力於實現魯斯金的理念，改革英國人對工業產品的品味，希望讓裝飾藝術再度躋身藝術之列，但標榜反菁英主義信念，強調價廉物美。他們的產品涵蓋家具、建築雕刻、鐵工、著色玻璃窗以及壁飾品[158]。

事實上，威廉‧莫里斯並沒有成功地讓他的公司產品普及到低下階層。後來他曾創立一家獨資公司「Morris & Co.」，成為當時知名的家用品牌，但顧客主要還是中上階級包括貴族、有錢的資本家與實業家等，但他身為英國聞人與社會主義運動者，對此非常掙扎，曾形容自己是在滿足有錢人骯髒的奢侈慾望[159]。

---

156 Thompson, Susan Otis (1996). *American Book Design and William Morris* (second ed.), pp. 9-10. Oak Knoll.

157 Thompson, Susan Otis (1996). *American Book Design and William Morris*, pp. 35-38.

158 ibid., pp. 92-94.

159 MacCarthy, Fiona (1994). *William Morris: A Life for Our Time*, pp. 412-413. London: Faber & Faber.

但終其一生，他成功地推廣審美意識到社會各階層。他秉持的生活道德觀是：任何人家裡都不該出現自己不相信是美的或覺得沒用的東西[160]。加上他的墓誌銘「盡我所能」（As I Can），都印證學者坎培爾所闡釋的「浪漫倫理」與「現代享樂主義」。

　　威廉・莫里斯讓審美普及於所有階層的夢想，很快由格羅佩斯與包浩斯繼承。包浩斯成立宗旨就在於讓藝術特色與大規模工業生產結合，並把美感應用到居家生活中[161]。1919 年包浩斯成立之前，相關成員就不斷在爭論如何讓精緻藝術與應用藝術取得調合[162]。1919 年 4 月 1 日包浩斯宣告成立，隨即推出一場名為「exhibition of unknown architects」建築展，在展覽手冊中，格羅佩斯宣稱包浩斯的目標是要創造一種新的工藝組織，當中絕對不會出現藝術家與工藝家的階級區分以及自大的隔閡壁壘[163]。

　　相關成員起初曾爭論該組織到底要以工藝或應用藝術（設計）為核心精神，但隨著德國表現主義藝術家約翰尼斯・伊登（Johannes Itten）退出組織，匈牙利設計師暨跨域藝術家拉斯洛・

160　MacCarthy, Fiona (1994). *William Morris: A Life for Our Time*, p. 185. London: Faber & Faber.

161　*Oxford Dictionary of Art and Artists* (2009), pp. 64–66. Oxford: Oxford University Press, 4th edn.

162　Frampton, Kenneth (1992). The Bauhaus: Evolution of an Idea 1919–32. In *Modern Architecture: A Critical History* , p. 124. New York: Thames and Hudson, Inc.

163　Frank, Whitford, ed. (1992). *The Bauhaus: Masters & Students by Themselves*, p. 32. London: Conran Octopus.

莫侯利 - 納吉（László Moholy-Nagy）加入，包浩斯整體發展傾向「新即物主義」（new objectivity）並逐漸採納應用藝術與大規模生產的理念。但有些學者觀察，德國從 20 世紀之初便開始提倡大規模生產與應用藝術，而葛羅佩斯個人的觀念轉向對包浩斯影響深遠[164]。

1923 年起，葛羅佩斯開始主張要找尋新的建築風格，呼應機器、廣播以及汽車等當代世界。他強調在第一次世界大戰結束後，一個新的歷史階段已經出現，不論建築或消費商品，他強調未來必須著重符合功能需求、便宜且可大量生產等條件，而且要結合藝術與工藝，創造出既具有藝術價值又非常有應用價值的產品[165]。

上述理念透過教育與刊物，不斷擴散到德國、歐陸與美國，包浩斯所提倡的「泛藝術品」（comprehensive artwork）的設計風格成為當代最具影響力的文化思潮，全面席捲現代建築、藝術與設計產業[166]。以至於現在不少人認為，經過 100 年後，我們依然活在包浩斯的世界裡[167]，也成為「日常生活美學」的基礎。

---

164 Krauss, R., Bois, Y-A. & Buchloh, B. (2004). *Art Since 1900: Volume 1 – 1900 to 1944*, pp. 185–189, ed. Hal Foster. New York: Thames & Hudson.

165 Curtis, William (1987). Walter Gropius, German Expressionism, and the Bauhaus. *Modern Architecture Since 1900* (2nd ed.), pp. 309–316. Prentice-Hall.

166 Fleming, J. , Honour, H. & Pevsner, N. (1999). T*he Penguin Dictionary of Architecture and Landscape Architecture* (5th ed.), p.880. Penguin Publishing Group.

167 以 We still live in Bauhaus 為關鍵字在谷歌搜尋，可找到 1620 萬項結果。檢索於 2022/2/18。

全面審美化時代

對於以包浩斯為關鍵主導勢力而形成的日常生活商品審美化，包括法蘭克福學派、形式主義等「自律美學」支持者，大都拒絕承認是藝術。如果承認的話，如主張「日常生活美學」的齋藤百合子（Yuriko Saito）在其 2007 年著作《Everyday Aesthetics》中指出，上述這類藝術中心美學（art-centered aesthetics）往往把非傳統精緻藝術品，貶抑為「二等藝術」或「自封藝術」（wannabe art），而這種藝術中心論的貶抑，也被日常生活美學支持者抨擊為「藝術沙文主義」（art chauvinism）[168]。

中國北京大學美學家彭鋒指出，自律美學對審美化商品的貶抑，最終使自己陷入一種尷尬情況。由於當年把藝術審美元素注入商品的設計師們，也都是藝術家，如今自律美學支持者卻拒絕把審美化商品視同藝術，結果使得現在自律美學體系的創作形同「非藝術」，要不然就變成「反藝術」，出現終結的危機。

彭鋒指出，藝術的強大生命力既不體現在高級藝術中，也不體現在通俗藝術中，而是體現在與日常生活和科學技術緊密結合的設計藝術中。反過來說，高等文化藝術今天之所以面臨終結的危險，原因就在於今天的日常生活本身已藝術化、審美化。如果日常生活本身就是藝術作品，人們還有什麼理由需要其它藝術作品？彭鋒認為，就算藝術在高等文化中宣告終結，

---

168 Saito, Yuriko (2007). *Everyday aesthetics*, pp. 16-17. Oxford: Oxford University Press.

卻已在日常生活中獲得新生：一種日常生活美學（aesthetics of the everyday）正在方興未艾[169]。

除了日常生活用品審美化，另外一種審美化則透過資通訊科技來達成。彭鋒認為，我們今天所處的是一個前所未見的大眾時代。而沉默的大眾之所以能夠被推上社會生活的前台，完全是倚賴資通訊科技。

他贊同當代部分西方學者看法，從 20 世紀中葉開始，先是影音傳播科技的發達，隨後是數位科技崛起，有兩種新興價值開始成為經濟的主導，一種是「符號價值」，因為所有影音數位媒體都可被視為一種符號，符號價值成為商品的主導價值，工業資本主義商品的功能價值相形次要。其次以知識與技能為核心的腦力勞動，替換了體力勞動，成為最主要的勞力資本。而原本居主導的金融資本世界，如今也加入貨幣資本、文化資本、象徵資本等多元形式。

這樣的趨勢發展到 21 世紀初期，資通訊科技已經成為人們最主要的生活方式了，虛擬世界與真實世界重疊，形成布希亞所說的「超真實世界」。現實世界從物質存在到思想行動，幾乎都轉化為數位形式在網路上流動，因此大眾時代已經變成符號優勢的時代，大眾文化是一種符號自我指涉的體系。而整個時代從工業資本主義轉往資訊資本主義，商品生產從實用功能轉為訴求主觀價值與品味的「審美策略」，因此大時代不能

---

169 彭鋒（2005）。《西方美學與藝術》，第 286 頁。

再以自然科學與經濟科學來觀察，而是根據符號的美學來觀察，服從於符號生產與消費的遊戲規則，服從於美學的遊戲規律[170]。

彭鋒也認同德國文化學者威爾許（Wolfgang Welsch）所言：目前全球已開始進行一種全面的審美化進程（aestheticization processes）[171]。

威爾許是在 1996 年發表的一篇論文中提出這樣的觀察。他認為，當今世界不論從現象（phenomena）、特色（distinctions）與願景（prospects）等層面分析，都在經歷審美化過程，而且是從原本的感性領域外溢到非感性領域。審美化有兩種狀態，一種是表層審美化（superficial aestheticization），泛指商品與居家環境、生活空間等的變化；另一種是深層審美化（deep aestheticization），涉及國家制度、政治、科學等。原本審美僅局限於口味、氣息、觸覺、視聽、情緒等感性層面，現在全面滲透到所有生活經驗。他把進程分成三階段：

首先是一種視覺可查的表層審美，也就是「奇觀社會」（spectacle society）的湧現，其中娛樂與時尚的審美實踐為其他非審美領域提供典範的移轉，比如政治現在變成一種行業，充斥著輿論風向專家和形象塑造諮詢服務。生活與環境全部審美化，經濟運轉採用審美訴求，強調品味並提倡享樂主義。

接下來科技為所有物理與世界群體，提供一種深入的審美

---

170 彭鋒（2005）。《西方美學與藝術》，第 290-291 頁。
171 同上，第 291 頁。

化，讓所有人類主體可以建構自己的認同，例如基因工程與虛擬世界正加快這種認同建構的操弄。傳播媒體在大眾腦海裡，建構他們對現實的認知。

最終以後結構與解構領軍，後現代視角認為真理基本上是被建構的，更鼓勵了各方面的審美化，從這個視角來看，人類發現自己是藝術家，世界就是自己的設計。審美化在這脈絡中將會出現現代性最極端的結果：徹底內化於主觀人格，告別所有的權威。這樣一個審美化世界中，將促成知識論包括真理觀、科學觀以及所有科學實踐的審美化。人類終於變成自己生命與世界的作者 [172]。

另一位歐洲學者 Márton Szentpéteri 也呼應魏爾許的觀察，他認為所謂的全球審美整體化有四大進程，先是浪漫主義讓審美化濫觴，讓藝術與現實世界脫離 [173]；接下來是前衛運動搖身變成一種藝術事業，既取得公共資源，還結合無所不在的資本主義，讓社會充滿表演性與空間性場景，讓所有商品等同於藝術；第三是極權治理的審美化，如同班雅明所說的政治審美化，從納粹、法西斯到 1970 年代之後美國的新自由主義，採用各種媒體進行意識形態的宣傳，前衛藝術則變成幫手 [174]。

第四是新自由主義推動的文化工業，或稱為設計資本主義、

---

172 Welsch, Wolfgang (1996). Aestheticization Processes: Phenomena, Distinctions and Prospects. *Theory, Culture & Society*, 13(1), 1-24. London: SAGA.

173 Szentpéteri, Márton (2019). Changing the Rhythm of Design Capitalism and the Total Aestheticization of the World, *Hungarian Studies Yearbook*, 2019(1), 82-99, p. 83.

174 ibid., pp. 86-87.

藝術資本主義，把所有存在的外表審美化了，遮蔽了大眾眼睛，讓他們無法看到真實世界，並打造出無所不在的奇觀以及商品迷戀，讓一切都擁有相同的外觀[175]。很明顯的，Márton Szent-péteri 對於這樣的全面審美化頗為反感。

這樣的全面審美化已經完成了嗎？人文與社會科學界認為還在進行中，起碼由啟蒙理性與科學所帶來的現代性仍未潰敗，不過確實受到審美化的巨大衝擊。

以社會學為例，早在 1953 年，學者 Karl Mannheim 就注意到學術思想正出現浪漫化傾向。他推測可能源自一些跟資本主義進程比較沒有直接相關，甚至沒有直接受到衝擊的區域[176]。有些學者對資本主義等議題沒有概念，想法比較主觀，使得部分社會學的研究與書寫，變成風格化。學者 Robert Merton 在一篇研究中也抨擊社會學的闡釋已經不再注重枯燥的事實、推論以及論述性的結論，相反到處洋溢著裝飾性風格的柔軟質地。他不以為然地強調，真正的社會學者不該臣服於充滿節奏模式的遣詞用字、豐富的譬喻以及感性且生動的想像，而是該選擇簡練、精確與客觀性[177]。另一位社會學者 Mary Douglas 也發現，不少社會學家在其概念圖景中，不斷出現情感偏好以及審美偏

---

175 Szentpéteri, Márton (2019). Changing the Rhythm of Design Capitalism and the Total Aestheticization of the World, *Hungarian Studies Yearbook*, 2019(1), 82-99, pp. 87-88.

176 Mannheim, Karl (1953). *Essays on Sociology and Social Psychology*, p. 90. London: Routledge and Kegan Paul.

177 Merton, Robert (1967). On Sociological Theories of the Middle Range. In *On Theoretical Sociology*, p. 70. New York: Free Press.

見 [178]。

　　知名社會學者古德納（Alvin Gouldner）觀察，美國社會學界研究從 1960 年度起已出現風格化（也就是審美化）。1961 年在社會學界年度大會「Society for the Study of Social Problems」發表會長談話。他檢視芝加哥學派的浪漫主義（romanticism）傾向，提到這些社會學者對美國社會底層生活有高度興趣，而且不只納為研究題材，連分析陳述也抱持正面態度，經常強調底層生活的本真性（authenticity）。古德納點名巨擘級學者 Howard S. Becker 與 Erving Goffman，形容兩人已宛如社會學界中的英國浪漫派詩人威廉‧布萊克（William Blake）[179]。

　　古德納指出，這些芝加哥學派學者在嬉皮、諾曼‧梅勒（Norman Mailer）筆下的暴力與情慾、毒癮、爵士樂手、計程車司機、娼妓以及夜社會中穿梭並怡然自得，喜好生動的人種誌描述遠多過於統計分析以及枯燥的分類學，讓他們的社會學從文學批評角度來看，已經變成自然浪漫主義文學 [180]。而且他預測，有天社會學界不但會對浪漫書寫習以為常，甚至會把工作搞得一副很酷的模樣（seeming cool）。

　　古德納呼應 Karl Mannheim 的看法：學術浪漫化的現象起自於一些工業化進程較晚或不發達的歐洲地區，比如德國就出現

---

178 Douglas, Mary (1996). *Thought Styles: Critical Essays on Good Taste*, p. xii. London: Sage.
179 浪漫派知名詩人，詩作風格以奇幻著名。
180 Gouldner, Alvin (1973). Anti-Minotaur: The Myth of Value-free Sociology. In *For Sociology*, p. 17. New York: Basic Books.

一種文化振興運動，直接反對科學、理性與科技對社會的改造（規訓），結果影響深遠[181]。

古德納認為，浪漫主義世界觀如今已佔上風，享有形同宗教地位，原因在於，原本在工業化主義時代，科技菁英引導社會運動，客觀主義馬上從中受益，因為它更符合布爾喬亞階級社會的視角，更能輕易與之整合。浪漫主義則是一些舊時代的文化菁英比如藝術家、戲劇家、詩人、音樂家等搞出來的東西。他們原本被工業化擠壓到邊緣，在商業、工業與科學主導的新時代毫無用途與地位，等到大眾傳播與媒體出現後，終於找到翻身契機[182]。

古德納觀察，浪漫主義帶來一種充滿感性與想像的新語言[183]，然後打造出新的信念，凸顯象徵性、反諷、詭奇的風格與寫作路線。浪漫主義與原本具有支配力的古典主義審美信條彼此較勁，結果，他們把時代、氣氛與場域混成一種藝術雜燴，跟古典主義的統一性信念對峙。他們信奉偶發性、變動性與在地性價值，並以之對抗普世與永恆原則。他們高舉內在的信念，跟外在化、客觀化的判斷標準對立。他們歡迎異類、出軌與特殊事物，不喜歡慣常或一般事物，他們標榜反叛附加於個體的真實性價值，這樣的價值是透過告別社會規範來實踐，而不是

181　Gouldner, Alvin (1973). Romanticism and Classicism: Deep Structures in Social Science. In *For Sociology,* p. 323. New York: Basic Books.

182　ibid., p. 335.

183　ibid., p. 329.

遵循社會規範[184]。

但古德納對社會學審美化仍有正面評價。他以德國人文與文化學科為例指出，相對於自然科學之間，前者發展出一種系統化區分，與浪漫主義與詮釋學都有明顯關聯。詮釋學預示了社會科學的探索方向：社會科學應嘗試形塑出詮釋方法來提升對於社會的理解，而非發展法則來解釋現象[185]。因為抱持審美視角的學者，看待自己與物體之間的關係是傾向擁有並保護它，去欣賞與理解它，而不是把它當成有用的東西來公式化或尋找法則。浪漫主義者想要並欣賞物體本身飽滿的整體性、獨一無二與特殊性[186]。

另一位知名社會學家 Clifford Geertz 在其著作《文化詮釋》中（The Interpretation of Cultures）也認為，他對於文化的理解，基本上從符號學角度出發。他認同馬克思・韋伯所說，人就像一隻飄浮在自己所編織的意義網絡中的生物，而他也把文化當成這種網，因此分析文化不是當成科學實驗去找出法則，而是藉由詮釋找到意義[187]。Clifford Geertz 無異承認，自己就是採取審美視角看待文化社會學研究。

如果以威爾許的說法來衡量：當前社會的全面審美化進程，似乎已進展到第三階段了。連一向自許有客觀標準的學術研究，

---

184 Gouldner, Alvin (1973). Romanticism and Classicism: Deep Structures in Social Science. In *For Sociology*, p. 327.
185 ibid., p. 336.
186 ibid., p. 352.
187 Geertz, Clifford (1975). *The Interpretation of Cultures*, p. 5. London: Hutchinson.

如今也不反對主觀的審美化研究視角，200 年前浪漫主義所掀起的審美浪潮，無疑至今還在波濤洶湧當中。

審美經濟理論提出

也就是在上述時代大浪潮下，德國文化學者波默在 1990 年代提出了審美經濟主張。他呼應並論證，審美經濟起源於當代對於真實世界無所不在的審美化（aestheticization），這種審美化呈現更進步的資本主義社會的一種經濟要素。為了理解此一現象，首先就要掌握一種概念叫做「審美勞動」（aesthetic labor）。何謂審美勞動？波默論證，當代有大量社會行為與實踐，針對人、城市、物體與地景等等，包括個體或整體，賦予並激發一種外觀（appearance）、光暈（aura）與氛圍（atmosphere），上述這一切構成他所謂的審美勞動 [188]。

波默強調，在審美勞動的趨勢下，以往有關文化產品的品質評價，包括藝術與非藝術商品的特色區分等，正在被刻意揚棄中。以前有關文化與藝術生產者的身分區隔，比如誰叫工藝家、美容師、廣告業、藝術家等等也不再重要。如今他們都是「審美勞動者」，不只涵蓋繪畫、藝術、設計、音樂製作等文化光譜，而是擁抱了人類所有行動與實踐。審美勞動賦予人、群體與物件一種附加成分，也就是上述氛圍與光暈，進而達成

---

188 Böhme, G. (2003). Contribution to the Critique of the Aesthetic Economy, p. 72.

獨特經濟成果，進而擁有一種特殊價值，對此波默稱之為「演示價值」（staging value）[189]，而它也就成為馬克思所說的「使用價值」與「交換價值」所延伸出來的第三種價值範疇[190]。

波默指出，使用價值發生並限定於現實使用的語境中，純粹為了滿足生存需求，具有功利性與目的性。至於商品的交換價值出現在交換過程的語境中，屬於使用之外的延伸價值。然而當代審美勞動所帶動的商品生產與消費，很顯然並非滿足單純生存需求，所有商品都被賦予一種外觀，都被審美化，大眾利用這些商品所具有的魅力、光暈與氛圍，來演示、裝飾並強化生活質感。這種「演示價值」乍看發生於交換價值的領域中，但又指向一種現實使用目的[191]。

波默認為，上述特點即為審美經濟的發展關鍵，由重視產量轉為生產具有演示功能的產品。波默認為，當社會的基本生存需求被滿足後，資本主義勢必要把眼光轉向新型態的需求，也就是「慾望」。生存的需求被滿足之後就會消失，但慾望永遠不會滿足，而商業可以直接探索的就是人類展演自我並強化生命感受的慾求[192]。

此外，波默也批判了霍克海默以及阿多諾，他指出阿多諾

---

189 大陸文獻普遍把 staging value 翻譯為「展示價值」，但這種翻譯將導致概念混淆，因為大陸學界也把華爾特‧班雅明提出的 exhibition value 翻譯成「展示價值」。考量 staging 源自 stage，含有搭建表演舞台的意涵，因此我翻譯成「演示價值」。

190 Böhme, G. (2003). Contribution to the Critique of the Aesthetic Economy, p. 72.

191 ibid.

192 ibid., pp. 72.-73.

等人既不了解文化工業具有持續的創造力，也無法區分流行與大眾藝術，更未察覺流行藝術顛覆性的力量與契機，使得他們的理論淪於菁英階層的自我表述，把文化消費貶抑成虛幻的滿足（illusory satisfaction）以及玩樂（amusement）。而阿多諾、霍克海默兩人把文化工業貶抑為藝術的淪喪，對波默而言，兩人無異自我矛盾，因為他們一定知道前衛派要求把藝術結合並納入日常生活中，如今前衛派的理念早已實現，藝術的審美元素融入商品中，並經由行銷宣傳遍及社會角落，而且透過產品設計，不斷現身與轉變[193]。

波默強調，從 1950 年代起，資本主義已經進入一個嶄新階段，特定階級意識幾乎全面棄守，經濟重心迅速地移轉為審美生產，使我們必須重新看待並建構文化產業理論[194]。

審美價值再界定

波默「審美經濟」理論提出後，近 20 年來影響了中外學界，它再度凸顯了審美意識從浪漫主義以降對人類社會與生活的全面影響力。兩岸學界以及行業人士也紛紛採用此一視角進行研究與撰述。

台灣方面，審美經濟（aesthetic economy）普遍被翻譯為「美學經濟」。以「審美經濟」為關鍵詞在台灣國家圖書館的博碩

193 Böhme, G. (2003). Contribution to the Critique of the Aesthetic Economy, p. 74.
194 ibid., p. 72.

士論文網進行檢索，結果為零。如果把「關鍵詞」換成「美學經濟」，結果有 21 篇碩士論文題目與美學經濟相關[195]。

這些論文中，有 9 篇涵蓋企業品牌塑造、品牌價值提升、消費行為研究等商業管理領域，5 篇屬於服務業與資通訊商品設計，其餘 7 篇包括客家土樓體驗、文創園區、藝術旅館、民宿經營與創意生活等，屬於台灣《文化創意產業發展法》的行業類別。全部論文均採用一種常見的非美學專業學術視角，把「美學經濟」中的「美」均解釋為「美感」（sense of beauty）。

如本章起頭分析，aesthetic 翻譯成「審美」比較恰當，因此 aesthetic economy 應翻譯為「審美經濟」。

相對而言，外國的審美經濟研究比較多元且熱度持續上升[196]。北京大學藝術學院博士李曉唱 2016 年的研究統計，以「審美經濟」為關鍵詞在「中國期刊網期刊全文數據庫」搜尋搜尋 2011 年至到 2015 年間的研究，找到 78 篇相關文獻，其中 16 篇文獻題目中含有「審美經濟」或「大審美經濟」；以「美學經濟」為搜尋主題檢索到 56 篇相關文獻，其中 18 篇文獻的題目中含有「美學經濟」一詞[197]。

至於外國文獻統計以「proquest research library」的 20 個選定文獻數據庫為範圍，並以「aesthetic economy」以及「aesthetic

---

195 檢索於 2022/01/31。
196 李曉唱（2016）。《審美經濟語境下文化產業價值提升研究》，第 78 頁。未出版之博士論文，北京大學藝術學院，北京。
197 同上，第 13 頁。

economics」為關鍵詞，搜尋 2011 年至到 2015 年間的學術期刊、學位論文、會議論文及紀錄為出版物類型，包括中文、英文為寫作語言，在李曉唱的研究中，前者搜尋到 230 篇相關文獻；後者則有 6 篇相關文獻 [198]。

根據上述文獻進行分析，李曉唱發現，中國學者比較偏重「資源保護與開發」相關研究方向，關注的重點包括「產品開發」、「學科建設」、「產業創新」，但其它外國學者對此相對不關注，「城市建設」、「審美價值」等則是國外學者研究的重點方向 [199]。

此外，中國與外國均把審美經濟視角應用到廣義的文化產業研究，李曉唱的研究印證，審美經濟與文化產業之間，不僅就理論與實踐所涉及的對象有關，也都重視「審美價值」。李曉唱指出，審美經濟的價值內涵表現在審美價值、帶來情感體驗和滿足休閒需要的價值、經濟價值三個方面，文化產業的價值內涵表現在文化價值、滿足精神需求的價值、產業價值和審美價值四個方面。二者的價值內涵基本一致，且都以審美價值為核心，以其作為實現產業高端附加價值的基礎。她藉由相關文獻資料的發現式論證和支持式論證方式來分析：審美經濟與文化產業在價值內涵方面的相關性最為凸顯，而「審美價值」就是兩者的鏈結 [200]。

---

198 李曉唱（2016）。《審美經濟語境下文化產業價值提升研究》，第 14 頁。
199 同上，第 75 頁。
200 同上，第 106-107 頁。

此外，李曉唱認為，不管中國或其它外國「審美經濟」的研究，尚待加強的部分就是審美經濟的「本質理論」問題。她強調，本質理論研究牽涉到一個學科的發展規律，審美經濟的本質理論主要解決它是如何運行的問題，具體包括審美經濟的本質特徵、研究內容、研究方向、研究領域等問題[201]。本質理論不釐清，相關研究就會出現論述方向與看法的嚴重分歧。

李曉唱舉例，從 2011 到 2015 年，五年間研究審美經濟的數百篇文獻中，與學科建設等理論問題相關的中國文獻不到中國文獻總數的 8%，以理論為關鍵詞的國外國文獻不到國外文獻總數的 6%，關注產業創新、產品開發等發展特徵的文獻佔據文獻總量的一半以上[202]。

基礎理論研究不足，結果就是很多歧義無法釐清。比如既然審美經濟兼具「美學」與「經濟學」屬性，而傳統美學研究強調審美經驗是一種「超功利」[203]（disinterestedness）的感性活動，但經濟發展卻注重功利性，兩者顯然出現本質理論的衝突。這就導致不同學者對審美經濟以及相關的文化消費、文化產業的評價，出現南轅北轍的看法。其中「審美價值」的定義釐清與範疇再界定，應該是最重要課題。如李曉唱的發現，這是外國學者重點研究方向之一。

為了釐清「審美價值」的內涵，本研究參考波默近年最新

---

201 李曉唱（2016）。《審美經濟語境下文化產業價值提升研究》，第 141-142 頁。
202 同上，第 147 頁。
203 同上，第 80 頁。

發表的一篇文獻：在 2017 年出版的一本書中，波默曾再度申論「審美經濟」[204]。他指出，關於審美經濟最常見的誤解是把它當成藝術市場的同義詞；此外，波默強調，「審美經濟」這個詞彙不能直接視同「文化產業」。波默指出，阿多諾所講的文化工業抨擊的是藝術產製的商品經濟化，結果導致藝術粗俗化並迎合庸俗口味，比如博物館為了營收頻頻策展，或是樂團演出轉播等等。因此文化工業並非陳述審美對經濟的衝擊，而是側重經濟對於藝術接受與產製的衝擊，但審美經濟可以當成文化產業的研究視角[205]。

波默重申，審美經濟是資本主義發展的特定階段，意指某種經濟本身的特性，在審美經濟中，商品的審美層面（aesthetic aspects）越來越重要，更涉及商品的行銷與製作。波默認為有兩種資本主義理論作為「審美經濟」的前驅，一種如熊彼得（Schumpeter）、馬庫塞（Herbert Marcuse）等認為資本主義主要就是在產製奢侈品與垃圾，並且專注於迎合富裕階層的奢侈慾望而非普羅大眾的基本需求。另一種就是商品美學（commodity aesthetics），這又有兩種區別，一種泛指商品外觀與設計，另一種則是布希亞（Baudrillard）所述，商品不再僅限於狹隘的使用價值與交換價值，而且已成為身分的象徵符號[206]。

因此一旦論及「審美資本主義」（esthetic capitalism），很

204　Böhme, Gernot (2017). Précis of the book, pp. 235-242
205　ibid., pp. 235-236.
206　ibid., pp. 236-237.

大部分的產品已非為了滿足生存等基本需求，而是為了裝飾、擺設並提升生活。馬克思以「延伸需求」（extended needs）來解釋上述情形，但他的理論如今已無法適用於當前審美資本主義所發展出來的需求與慾望（desire），後者尤其重要。波默指出，需求可被滿足，但慾望永無饜足，消費者會不斷被挑起購買的慾望，等待著新一代產品、下一波時尚以及最新的科技設備[207]。

波默論證，上述分析對馬克思商品概念提供了新的看法。對當代消費者而言，如今大量商品的價值維繫在它們能提供一種特定生活氛圍，具有審美或場景營造效果，這種價值就是上述波默於 1990 年代闡釋的「演示價值」。這些商品就使用方式與生活情境而言成為有價值的事物，因為它們可以搭建出特定生活風格，就日常生活而言，也可提供一種超凡的景象。人們挑選喜好的服裝品牌、飾品、音樂，或是打造居家環境，藉以演示自己的生活風格。「演示價值」形同交換價值轉化而成的新型態使用價值[208]。

然而波默也申論，所謂商品的「審美特質」將會不斷處於變化，而且商品的審美特質不能被簡單講成這些商品都是「美麗的」（Having some aesthetic qualities does not simply mean that a commodity is beautiful.）他指出，凡能有效打造象徵身分的商品，並不必然屬於好看的外觀，真正需要的是它具備讓消費者重視

---

207 Böhme, Gernot (2017). Précis of the book, p. 237.
208 ibid., pp. 237-238.

的外觀[209]。（For commodities to be effective status symbols, it was not necessary that it had a nice appearance, what is actually necessary is that it had a precious appearance.）

上述這段論證直指波默「審美經濟」的核心本質，因為波默所謂的「審美」依然遵守西方「美學」定義：審美是探討各種感性經驗的學門，而這些感性經驗有多種範疇，「美感」只是其一。當代商品可以讓消費者根據其品味，營造出多樣生活與生命風格藉以彰顯自我，舉凡叛逆、頹廢、奢華、極簡、冷酷、詭異、陰沉等等，均屬其間，很多與美麗差異極大。

其次，波默特別強調審美資本主義一個更基本的特點：人類對於生產與消費等經濟活動，已經從單純的滿足「需求」轉變為滿足「慾望」。結果「演示價值」又有衍生的意涵：人們渴望被看見，被認同，這不僅限於注重外觀、穿著打扮等生活風格，而是進一步意欲彰顯自我存在，起先憑藉著照相機，如今結合資通訊科技與社群媒體包括 YouTube、Instagram 等，成為龐大的經濟驅動力量[210]。

除波默外，不少學者也承認審美經濟在當代蓬勃發展現象。Eduardo de Fuente 等認為，當代西方出現一種新趨勢就是藝術與社會交互滲透，社會正經歷一種深入整合的（deep-seated）「審美化過程」（aestheticization process），此外社會研究也正經歷一種知識論探究的審美化，包括以審美角度檢視「現代性」並

---

209 Böhme, Gernot (2017). Précis of the book, p. 238.
210 ibid., pp. 240-241.

重新閱讀社會學經典等等[211]。審美化（aestheticization）導致當代社會的形式越來越像一件藝術品。

學者 Mike Featherstone 也認為，社會「審美化」的結果意謂藝術與日常生活之間的界線已經抹除，高等藝術與大眾、流行文化之間的區隔也已崩解，所有風格正進行廣泛的雜交，而文化符碼以遊戲性的方式混雜，藝術與商品的混同體現出後現代的消費趨向[212]。

學者 Ileyha Dagalp 與 Benjamin J. Hartmann 則以審美化理論，分析商品與品牌如何挑動消費者的購買慾望。他們論證商品與品牌審美化會有三種環節，包括顧客端、品牌端以及市場端的審美經營。在顧客端方面，牽涉到的是消費者的主體與商品客體的關係，從物件、經驗到購買行為，都要讓顧客在消費語境中感受到品味、投入與美感解放[213]。品牌塑造方面，首先要透過「劇本化」（scripting）賦予美麗、崇高、感動或有趣的形象，品牌推動者要藉由神話般的圖景，打造品牌的象徵性與實體屬性；其次是藉由「生動化」（animation）繼續強化上述的美麗動人與崇高的形象，關鍵手法就是實體展示，呈現與放大劇本

211 de la Fuente, E. (2000). Sociology and Aesthetics. *European Journal of Social Theory*, 3(2), 235-247.

212 Featherstone, Mike (2007). *Consumer Culture and Postmodernism*, P. 64. London: SAGE Publications.

213 Dagalp, Ileyha & Hartmann, Benjamin J. (2021) From "aesthetic" to aestheticization: a multi-layered cultural approach. *Consumption Markets & Culture*, 25(1), 1-20, p. 7. London: Routledge.

所營造的美感氛圍[214]。

　　結合上述文獻分析，可得到以下論證：首先，研究「審美經濟」的理解關鍵在於，審美指涉多樣的感性範疇，這些範疇牽涉到不同的審美態度，也都會帶來審美愉悅。

　　其次，審美經濟所強調的「演示價值」，波默定義它屬於交換價值所轉化的新型態使用價值[215]，因此它顯然具有功利性目的，迥異於一般審美所強的「超功利性」，因為它不僅滿足消費者的生活需求，還會不斷挑起消費慾望，此外也亟欲藉此彰顯自我，不僅透過商品消費行為，還透過媒體科技與網路社群去展現自我，這種「審美表達與溝通」使得審美經濟進一步延伸到自我與認同的文化研究範疇。

　　因此，本書研究對象泛指具有「審美價值」的文化產業產品、商品與服務，如波默所言，如今「演示價值」已納入「審美價值」，屬於一種新型態功能價值，具有功利性，要滿足當代的「慾望」與享樂消費。顯然在慾望驅策下，審美價值內涵已轉變，基於滿足慾望的新型態產品、商品與服務不斷出現，導致人們將擁有更多樣態的感性經驗，因此不再僅限於美感、崇高、滑稽幽默等傳統範疇，而是將重新定義並擴大「審美範疇」。

214　Dagalp, Ileyha & Hartmann, Benjamin J. (2021) From "aesthetic" to aestheticization: a multi-layered cultural approach. *Consumption Markets & Culture*, 25(1), 1-20, pp. 9-11.

215　原文摘錄如下：The difference which appears within the analysis is the fact that the exchange value continues to play a certain role within the context of commodity use. That is, the exchange value of the commodity is transformed into a new use value – we call it the staging value. Böhme, Gernot (2017). Précis of the book, p. 237.

三位一體的審美經驗

　　什麼是審美價值？翻開文獻，我們會看到很多審美價值的定義。比如班雅明認為具有本真性的藝術作品會浮現一種光暈，擁有「膜拜價值」，而複製藝術會減少光暈，因此只具有教育功能的「展示價值」。乍看之下班雅明的「光暈」彷彿是一種附屬於本真藝術品的客觀存在。

　　但本真性是什麼？如班雅明所述：本真性是藝術作品在誕生所在地所擁有的獨一無二的存在狀態。這種獨一無二的存在狀態，決定了藝術作品本身的歷史——它於存留的時間中所始終具有的主體地位[216]。按照班雅明的邏輯，光暈似乎會像甘霖一般遍灑在任何藝術創作身上。但這種論點又會牽涉到另一個「艱難課題」（hard cases），比如傳統工藝、前衛作品與各國民俗創作等，到底算不算藝術作品[217]？杜象的《泉》只是當時市面上批量生產的尿池之一，它有「光暈」嗎？任何手工製作的傳統工藝作品，在完成時，不都擁有獨一無二的主體地位嗎？它們都有光暈嗎？只要它們大量生產，就算是手工的，「光暈」馬上就消失了嗎？

　　學者發現，按照這樣推論下去，結果會發現，「藝術」與「藝術作品」的定義沒完沒了，而且到現在還沒找到普遍接受

216　Benjamin, W. (1992). The work of art in the age of mechanical reproduction, pp. 298-299.

217　Lopes, Dominic (2014). *Beyond Art*, p. 58. Oxford: Oxford University Press.

的定義[218]。本書採取杜威、舒斯特曼、姚斯等人的「功能主義」（functionalism）視角：任何事物，只要能引發審美經驗，讓人進入審美狀態並感受到「審美愉悅」（aesthetic pleasure），就具有審美價值。因此審美價值不僅限於藝術品，最大範圍可擴及任何存在的事物，唯一判斷關鍵就在於它們能否引發觀照者（spectator）的審美經驗以及審美愉悅。只要成立，對於觀照者而言就具有審美價值。

因此審美價值與審美經驗、審美愉悅是三位一體（trinity），彼此無法切割。而且正因為審美愉悅是如此誘惑迷人，才會導致浪漫主義在 18 世紀濫觴之後，不斷攻陷理性啟蒙的疆域，乃至於現在出現了社會全面審美化的觀察。縱使浪漫主義尚未獲得全勝，起碼已跟科學、理性分庭抗禮，它的至尊法寶就在於「審美愉悅」帶給所有人歡欣、狂喜甚至超越、淨化等正向感受。雖然理性也能帶來「知性的喜悅」[219]，但往往要經過辛苦的知識學習過程才能擁有，不像品味的判斷幾乎在感性經驗發生當下就賜予快感。兩者的快感獲取難易與否，導致競爭態勢高下立判。

---

218 例如中國傳媒學者趙毅衡在他主持的國家社科重大項目「當今中國文化現狀與發展的符號學研究」中，做過精彩闡釋，可參考：https://kknews.cc/zh-tw/culture/86xr4gl.html/。檢索於 2022/02/10。

219 引述自卡爾（2012）。《網路讓我們變笨？：數位科技正在改變我們的大腦、思考與閱讀行為》，第 88 頁。王年愷譯。台北市：貓頭鷹出版。描述深沉閱讀文字的感受。原著參考 Manguel, Alberto (1996). *A History of Reading*, p. 49. New York: Viking.。後者提及早期基督徒會以一種稱為「誦讀聖言」的方式閱讀聖經。深度冥思的閱讀方式被視為一種接近聖靈的方法，也會帶來至高愉悅。

而且目前最讓人瞠目結舌的是：影音產品所能激發的各種快感，正伴隨網路全面席捲人類生活，不管它們提供的到底是超越的淨化、靜觀的怡然自得或如同阿多諾形容那種虛幻的滿足（illusory satisfaction）、娛樂（amusement），由於資通訊科技具備無遠弗屆、不分時地的「近用性」（availability）以及「易取性」（accessibility），當代人可說終日都有可能沉浸在審美愉悅中，越來越難以自拔。

審美愉悅的哲學分析

　　至於到底怎樣才是「審美愉悅」？至今我們曾引述過康德、杜威、杜夫海納、波默等人的闡釋，從康德「超功利性」到波默「慾望」的渴求，從比較平靜的「喜悅」（delight）到激烈令人顫慄的「狂喜」（ecstasy）[220]，可以看到不同定義下的審美愉悅的情緒強度差異極大。還有阿多諾所講的那種虛幻的滿足、娛樂，到底算不算「審美愉悅」？理由為何？

　　學者 Francis J. Coleman 分析從希臘亞里斯多德到中古世紀聖湯瑪斯等人對於審美愉悅的定義，他發現亞里斯多德幾乎是把審美愉悅當成是模仿的回報，因亞里斯多德認為模仿是人從

---

220 The aesthetic experience is, primarily and fundamentally, about ecstasy or the experiential transcending of the psycho-physical limits of egoity (or of 'self'-separateness). When the viewing of image-art is right and true, there is a thrill in the event, a profundity of experience. Samraj, Adi Da (2008). *Aesthetic Ecstasy*. The Dawn Horse Press.

小即具備的天性，很自然會從模仿的作品得到愉悅，這也成為後代「藝術模仿說」理論依據之一。

不過亞里斯多德模仿說並非僅止於模仿物品外觀，中國美學家彭鋒指出，亞里斯多德的學說中，還包含情感表現的模仿。亞里斯多德也把戲劇當成一種模仿的藝術，談到悲劇相關功能時，即認為悲劇模擬再現主角的不幸遭遇，讓人激發強烈的哀憐和恐懼的情感，重新獲得心理平衡，就是所謂的「淨化」（catharsis），而且這也是一種愉悅，開啟了後代對於崇高（sublime）的討論[221]。

至於聖湯瑪斯（St. Thomas）認為，凡被稱為美麗的東西，看到時都會引發喜悅。其他動物對於物體不會感受到愉悅，除非這些東西能餵飽肚子或者滿足性需求。只有人類能因其美麗而喜悅[222]。這也對應後代不少美學家的看法：審美不是滿足人體官能性的需求而產生的，不具備功能價值。

Francis J. Coleman 也重申了康德對於審美愉悅的解釋。他指出，康德認為藝術作品製造審美愉悅（works of art produce aesthetic pleasure），但他認為康德並非把審美愉悅限定為藝術作品的專利。因為康德又論證：如果要區分什麼東西是美或不美的，我們不是根據物的再現（representation），然後動用認知的理解能力，把美的屬性賦予物自身；相反地，我們是動用想像力，

---

221 彭鋒（2005）。《西方美學與藝術》，第 103 頁。
222 Coleman, Francis J. (1971). Is Aesthetic Pleasure a Myth? *The Journal of Aesthetics and Art Criticism*, 29(3), 319-332, p. 319. Denver: American Society for Aesthetics.

把物的再現交給主體，讓主體決定有無審美愉悅。

　　Francis J. Coleman 指出，康德因此斷言：品味判斷不是認知判斷，不屬於邏輯判斷；相反地，它屬於感性的，意味這是由個人立場去決定的，因此絕不會是客觀的，只能是主觀的。但後來的學者如華爾特・佩特（Walter Pater）等，卻把「藝術作品製造審美愉悅」這種比擬性的說法，延伸為確切不疑的事實。從此審美批判就把關注對象，整個移往藝術作品，並把藝術當成自然與人類生活的更好型態，視之皆具有一種獨特、珍貴的能量或力量來創造快樂感受[223]。

　　康德曾以超功利性來表達品味判斷的一種態度，但這種態度並未說明審美愉悅到底具有何種身心狀態？直到 19 世紀末期心理學成為顯學之後，有些研究者開始運用心理學去分析審美經驗，對於審美當下吾人的身心狀態，出現科學性理解。這樣的實驗派美學研究持續至今，比如近十餘年，設計領域的學者又掀起一陣實驗美學熱潮，企圖找出設計產品為何能激發審美愉悅的客觀因素[224]。

　　Janneke Blijlevens 等 5 位學者 2017 年一篇研究，綜合分析了歷來學界對於審美愉悅的研究分成三派：客觀派、主觀派與互動派。他們援引其它研究指出，傳統美學界（也就是形式主義

223　Coleman, Francis J. (1971). Is Aesthetic Pleasure a Myth?, p. 319.

224　Blijlevens, J., Thurgood, C., Hekkert, P., Leder, T. & Whitfield, T.W.A. (2017). The Aesthetic Pleasure in Design Scale: The development of a scale to measure aesthetic pleasure for designed artifacts. *Psychology of Aesthetics, Creativity and the Arts,* 11(1), 86-98, p. 86. Washington, DC: APA.

美學）對於審美愉悅的來源大都指向藝術作品，但這是有問題的見解，因為任何東西都可以審美態度去欣賞，而且很多物品也都蓄意設計來引發審美愉悅，因此審美愉悅絕非精緻藝術界所獨擅。形式美學就是主張有客觀審美元素存在於對象，尤其限定在藝術，比如對稱、平衡、比例、精細等，決定了審美愉悅，這就是所謂客觀派。主觀派則認為除非審美對象能滿足感性，否則沒有審美愉悅可言。審美愉悅只是觀賞者的一種主動機能，比如俗諺「情人眼裡出西施」就吻合主觀派見解[225]。

Janneke Blijlevens 等則傾向互動派，認為審美愉悅是因某些客觀成分與觀賞者主體特徵相互作用而產生。互動派認為審美愉悅是正向的，內在於審美對象，它是主體與對象互動之後立即發生，而不是經過一段認知過程才有的結果。審美主體不是以功利角度去看待客體，此外審美愉悅是以客觀存在方式被感知，因此是客觀性的[226]。

Janneke Blijlevens 等設計了一套調查，希望能從民眾對設計產品的態度中，找出衡量審美愉悅的尺度表。他們制訂出 5 種界定審美的行列式（determinant），包括審美愉悅、典型（typicality）、新奇（novelty）、一致性（unity）與變化性（variety），結果發現，調查對象會用喜歡看、好看、吸引人、漂亮等來形

---

225 Blijlevens, J., Thurgood, C., Hekkert, P., Leder, T. & Whitfield, T.W.A. (2017). The Aesthetic Pleasure in Design Scale: The development of a scale to measure aesthetic pleasure for designed artifacts, p.87.

226 ibid., p.88.

容讓他們覺得有審美愉悅的產品；對於新奇的事物，常見反應包括有新意、新範例、原創性以及新奇等評語[227]。

傳統美學界與分析哲學界，對於這類實驗美學大都投以懷疑眼光，認為很多實驗前提要先被檢驗，比如實驗雙方都確知命題概念嗎？如何確定實驗的信度[228]？就好比要驗證審美愉悅，實驗雙方都知道審美愉悅的內涵嗎？如何確知怎樣的身心狀態叫做審美愉悅嗎？這裡面預設了一個實驗前提：我彷彿已確知審美愉悅是什麼，然後應用一堆測試方式做出統計分析來檢驗受測結果，卻偽裝成一種要發現什麼是「審美愉悅」科學實驗。

他們盤點相關實驗，發現結果常彼此矛盾。比如有派實驗認為看久聽久就會覺得美，原本認為不怎麼動聽的旋律，聽一陣子就變好聽了，這種現象被稱為「流暢性」（fluency），包括曝光效應（exposure effect）、典型（prototype）與對稱（symmetry）等，只要對欣賞越不造成干擾，越順暢者，就越會引發美感。但另一派實驗結果卻恰好相反，認為越具複雜度與挑戰性，諸如難以化解的矛盾、模糊與不確定性等，才越會引發美感。另有折衷派認為適當的模糊性（ambiguity）更易引發美感，順暢或干擾之於美感，兩者之間存有一種 U 形曲線關係；因此音樂欣賞，兼具耳熟能詳以及新奇樂句者，越能引發並延續美感。

227 Blijlevens, J., Thurgood, C., Hekkert, P., Leder, T. & Whitfield, T.W.A. (2017). The Aesthetic Pleasure in Design Scale: The development of a scale to measure aesthetic pleasure for designed artifacts, pp.92-95.

228 Kamber, Richard (2011). Experimental Philosophy of Art. *Journal of Aesthetics and Art Criticism*, 69(2), 197-208.

各派說法紛陳，結論卻大相徑庭，讓人看到眼花撩亂，無所適從[229]。

審美愉悅與移情作用

但科學實驗仍對美學研究極具啟發性，最有名的案例包括立普斯（Theodor Lipps）提出的移情作用（empathy），中國美學家彭鋒指出這是當代美學研究最重要學說之一，凸顯了主觀心理狀態在審美經驗中的重要性[230]。

心理學者 Timothy Burns 在 2021 年問世的一本著作《Theodor Lipps (1851-1914). Psychology, Philosophy, Aesthetics》中，回顧了立普斯的貢獻。他認為立普斯某些論點已經被推翻，比如藉由「移情作用」，我們僅能產生對自我的認知，不可能如立普斯所言擁有對他人或審美對象的知識[231]。但 Timothy Burns 的結論，無法推翻「移情作用」適用於美學領域研究。

Timothy Burns 指出，立普斯在 1903 年發表的著作《Leitfaden der Psychologie》中，定義出人類三種知識領域，包括「我知道事物、知道我自己以及知道別人的自我（ego）」，然後把知覺

---

229 Muth, Claudia & Carbon, Claus-Christian (2013). The Aesthetic Aha: On the pleasure of having insights into Gestalt. *Acta Psychologica*, 144(1), 25–30.

230 彭鋒（2005）。《完美的自然：當代環境美學的哲學基礎》，第 38 頁。北京：北京大學出版社。

231 Burns, Timothy (2021). Theodor Lipps on the concept of Einfühlung (Empathy). In *Theodor Lipps (1851-1914). Psychologie, philosophie, esthétique*, ed. D. Romand & S. Tchougounnikov. Genève-Lausanne: Sdvig Academic press.

（perception）當成知識來源，內在知覺（inner perception）當成自我知識來源，而「移情作用」（einfühlung）作為對其他人的「自我」知識來源。1909 年英國心理學家 Edward Titchener 介紹此學說時，把它翻譯成 empathy，從此移情作用之說，在英語學界中廣受重視[232]。

學者 Karsten Stueber 也指出，在 empathy 未被引進英國之前，英國文化界大都以 sympathy（同情心）來討論相關文化與社會現象[233]。他指出，18 世紀英國盛行道德感性論（moral sentimentalism），哲學家休謨（David Hume）在討論道德判斷時，提到同情心的作用。休謨認為，當人因為同情心而產生情感時，最初這個狀態僅被理解為一種因外在訊號比如對象的面容或話語而傳達的意念。但該意念瞬間轉化為印象並召喚一定程度的力量與精神狀態，演變成情緒。過程中，我們先是認知性地判斷了對方的心境，這是「同情心」的階段。但隨後我們分享了對方的情感，啟動了第二種因果機制，或許對方的遭遇讓我們回想起自己以往的悲傷、快樂經驗等等，進而激發出強大的感情，這就是「移情作用」的階段[234]。換句話說，「移情作用」解釋了英國以往「同情心」學說某些模糊之處。

Timothy Burns 以及 Karsten Stueber 都認為，einfühlung 比較

232 Burns, Timothy (2021). Theodor Lipps on the concept of Einfühlung (Empathy).

233 Stueber, Karsten (2006). *Rediscovering Empathy: Agency, Folk Psychology, and the Human Sciences*. Cambridge, MA: MIT Press.

234 Stueber, Karsten R. (2015). Naturalism and the Normative Domain. Accounting for Normativity with the Help of 18th Century Empathy-Sentimentalism, pp. 29-30.

適合的翻譯應該是「感受進去」（feeling-into）。Timothy Burns 指出，立普斯最初羅列出一大堆移情，包括智力移情、審美移情、廣泛與特殊移情與實證移情等等。至於移情為何會成功？立普斯認為，我們看到對方的動作與表情時，我們會產生模擬，進而把自己的情感投射到對方。所以移情的主體事實上只是感受到自己內在心境，但當成是別人表現出來的。因此就審美經驗來說，觀賞者僅能根據自己的內在經驗，賦予並辨識出我們自己的情感[235]。

此外，移情作用也可能獲得當代腦神經醫學界的研究支持。如上所述，移情作用的德文被英譯為 empathy，而 empathy 在倫理學中被視為道德的重要基石，中譯為「同理心」。當代科學家發現，人類與同理心相關的神經生理路徑都會經過腦中的前扣帶迴皮質——一個位於額葉皮質的構造。科學家用腦部掃描儀偵測發現，當受測者感受到他人痛苦時，所有情緒反應都發生在前扣帶迴皮質，導致偵測儀對應的燈發亮[236]。

而且人類從小就能感受到他人的情緒與痛苦，產生同理心與慈悲心。最特別的是，這種同理心不需要等到認知發展之後才出現，即使在襁褓期的嬰兒也會有情緒感染，願意把手中的玩具送給哭泣的他人。換句話說，同理心比認知能力更早出

235 Burns, Timothy (2021). Theodor Lipps on the concept of Einfühlung (Empathy).
236 羅伯‧薩波斯基（2019）。《行為：暴力、競爭、利他，人類行為背後的生物學（下）》，第 169 頁。吳芠譯。新北市：八旗文化出版。

現於人的意識中 [237]。科學家解釋同情心、同理心，分別以英語 feeling for、feeling as 來形容 [238]，但審美的移情如上所述為 feeling into，三者發生時都作用在額葉皮質，彼此關聯有待進一步科學探討。

上述分析「同理心」發生在倫理道德的情況，至於移情發生在審美經驗時，就是審美對象恰好能觸發了移情，因而把主觀的情感予以客觀化並為人們所觀照，因此這種審美活動既非主觀也非客觀，而是兩者合一，在這種活動中，我們欣賞自己，進而感受到歡欣、幸福或提升 [239]。

1930 年代，中國民初學者朱光潛在其著作中，首度為華人世界介紹了「移情作用」。朱光潛表示，透過移情作用，在凝神觀照時，觀照者心中除了審美對象外，別無其它；於是在不知不覺當中，由物、我兩忘進到物、我合一的境界 [240]。朱光潛形容，審美經驗發生的當下，觀照者會暫時忘記自我，擺脫意志的束縛，由意志世界移到意象世界，所以審美經驗對人生是一種解脫 [241]。在凝神觀照中，物、我由兩忘而同一，於是觀照者的情趣和物的姿態往復迴流 [242]。如同康德所形容，這是創造性的想像並由此得到審美愉悅。這個快感來自暫時放下現實，

---

237 羅伯・薩波斯基（2019）。《行為：暴力、競爭、利他，人類行為背後的生物學（上）》，第 169 頁。
238 同上，第 223 頁。
239 立普斯（1964）。《論移情作用》，第 44 頁，朱光潛譯。北京：人民文學出版社。
240 朱光潛（1984）。《文藝心理學》，第 41 頁。
241 同上，第 17 頁。
242 同上，第 53 頁。

進入想像的世界，這是一種掙脫枯燥現實並進入理想境界的超越幸福感。

但非常矛盾的是，如此稱道移情作用的朱光潛，在其著作《文藝心理學》中，很快又貶抑了「移情作用」。他引援德國美學家佛拉因斐兒司（Muller Freienfels）的學說時，把審美者分為兩類，一種是「分享者」（participant），另一為「旁觀者」（contemplator）。他認為，「分享者」的審美經驗中，一定會發生移情作用。「旁觀者」就不起移情作用，屬於一種靜觀姿態，既分明察覺物我的分別，卻能靜觀形相而感覺其美[243]。

朱光潛認為後者更具審美力，把前者當成英國學者魯斯金所稱的「情感的誤置」（pathetic fallacy）。因為魯斯金認為，第一流詩人都看清事物的本來面目，第二流詩人才有「情感的誤置」，把自己的情感誤移於外物[244]。

為了說明移情作用不是理想的欣賞狀態，朱光潛用欣賞戲劇做譬喻，他認為戲劇觀眾也區分成旁觀者和分享者兩種。分享者看戲如看實際人生，激動時宛如自己就是劇中角色，同悲同喜[245]。朱光潛認為這種審美經驗所得快感最大，但這種快感往往不是美感，因為「他們不能把藝術當作藝術看，藝術和他們的實際人生之中簡直沒有距離，他們的態度還是實用的或倫理的，真正能欣賞戲的人大半是冷靜的旁觀者」[246]。朱光潛在

---

243 朱光潛（1984）。《文藝心理學》，第 60 頁。
244 同上，第 60-61 頁。
245 同上，第 63 頁。
246 同上，第 63-64 頁。

此又掉進康德「超功利性」的陷阱，而且他也忘記自己在《文藝心理學》開頭所說的：審美不能僅等同於美感。

朱光潛在《文藝心理學》中曾提及，移情作用的重要宣傳者包括英國女作家暨文藝研究者浮龍・李（Vernon Lee）[247]。事實上，浮龍・李的一生，都在努力解決種種跟審美經驗相關的理論衝突。如上所述，康德對審美的「超功利性」成為高等藝術的護身符，歷來不斷有學者反對這種片面見解。他們質疑，超功利性的態度可能僅是眾多審美經驗中的一種，不代表它就優於其他經驗。浮龍・李對審美與移情作用的研究，就體現了這樣的努力。

2011 年，學者 Carolyn Burdett 在一篇論文中，回顧並剖析浮龍・李的美學研究心路歷程。浮龍・李誕生於法國，父母親是被流放的英人，她原名 Violet Paget，終其一生是女權運動者，愛好和平並反戰。她與愛人——蘇格蘭女藝術家 Clementina Ans-truther-Thomson 從 1887 年起，透過親身實證觀察與紀錄，剖析兩人近 10 年在美術館、教堂、工作室等觀看藝術的審美狀態，寫了一篇詳實的研究報告〈美與醜〉（Beauty and Ugliness），1897 年發表在 Contemporary Review 期刊上。後來她修改了部分觀點，連同其他文章，於 1912 集結出版，書名就叫做《Beauty and Ugliness》。

Carolyn Burdett 指出，早在 1880 年代，浮龍・李就對心理

---

247 朱光潛（1984）。《文藝心理學》，第 73 頁。

學非常著迷。她把心理學應用在審美考察是因為她深信心理學將對知覺與情感研究做出重大啟發與貢獻。她很早注意到 Clementina Anstruther-Thomson 在欣賞藝術時，身心都出現極大反應，尤其在身體方面，包括肌肉繃緊與放鬆，身體平衡與呼吸都改變，於是鼓勵她記錄下來。隨著自我觀察的能力越來越進步，Clementina Anstruther-Thomson 確認身體反應確實跟觀賞時的情感息息相關，而且顯然會不自覺地模擬藝術品的形式，而且身體反應會倒頭過來影響情感。

浮龍・李論證，所有這些身心反應會投射到審美對象，予以客觀化，進而決定人們對審美對象的評價。當時她採用一種身心理論叫「詹姆士 - 朗格假設」（James-Lange hypothesis），該理論主要是想顛覆常見的心理先影響生理的說法。提出該假設的兩位學者認為，首先是身體對環境的刺激做出反應，心理才出現對應的變化。浮龍・李也做出類似結論。她指出在審美狀態下，身體肌肉會不自覺收縮，呼吸與血液循環出現變化，這些感受都可視為審美的特殊情感成分。此後她又大量借鏡立普斯「移情作用」以及實驗心理學，1912 年她的書籍出版前，立普斯還擔任審查者。

Carolyn Burdett 指出，除「詹姆士 - 朗格假設」，當時出現不少學說都在挑戰精緻藝術界對審美的既定見解。比如義大利學者 Giuseppe Sergi 堅稱，審美愉悅不是大腦的產物，而是整個內臟系統的有機生命。生理學派美學興起，Grant Allen 是代表人物，把人類的行為與意念歸諸腦中樞與神經系統運作結果，

提出「享樂美學」。英國最知名的實證哲學家赫伯特‧史賓塞（Herbert Spencer）在著作《心理學原理》（The Principles of Psychology）中認為，感性經驗源於遊戲的衝動。德國心理分析學者 Robert Vischer、Johann Friedrich Herbart、Karl Groos 紛紛進行美學實驗，探查身心對於顏色、聲音、平衡、和諧、比例等形式的反應[248]。

因此浮龍‧李的美學見解，也屬於時代產物，更證明所謂「超功利」的審美態度無法獲得普遍認同：審美經驗是包含身心在內的一種特殊活動，其中審美愉悅絕不僅止於旁觀式的喜悅，而是涵蓋介入式的歡欣、滿足、狂喜等可能狀態，並帶來超越、提升的意義與價值感。

審美愉悅與心理距離

除了「移情作用」，中國美學家彭鋒認為影響當代美學另一重要理論是學者布洛（Edward Bullough）提出的「心理距離」（psychical distance）。彭鋒指出，立普斯「移情作用」沒有解決一個問題：移情作用似乎隨時可發生，但什麼情況下，才會產生審美經驗？布洛的心理距離提供了解答：只有審美主體與現實世界處在適當距離情況下，審美狀態才會浮現[249]。

---

248 以上有關浮龍‧李的介紹，主要綜合自：Burdett, Carolyn (2011). The subjective inside us can turn into the objective outside: Vernon Lee's Psychological Aesthetics. *19: Interdisciplinary Studies in the Long Nineteenth Century*, 12.
249 彭鋒（2005）。《完美的自然：當代環境美學的哲學基礎》，第 39 頁。

學者 Elizabeth Wilkinson 指出，布洛 1921 年提出「心理距離」學說時，身分其實是語言學家，而非心理學者，但跟文學密切相關的涵養，顯然有助於他開創「心理距離」理論。布洛 1880 年出生於瑞士，家族擁有多元文化背景，讓他通曉多種語言甚至中文。她認為多元的文化背景與視野，讓布洛得以用開闊的眼光來看待藝術與文學，不至於像當時眾多思想褊狹的評論家與美學家[250]。

學者 Gerald C. Cupchik 指出，布洛的心理距離說其實有其歷史脈絡，18 世紀劇作家施勒格爾（Johann Elias Schlegel）以及浪漫派詩人柯爾律治（Samuel Taylor Coleridge）都有近似想法，而且源自他們的戲劇觀[251]。

在 18 世紀浪漫派之前，主流的劇場理論屬於新古典主義，認為戲劇是結合時間、空間、表演於一體的幻術，製造白日夢境並操弄征服觀眾[252]。施勒格爾彷彿穿越到當代，已經預見 20 世紀的主張：戲劇同時兼具真實與虛幻。舞台是虛假的佈景與道具，但表演又讓觀眾信以為真。關鍵在於：觀眾在演出前都清楚這是一場戲，他們身處真實世界中，但願意面對著舞台，一旦被幻境所征服，周遭的一切彷彿不存在了，與舞台上的幻

---

250 Wilkinson, Elizabeth M., ed. (1957). *Aesthetics: Lectures and essays by Edward Bullough*, p. xxv. London: Bowes and Bowes.

251 Cupchik, Gerald C. (2001). The Evolution of Psychical Distance As an Aesthetic Concept. *Culture & Psychology*, 8(2), 155–187, pp. 158–162. London: Thousand Oaks.

252 Burwick, Frederick (1991). *Illusion and the drama: Critical theory of the Enlightenment and Romantic era*, p. 194. University Park, PA: Pennsylvania State University.

境糅合為一 [253]。他們願意「介入」（engagement）戲劇中，才支撐了整個審美經驗的成立。

　　柯爾律治則延伸了施勒格爾的觀點，特別強調觀眾的「意願」，也就是觀眾明明知道那是幻境，卻願意在欣賞的時刻，擱置了這種理解。這種態度也建立了對詩的信仰，因為他認為一個人如果進入詩的世界後，將處在半夢半醒之間 [254]。

　　不管施勒格爾或柯爾律治，兩人都清楚審美經驗要成立的話，觀眾必須願意拋開他們對舞台的距離感。此外想像力的邏輯能力，也支撐起審美經驗的完整性，這單憑被動的感官知覺是無法辦到的。換句話說，心靈必須主動地參與，而非被動地接收。這是一種概念與感性融合的狀態，戲劇的審美經驗倚賴整個意識的統合。

　　因此，對柯爾律治來說，戲劇幻境是觀賞者的心靈活動促成的。觀眾同意進入一個特殊場域，遵循某些特殊規定，在特定時間內，放棄真實的自我，讓情感與智慧融入舞台上發生的一切，把那些顯然無法完美的表演與做作的再現，盡數納入想像中，但也同時理解這是一場戲，因此不同於劇院外的真實世界 [255]。

　　至於布洛如何詮釋他提出的「心理距離」？他形容當心理

253　Burwick, Frederick (1991). *Illusion and the drama: Critical theory of the Enlightenment and Romantic era*, pp. 201-210.

254　ibid., p. 221.

255　ibid., p. 228.

距離啟動時，好像一層厚霧瞬間瀰漫，讓觀賞者與現實的自我之間斷線，隔絕了個人現實需求與慾望的脈絡，進而以所謂「客觀」方式觀照對象，容許我們所產生的一切身心狀態，強化了審美對象所有特色。我們對它的理解甚至主觀情感，都彷彿不再屬於自己，而是隸屬於整個現象 [256]。

但布洛強調「心理距離」是非常複雜的機制，一方面是一種否定性的拒絕，切斷現實的連結，但另一方面則是在上述基礎上正向地讓經驗完善 [257]。「心理距離」把傳統所有對立的一切，包括「主觀 VS 客觀」、「抽象性 VS 實體性」、「感官性VS 精神性」、「自我性 VS 群體性」、「獨特性 VS 普遍性」等等，全部統合於一，因此心理距離是審美意識的基礎特質。但他指出，心理距離並非採用一種客觀的、知性而饒有興致的看待方式，相反地具有一種非常特別的情感色彩 [258]。

最重要的是，心理距離有一種二律背反的特性。以觀賞戲劇為例，觀眾除非能在舞台表演與自我情感之間保持好距離，否則無法得到最大共鳴。這條法則也適用於藝術家：他一方面要根據自己經驗，盡可能塑造出最好的藝術呈現，但另一方面，他如果要達成目的，就不能太沉溺在於個人經驗中 [259]。

總括而言，「心理距離」目標是追求最大程度融入，卻又

256 Bullough, Edward (1912). `Psychical distance' as a factor in art and as an aesthetic principle. *British Journal of Psychology*, 5(2), 87–98, p. 89.
257 ibid., p. 89.
258 ibid., pp. 90-91.
259 ibid., p. 93.

不會過度自我陷溺（maximal involvement without excessive self-absorption）；竭盡可能減少距離，但又不讓距離消失（utmost decrease of distance without its disappearance）。此一核心原則對藝術家與觀賞者完全適用[260]。因此布洛強調，審美經驗只會發生在一定距離範圍以內，是有距離限制的（distance-limit），一端是距離太近（under-distancing），另一端是距離太遠（over-distancing），前者眼中只會看到對象的自然原始的粗糙狀態，後者則感受不到任何東西，僅剩下一種空洞荒謬、矯揉做作的印象[261]。以美感為例，在適當範圍內，觀賞者的感受會介於「美麗」（beautiful）和「還算好看」（merely agreeable）之間[262]，否則全無感覺。

　　因此面對同一審美對象，不同觀賞者會隨心理距離差異而有不同反應。以色彩為例，有人看了感受到冷調、暖調、明暗等質感，只覺得悅目；但在某些人眼中，這些顏色充滿鮮活力量，表達出嚴肅、沉鬱、悲傷等各式情感。對布洛而言，前者跟審美對象之間已毫無距離可言，相反地後者才處在適當距離範圍內[263]。

　　「心理距離」理論的提出，彌補了康德「超功利性」理論不足之處。如上所述，朱光潛曾提出兩種看戲態度，以布洛視

260　Bullough, Edward (1912). 'Psychical distance' as a factor in art and as an aesthetic principle, p. 94.
261　ibid., pp. 94-95.
262　ibid., p. 90.
263　ibid., p. 110.

角來看，只是肇因於移情的距離遠近不同而已，因此靜觀式審美不是如朱光潛所言優於介入式的審美。後者就是布洛所言，在竭盡可能減少距離但又不讓距離消失前提下，追求最大程度審美。以音樂欣賞的美感為例，靜觀式態度可能聽到悠揚的和諧，介入式態度卻可能聽到波瀾壯闊的謳歌，兩者都能產生審美愉悅，沒有孰優孰劣可言。

此外，由於移情距離不同，介入式審美確實會激發強大身心反應，如朱光潛所說的同喜同悲，也如浮龍・李所述包括肌肉不自覺收縮、呼吸短促、血流加快等。朱光潛認為這些反應叫做快感而不是美感，這種觀點得自早年一些實驗美學家的結論。

朱光潛在《文藝心理學》中曾介紹相關實驗，比如一位心理學家馬堯司針對音樂欣賞狀態，分析出四類：（1）主觀類，即布洛所說的生理類。這類人特別感受到音樂對身體感覺、情緒和意志的影響；（2）聯想類。這類人意識到音樂所引起的各種形象聯想；（3）客觀類。這類人以專業客觀標準來批評音樂演奏技巧；（4）性格類，這一類人把音樂加以擬人化，樂調都各自性格，有些是快樂的，有些是悲慘的，有些是神秘的。朱光潛認同馬堯司看法，這四類人的審美程度，以性格類最高，次為客觀類及聯想類，主觀類最低[264]。

朱光潛等人的評價，無非受到靜觀與超功利至上主張的影

---

264 朱光潛（1984），《文藝心理學》，第 393-394 頁。

響。但他在《文藝心理學》中又曾指出，美感與筋肉感覺有密切關係[265]，這和上述評價顯然矛盾。這些矛盾都是因為沒有充分理解立普斯和布洛的理論。比如朱光潛等人貶抑「主觀類」，認為身體與情緒的明顯反應將會導致審美程度降低，因為審美者的專注力會從審美對象抽離。但根據「心理距離」與「移情作用」，審美者本來就有可能在激發強大身心反應的同時，依然把專注力保持在審美對象之上，並帶來最大審美愉悅，相關身心理反應的現象可由本書附錄獲得證實。

靜觀式審美理論必須予以平衡的原因在於：以「超功利性」為至上標準的學者不是僅住在象牙塔中，宛如高高在上的神祇對凡人說教而已；相反的，他們經常下凡，擔任中央或地方政府招標案審查委員或文藝基金會董監事，或參與公部門預算審查並提供意見，或擔任比賽評審，甚至學而優則仕，掌管美術館、博物館等文化機構，結果影響到文化資源的分配與使用，阻礙審美經濟與文化產業的創新。他們在校園任教，著書撰述，把褊狹觀念一代代傳授下去，不利於多元文化的發展與實踐。

當代審美經濟與流行文化的實踐中，已推出很多基於滿足慾望的新型態產品、商品與服務，比如沉浸式展覽與沉浸式劇場，或是實境解謎遊戲等，它們都能召喚移情作用並形成審美經驗。而且不少創作致力探測如何讓消費者引發最大程度審美融入的同時，又保持在「心理距離」範圍內。他們的努力已獲

---

265 朱光潛（1984），《文藝心理學》，第 89-90 頁。

得可觀成果並形成本書所說的「新審美範疇」，我們將於後續
章節中進一步探討。

三種審美愉悅分類

接受美學家姚斯綜合檢視並定義出人文歷史中所主張的三
種「審美愉悅」，第一種是 poiesis，第二種叫 aesthesis，第三種
是 catharsis[266]。

什麼是 poiesis ？它指的就是「創造」的快樂，特別指把從
未存在的事物創造出來的能力所引發的快感[267]。姚斯指出，這
種能力對中古世紀神學家奧古斯丁來說依然是上帝的特權，但
打從文藝復興起，創造已逐漸被視同自發性的藝術實踐特質。
此外，如我們所闡釋，創造不是藝術家的特權，審美的追求已
被定義基本上即有創造性，包括康德所形容的想像力，也包括
上述的「移情作用」與「心理距離」。

此外，姚斯指出，創造的樂趣也吻合黑格爾對藝術的定義：
人類藉由藝術創造，滿足一種普遍需求。在藝術實踐過程中，
吾人「卸除了外在世界始終不變的疏離」，把世界納為自己的
作品，進而獲得安全感，並在科學概念知識與單調反覆的工藝

---

266 Jauss, Hans Robert (1982). *Aesthetic Experience and Literary Hermeneutics*, pp. 22-36.
267 Polkinghorne, Donald (2004). *Practice and the Human Sciences: The Case for a Judg-ment-Based Practice of Care*, p. 115. SUNY Press.

技能之外，獲得一種全新的知識[268]。

2011 年，兩位美國哲學家 Hubert Dreyfus、Sean Dorrance Kelly 出版了一本暢銷書《All Things Shining: Reading the Western Classics to Find Meaning in a Secular Age》，書中他們提倡發展一種「元創造性」（meta-poiesis）心靈狀態，呼應了姚斯所說的 poiesis。據他們說，「元創造性」可以對抗現今世俗化世界無所不在充斥的虛無主義，並重新發掘意義。首要關鍵在於掌握神聖的「突現」（physis）現象，但要對抗當今某些可憎、狂熱的突現，後者即包括娛樂性的影像媒體。對他們來說，在當前世俗化的虛無時代，元創造性是必須的技能與認知能力，以便身處在狂歡的群眾之中的同時，懂得何時該反抗，何時該迅速轉身離開[269]。

第二個關鍵在於培養自己成為「工藝師」，精進創造性的能力，找到生命意義，讓肉身與原本即擁有的超越性獲得調合[270]。這兩位哲學家也同樣採用 poiesis 的創造性意涵，凸顯創造所能帶來的快樂，只不過他們對當前文化產業的貶抑態度，跟姚斯的「接受美學」的觀點簡直南轅北轍。

姚斯定義的第二種審美愉悅叫 aesthesis，中文找不到對應

268 Jauss, Hans Robert (1982). *Aesthetic Experience and Literary Hermeneutics*, p. 34.

269 Dreyfus, Hubert L. & Kelly, Sean Dorrance (2011). *All Things Shining: Reading the Western Classics to Find Meaning in a Secular Age*, pp.209-212. New York: Free Press.

270 Scott, John A. (2011). A Review on "All Things Shining: Reading the Western Classics to Find Meaning In a Secular Age". *Philosophy in Review*, 31(6), 408-410, p. 410. Canada: University of Victoria.

的傳統譯名，比較適當的應該是「觀照領會」，或近似佛家所說的「諦觀」[271]。姚斯指出，這類似亞里斯多德對於模仿的解釋，視之為「認知性觀照」（cognizing seeing）或「觀照的辨識」（seeing recognition），從中獲得兩層面的基本愉悅。

但姚斯也將這種樂趣追溯到德國學者鮑姆加通創立美學時使用 aesthetic 此字的基本意涵，也就是知覺感受與其情感反應。因此 aesthesis 作為姚斯所闡釋的「接受美學」的基礎審美經驗，可以對應到好幾種藝術定義，比如 Konrad Fielder 所說的「純粹的視覺性」（pure visibility），在這種接受審美狀態中，感性的對象藉由「去熟悉化」（defamiliarization）並以非概念性的態度予以觀照，進而獲得一種提升的經驗。

此外，這種愉悅也類似 Moritz Geiger 所形容的一種非功利性的靜觀（contemplation）之於審美對象內在的豐富性，或是之於存在主義哲學家沙特所講的「存在的密度」（density of being）。姚斯綜合論證，這種審美愉悅得自如 Dieter Henrich 所言的一種顯然非線性、複合且緊湊的知覺，並且證實感性相對於概念的優先性，進而把兩方匯合成一種和諧的感知[272]。

姚斯定義的第三種審美愉悅就是華人美學界熟知的「心

---

271 中國近代文人郭沫若在著作：郭沫若 (1959)。《雄雞集》。北京：北京出版社。〈關於白樂天〉中寫道：「便以一種『愛真能助』的心情，而生出了所謂諦觀，不願意在舊社會中隨波逐流而超然自適。」其中諦觀一詞的涵意，就近似姚斯所說的 Aesthesis。參見 https://baike.baidu.hk/item/ 諦觀 /10427509/。檢索於 2022/02/12。

272 Jauss, Hans Robert (1982). *Aesthetic Experience and Literary Hermeneutics*, p. 34.

靈淨化」（catharsis，或翻譯為「滌洩」）。該詞彙源自希臘文，根據《韋氏大辭典》，原意是潔淨（purification）或清除（cleansing），心靈淨化的達成主要透過戲劇性的藝術來抒發並卸除情緒（壓力）[273]；或是由於某種極度強大的情緒狀態而獲致一種重生與復原的感受。比如美籍學者 Richard Louis Levin 以莎士比亞悲劇為例，說明因為我們對主角的命運有正面的強大感受，往往導致心靈秩序的重建與新生、提升感[274]。

　　早在希臘時期，亞里斯多德就曾在他的《詩學》有關悲劇的定義中，使用了 catharsis 這個字，雖沒解釋它的含義，但隨後不管是否屬於亞里斯多德學派，不少希臘哲學家也採用 catharsis 來表達心靈淨化或滌洩（purgation）[275]。至於亞里斯多德倒是在《詩學》之前的著作中，明確地運用 catharsis 的醫療字面含義，包括經血或衍生組織的排除[276]。顯然亞里斯多德在《詩學》中是採用它的醫療比喻。

　　英國古典學者 Donald William Lucas 編纂《詩學》並註解 catharsis 時，認為它涵蓋了「同情、恐懼與淨化」等諸多微妙情感於一體，並認為該字應該兼具淨化、滌洩與智慧澄淨（intellectual

---

273 *Merriam-Webster's Encyclopedia of Literature* (1995), p. 217. Merriam-Webster.

274 Levin, Richard Louis (2003). *Looking for an Argument: Critical Encounters with the New Approaches to the Criticism of Shakespeare and His Contemporaries*, p. 42. Fairleigh Dickinson University Press.

275 Golden, Leon (1962). "Catharsis". *Transactions and Proceedings of the American Philological Association*, 93, 51–60. The Johns Hopkins University Press.

276 Belifiore, Elizabeth S. (1992). *Tragic Pleasures: Aristotle on Plot and Emotion*, p. 300. Princeton University Press.

clarification）等含義 [277]。20 世紀有越來越多學者研究支持 cathar-
sis 是「智慧澄淨」的說法 [278]。

　　但包括淨化與滌洩之類的醫療意涵，目前仍廣泛應用在心
理學或醫學界，因此另一位英國學者 Frank Lucas 乾脆主張，
catharsis 應該更偏向滌洩，意味把人類靈魂多餘的激情排泄出
來 [279]。

　　不過他的說法並未獲得廣泛認同，比如學者 Gerald F. Else
便反駁說，Frank Lucas 的說法彷彿觀眾身懷疾病而想透過觀劇
獲得治療，但《詩學》中找不到任何字眼支持這種說法，也沒
有蛛絲馬跡顯示戲劇上演目的是要治療或減輕生病狀況。整本
《詩學》從頭到尾，亞里斯多德針對的都是正常的旁觀者，正
常的心理與感受狀態，正常的情緒與感性經驗 [280]。

　　姚斯則認為，結合亞里斯多德與另一位詭辯派哲學家高爾
吉亞（Gorgias）的看法，當人因為詩歌、雄辯等藝術激發出情
感，進而改變聆聽者的心靈，讓觀賞者的心靈得以解放，就會
得到「淨化」。淨化本身就是基本上具有溝通功能的審美經驗，
對應到藝術的一種現實的社會功能，來傳達、揭示並正名社會
常規。淨化也對應到所有自律型藝術的理想目標，期望能把觀

277　Lucas, Donald William (1977). Aristotle: Poetics, pp. 276-279. Oxford University Press.
278　Keesey, Donald (1978). On Some Recent Interpretations of Catharsis. *Classical World: A Quarterly Journal on Antiquity*, 72(4), 193-205.
279　Lucas, Frank Laurence (1927). *Tragedy in Relation to Aristotle's Poetics* , p. 24. Edinburgh : Neill & Co., Ltd.
280　Else, Gerald F. (1957). *Aristotle's Poetics: The Argument*, p. 440. Cambridge: Harvard University Press.

賞者從現實利益與無意義的日常生活等糾葛中解放出來，賦予自由的審美判斷。

姚斯認為，上述三種愉悅體現我們在審美享受中所有對內以及對外的追求。poiesis：創造的意識創造了世界並納為己有；aesthesis：接收的意識在感受外在與內在世界時掌握了知覺重生的契機；以及最後的 catharsis：在此主觀的自我敞開心扉並迎接交互的主體性經驗（intersubjective experience），或是肯定藝術作品所激發的判斷，或是認同一種概括而尚待進一步定義的行為常規。姚斯強調，這三種審美愉悅不存在從屬與階層等結構關係，而是彼此相互連結[281]。根據姚斯的分析，這三種審美愉悅無疑都能帶來圓滿與超越的感受，實現審美經驗的理想境界。

中國美學家葉朗則引述美國人本主義心理學家馬斯洛提出的「高峰體驗」來形容審美經驗可能的愉悅狀態。「高峰體驗一詞是對人的最美好的時刻，生活中最幸福的時刻，是對心醉神迷、銷魂、狂喜以及極樂的體驗的概括。[282]」葉朗認為，審美的愉悅基本上是一種精神性享受，但也可包含某些生理快感，而某些生理快感也可以轉化（昇華）成為審美愉悅。審美的愉悅性從根本上說是由於超越自我，從而在心靈深處引發一種滿足感和幸福感，而且可結合多樣情感反應如哀傷、憂鬱等等。

葉朗甚至認為，性愛本身也等同於審美愉悅。他認同美國當代心理學家羅洛·梅的見解，把單純的生物性的性慾快感稱

281 Jauss, Hans Robert (1982). *Aesthetic Experience and Literary Hermeneutics*, p.35.
282 馬斯洛（1987）。《自我實現的人》，第9頁。許金聲、劉鋒 等譯。上海：三聯書店。

為「性慾」，而把上升到精神、文化層面的性慾快感稱為「愛慾」[283]。葉朗指出，古希臘人認為性慾快感就是一種美感。按照法國學者傅柯（Foucault）研究，古希臘人的「愉悅」（aphrodisia）概念，主要就體現為性慾快感的滿足。然而人類的性愛，人類的性慾和快感，並不是單純的生物性本能，它包含精神的、文化的層面。所以性愛必然包含精神性與文化內涵[284]。

他引述羅洛·梅、傅柯等人說法：性慾是刺激與反應的韻律，愛慾則是一種存在狀態。性慾所指向的最終目標是滿足和鬆弛，是緊張狀態的消除，而愛慾的目標則是慾求、渴望、永恆的拓展、自我的不斷更新。表現為愛慾的愛是一種創造力，它推動人們為尋求真善美的更高形式而獻身[285]。

性愛（愛慾）把人引入由夢和醉所合成的詩意生存境界，讓人享受令人神魂顛倒、身心迷亂的良辰美景，以高潮迭起的審美愉悅一次又一次地歡度刻骨銘心的幸福時光[286]。人的這種性愛（愛慾）的高潮是一種高峰體驗，也是一種審美體驗。那是最震撼人心的時刻[287]。它創造一種普通生活所沒有的審美情景和審美氛圍[288]。審美愉悅就像性愛一樣美好，難怪讓人難以自拔！

---

283 葉朗（2009）。《美學原理》，第 118 頁。
284 葉朗（2009）。《美學原理》，第 119 頁。
285 羅洛·梅（1987）。《愛與意志》，第 71、78 頁。馮川譯。北京：國際文化出版公司。
286 高宣揚（2005）。《福柯的生存美學》，第 492 頁。北京：中國人民大學出版社。
287 羅洛·梅（1987）。《愛與意志》，第 71、78 頁。
288 葉朗（2009）。《美學原理》，第 119 頁。

審美愉悅的科學證據

以上這些審美愉悅的闡釋，會不會只是美學家憑空想像甚至意淫的結果？對諾貝爾生理或醫學獎得主艾力克・肯德爾（Eric Kandel）來說，答案為「否」，現在科學已提供嚴謹的證據，因此不是憑空捏造。審美經驗真的會在人的腦部造成非常奇特的狀態，從而引發多層次歡愉。

肯德爾是猶太裔美籍腦神經科學、生物化學等領域學者，2000 年與 Arvid Carlsson、Paul Greengard 等共同獲得諾貝爾獎。他們對腦神經訊號傳導的科學研究做出很多貢獻，其中一項是確認：人類腦部並非以往想像的固定不變系統；相反的，它具有高度甚至極度可塑性，因此會導致思想不間斷的形塑以及「新行為模式的表現」[289]。這個發現也成為本書接下來要探討的「新感性範疇」（new aesthetic categories）的重要理論與科學依據。

此外肯德爾對藝術與審美很有興趣，2012 年出版一本巨著《啟示的年代》專門探討藝術與大腦、心靈的關係[290]。在這本書中，他引用歐多赫帝（John O'Doherty）、亞當斯（Reginald Adams）、克列克（Robert Kleck）、布朗（Lucy Brown）、費雪（Helen Fisher）等生理與腦神經科學專家的研究，以維也納分離派與表現主義畫作為示範，向世人揭露審美經驗在腦中所造

---

289 Kandel, Eric R. (2006). *In Search of Memory: The Emergence of a New Science of Mind*, p. 202-203. New York: Norton.

290 Kandel, Eric R. (2012). *The Age of Insight: The Quest to Understand the Unconscious in Art, Mind, and Brain, from Vienna 1900 to the Present*. New York: Random House.

成的狀態與對身心所產生的全面影響。

肯德爾指出，我們腦部前額葉皮質部、杏仁核等區域，一共存在 6 種跟情緒有關的關鍵性調控系統，包括：一、多巴胺（dopaminergic）系統，涉及與學習相關之獎賞的預期或預測，或遭遇令人訝異之重大事件；二、腦內啡（endorphin）系統，與快樂的產生及阻斷痛苦有關；三、催產素－升壓素（oxytocin-vasopressin）系統，與人際鍵結、社會互動及信任有關；四、正腎上腺素（noradrenergic）系統，與注意力及追求新奇有關；五、血清素（serotonergic）系統，與一些情緒狀態有關，如安全感、快樂與哀愁；六、膽鹼素（cholinergic）系統，與注意力及記憶儲存有關[291]。

依據肯德爾的分析，這六種調控系統碰上審美經驗都會有所回應。以紋狀體內的多巴胺神經元為例，它對所有類型的歡愉，比如欣賞藝術，看到一部好電影，面對賞心悅目的日落美景或享受一頓美食，乃至所有暢快的性經驗，腦部的快樂線路馬上會啟動。所以中國美學家葉朗等人把審美連結到性愛，並不是無中生有的幻想。

肯德爾推想，多巴胺神經元預測到即將到來的快樂，進而產生反應，可能是審美愉悅的生理基礎。而審美經驗也預測到生物性的獎賞，所以讓人產生幸福感。此外肯德爾指出，這樣的歡樂獎賞可能源自雙向作用，不止多巴胺的釋放，以往腦中

---

291 艾力克・肯德爾（2021）。《啟示的年代》，第 415 頁。黃榮村譯注。新北市：
　　聯經出版。

存留的審美經驗也會加乘影響。正如審美對象與審美主體的交互作用，當下的外在刺激也會激發出一種無意識推論，讓審美愉悅有了更寬廣的脈絡[292]。

第二組調控系統會釋放名為腦內啡的神經傳導物質，它們是一種胜肽（peptides），由六或七個胺基酸鏈所組成的複雜分子，受腦下垂體調控並在下視丘釋放，是人體自製的止痛劑。就像嗎啡一樣，腦內啡能阻卻疼痛刺激，製造出幸福感。肯德爾認為，它的釋放可調高審美愉悅的幅度[293]。

第三組調控系統釋放催產素與升壓素，這些神經傳導物質與社會行為、社會認知以及閱讀他人心智與意圖的能力有關。只要看到與我們有信任關係者的臉部，就能激發下視丘釋放催產素，接著促成腦內啡釋放。肯德爾認為，我們可假設在觀賞一些藝術作品時，催產素的分泌能增進同理心與社會性鍵結[294]。

第四組調控系統釋放正腎上腺素（norepinephrine），這是一種能提升警醒性的傳導物質。有些腎上腺素神經元在學習新事物時，會保持活躍狀態。此外在學習過程中，多巴胺與正腎上腺素神經元都與某些神經元突觸上所產生的長效變化有關。有個實驗讓受試者觀看一系列帶有情緒性的故事圖片，實驗前如果為他們施打替代性中性藥物（placebo），受試者依然能清

---

292 艾力克・肯德爾（2021）。《啟示的年代》，第 418 頁。
293 同上。
294 同上，第 419-420 頁。

晰記住最具情緒性的圖片，但若施予阻斷正腎上腺素活動的藥物，就不會有鮮明記憶[295]。換句話說，如果審美經驗具有學習性，正腎上腺素的分泌將有助於提升記憶。

第五組調控系統是血清素系統，肯德爾指出這可能是最古老的調控系統。高濃度血清素有助於安寧、冥想、自我超越與宗教及靈性經驗[296]。第六組調控系統是膽鹼素系統，釋放乙醯膽鹼（acetylcholine），調節睡眠週期以及與認知表現、學習、注意力及記憶有關的各個層面[297]。

肯德爾指出，不同調控系統掌管不同類別的情緒與感受。在審美經驗中，這些分立但功能重疊的調控系統會導致觀賞者出現複雜且不斷轉換的情緒狀態。肯德爾以維也納分離派知名畫家克林姆（Gustav Klimt）的畫作《茱蒂絲與赫羅弗尼斯的頭顱》（Judith and the Head of Holofernes）作為範例，來說明調控系統如何牽動多樣的審美愉悅：

讓我們設想克林姆畫作，會如何介入一位觀賞者的調控系統的諸多方式。就基本層次而言，影像明亮的金色畫面、身體的柔軟風格與色彩的整體合諧之美學，應能啟動愉悅線路，誘發多巴胺釋放。茱蒂絲光滑的皮膚與裸露的胸部，有可能同時誘發腦內啡、催產素與升壓素釋放，觀賞者或許會感到性興奮。赫羅弗尼斯被砍頭的隱藏暴力，以及茱蒂絲猶如虐待狂似的眼

---

295 艾力克・肯德爾（2021）。《啟示的年代》，第 420-421 頁。
296 同上，第 421 頁。
297 同上，第 421 頁。

神與微啟的嘴唇，可導致正腎上腺素釋放，造成心跳加速、血壓上升，引發迎戰或逃遁等反應。至於輕軟的筆觸與重複冥想的圖樣，則可能刺激血清素釋放。

當觀賞者介入影像及其多面向情緒內容時，乙醯膽鹼釋放到海馬體，將有助於觀賞者記憶並儲存影像。克林姆的茱蒂絲這類影像能具備令人難以抗拒且如此鮮活反應的根本原因，在於畫作複雜度。它激發出多種分立且往往相互衝突的腦中情緒訊號，而且經過組合後，產生出無比複雜又迷人的情緒渦漩[298]。

肯德爾指出，藝術讓人們接觸到可能從來沒機會經驗到，或意欲經驗的觀念、感覺、與情境，因而豐富了人生。藝術也給了人們機會去探索與想像很多不同的經驗及情感[299]。有關情緒與同理心的生物調控研究正在展開，可望進一步協助理解藝術為何能如此強而有力地影響我們[300]。

這些腦部研究成果，讓我們想起一百多年前浮龍‧李所講過的一段話。她曾強調，審美不是源自外部的物體或形式，而是我們一種內在的創造過程[301]。此外，這位藉由心理學等科學研究，企圖探查審美奧祕的女性主義先驅，曾在她的著作中表達過如是期盼：或許未來的腦神經學者終究有天可以發現腦部

---

298 艾力克‧肯德爾（2021）。《啟示的年代》，第 423 頁。
299 同上，第 385 頁。
300 同上，第 423-424 頁。
301 Maxwell, Catherine & Pulham, Patricia, ed. (2006). *Vernon Lee: Decadence, Ethics, Aesthetics*, pp. 1-20 (p. 19). London: Palgrave Macmillan.

的機能奧秘，提供無可置疑的科學證據來說明我們感知內容為何及其成因 [302]。經過一世紀後，科學家已實現她的心願了。

　　如今科學研究證明，審美經驗帶來多樣多重歡愉，當代所有審美經濟商品與創作都藉此施展強大魅力。此外如我們反覆強調，網路科技供應難以計數的多媒體影音與遊戲商品，它們都是當代藝術類型之一，就內涵與表達的專業與否，固然可區分好壞，但就賜給人們審美契機而言則一律均等，而且數量無窮無盡，人們窮盡一生也僅能取一瓢飲。大腦不斷分泌的多巴胺、腦內啡等激素就像鴉片，讓人上癮且難以戒除，這是全球大眾一起享樂狂歡的時代。新的審美範疇也伴隨文化產業所提供的多樣商品與創作、體驗方式等順勢而生，正展現強大審美支配力。

302　Lee, Vernon (1924). 'Introduction' to C. Anstruther-Thomson, Art and Man: Essays and Fragments, p.77. London: Bodley Head.

第二章

新審美範疇

如第一章所述，在文化產業與審美經濟的「全面審美化」語境中，新的審美範疇蔚然成形，它們都容許審美經驗的發生並帶來審美愉悅。但必須強調的是，我們重視的是處於「心理距離」範圍內的審美經驗，而非心理距離外的感官刺激與亢奮。

正如姚斯所闡釋，審美愉悅能帶來超越與圓滿的感受。這種快感如今已被肯德爾的科學實驗所證明。但肯德爾的實驗也告訴我們：很多事情也能啟動腦部的快樂系統，因為「各種類型的快感都能導致多巴胺的釋放」。舉例來說，某些極端行為如虐待動物能讓某些人產生快感，這些影片放在網路上讓人觀賞，或許也有觀賞者會產生快感，但這些都不是我們所描述的「審美經驗」。審美愉悅的確是一種快感，但並非所有快感都是審美愉悅。

真正「心理距離」範圍內的審美愉悅具有圓滿性、創造性甚至超越性。如同中國美學家葉朗形容，審美經驗是一種物我同一的體驗，可以超越主客二分，進而超越「自我」的有限性。這種超越，使人獲得一種精神上的圓滿、自由感和解放感。人超越自我的牢籠，回到萬物一體的生命家園，從而在心靈深處引發一種滿足感和幸福感[303]。

因此審美經驗具有一種正向的意義與價值感，但究竟哪種文化商品或創作能引發消費者如上感受？這必須交由他們自行判斷與追尋。因此，本書看待新的審美範疇，固然採用近似民

---

303 葉朗（2009）。《美學原理》，第 147-148 頁。

俗誌的「描述實在論」（descriptive realism），但並不意味沒有批判立場。

本書立場跟約翰·史都瑞、英·安格（Ien Ang）等學者一樣：消費者在使用與詮釋文化產品與服務時，擁有無數主動方式，關鍵是這個主動性的性質與程度。如同史都瑞所言，所謂的主動性指的是一種能力，可以在吾人當下所處以及繼承自過往的結構中，做出目標性與反省性的行動[304]。消費者在面對無數「工業＆資訊資本主義」商品與創作時，這種主動性能幫助他們找到對自己而言是真正的審美對象。

我們認為審美經濟與文化產業具有創製文化的能力，如同我所要闡釋的新審美範疇。這種文化創製可以讓民眾抵抗種種主流世界觀。但這並不意味，我們認為所有文化消費都可培養民眾的主動性。我們否認文化商品消費者都是文化冤大頭，並非拒絕承認某些文化產業確實有操弄意圖[305]。我們堅持一種視角：大眾流行文化與藝術並非只是一種可恥的、低等的商業與意識形態操控，而是具有活潑的文化創製能力。

新審美範疇誕生背景

如本書一開始所述，美國文化評論家蘇珊·桑塔格在一篇名為〈我們的文化與新感性能力〉文章中，揭示了新感性能力

---

304 約翰·史都瑞（2001）。《文化消費與日常生活》，第 216-217 頁。
305 同上，第 230 頁。

的誕生。她同時指出一個新感性範疇叫「酷」（coolness）[306]，並以「新的鮮活模式」（new modes of vivacity）[307]來形容這類新時代所激發的表達類型。

桑塔格在文章中，主要批判了把文化產業視為洪水猛獸的文化學者。她認為這些「比較懦弱的人」[308]（more timid people）無法應付時代變化，因此炮製出文化區分理論，一種是在工業革命之前，屬於人文與藝術的文化，另一種則屬於工業革命之後，也就是科學與物質的文化；前者致力於內在的心靈吸收與靈魂耕耘，後者則著重外在的物質積累與處理專業問題。這樣的論述隱含一種劃清界線的態度，彷彿我們只能選擇其中一種文化，進而從 17 世紀起，把工業革命等同於「感性能力的解體」[309]。

她引述傳播學者麥克盧漢（Herbert Marshall McLuhan）的觀點指出，這些懦弱的人會傾向擁抱過往世界所形成的價值觀，當成延續至今的真理。相反地，另外有一群人有能力與膽量迅速與時代與環境接軌，因此彷彿走在時代前端。麥克盧漢把人類歷史視為科技擴大人類能力的一連串過程，每個過程都對環境帶來劇烈改變，同時改造了我們的思考、感受與價值模式。他認為懦弱者在每次過程中，都把過往的時代升級為「藝術形

---

306 Sontag, Susan (1961). One Culture and the New Sensibility. *Against Interpretation and Other Essays*, p. 297.
307 ibid., p. 300.
308 ibid., p. 299.
309 ibid., pp. 293-294.

式」，然後把新的環境降級為敗壞與倒退[310]。

　　桑塔格強調，我們正目睹一種新型而可能席捲的感性能力正在誕生，這種感性能力必然植基於我們的經驗。這些經驗源自極致的社會與物理變化已蜂擁而現，它們以令人眼花撩亂速度，體現在多元的社會行為與五花八門的物質商品，從而寫下新的人文歷史扉頁。這種新的感性能力無疑來自所有新的感受，包括對空間移動速度如飛機的感受，影像速度如電影的感受，以及對各種跨文化藝術商品大量出現的速度的感受。而藝術，在嶄新時代中，將扮演一種新的工具，來塑造意識，來組織新的感性模式[311]。

　　這些感性模式也就是本書後續要的談論的新「感性範疇」。桑塔格指出其中一種就是「酷」（coolness），歷來不少學者如Daniel Harris、Gary Cross、Peter Stearns 等已針對「酷」做了深入研究[312]。但當時這些感性範疇對社會還沒具備廣泛的審美支配力，桑塔格並未多做闡釋。她強調的是，這類新感性模式是由新的審美家不斷探索與追求非藝術類的材質與表現方式，包括工業技術、商業運作與想像等等，透過個人與主觀的奇思妙想

---

310 Sontag, Susan (1961). One Culture and the New Sensibility. *Against Interpretation and Other Essays*, p. 299.

311 ibid., p. 296.

312 例如 Harris, Daniel (2000). *The Aesthetics of Consumerism: Cute, Quint, Hungry and Romantic*. Da Capo Press；Stearns, Peter (1994). *American Cool: Constructing a Twentieth-Century Emotional Style*. New York: New York University Press；Cross, Gary (2004). *The Cute and the Cool.* 等等。

得來[313]。藝術打破了高低品味區分，藝術家重新評價工業生產與大量複製，越來越多作品體現一種「冷漠的特質」，堅持著「酷」，拒絕多愁善感的感性主義，越來越向科學的精神靠攏，越來越疏離舊式品味[314]。桑塔格引述麥克盧漢所言：藝術家已成為新的感性覺察專家。當代最有趣的藝術作品都是向這些新感性、新的感受糅合體（sensory mixes）所進行的冒險所得[315]。

蘇珊·桑塔格為何敢做出這種推論？如上所述，她談論「新感性能力」時，大量引援加拿大傳播學者麥克盧漢的理論。從1951 年第二本著作《機械新娘》（The Mechanical Bride）開始，到傳播學經典著作《理解媒介：論人的延伸》以及與他人合著的暢銷圖文書《媒介即訊息》（The Medium is the Message）陸續於 1964 年、1967 年問世，麥克盧漢反覆論證：新的媒體科技不只帶來新的訊息，而且科技本身就會塑造新的感知模式，從而改變人類對世界的理解與感受。而這些學說在傳播學界以及文化界均引起極大迴響。

「所有媒介不只全面地作用於我們，它們對人類的人性、政治、經濟、審美、心理、道德、倫理與社會等，深入滲透的結果，可說沒有什麼東西是它們不曾碰觸、影響或改造過的。如果要對社會與文化的改變有所理解，就必須知道媒介作用於

---

313 Sontag, Susan (1961). One Culture and the New Sensibility. *Against Interpretation and Other Essays*, p. 296.

314 ibid., p. 297.

315 ibid., p. 300.

我們的方式，否則徒勞無功。所有媒介都是吾人機能包括心理的與生理的機能的延伸[316]。」

麥克盧漢的判斷是從人類的智能與感受演化過程推論得來的。他在《媒介即訊息》一書中指出，人類第一次媒體革命——古騰堡印刷術對人類心理與社會所造成的影響是理性的力量，這種力量能容納一切東西，使一切東西各就各位。就這點而言，人類歷史上沒有任何東西能與之匹敵[317]。人類的文字與語音符號系統的發明，延伸到印刷術，使得理性的力量傳播成為可能，這個力量就是知識[318]。

麥克盧漢認為，活字印刷排版的線條性、準確性和同一性，塑造人類的知覺結果，和文藝復興時期中種種偉大的文化形態和革新是不能分割的。印刷術問世以後的第一個百年，偏重視覺和個人觀點的傾向又有了新的加強，這和自我表現的手段是統一的[319]。而印刷術的同一性和可重複性，使文藝復興時期瀰漫著時空連續、可以量化的思想。這一思想最直接的後果是使自然世界和權力世界都抹去了神聖的色彩[320]。

如此一來，使用拼音文字的西方文化，掌握了普遍形式的、連續性的線性邏輯思惟，以整齊劃一的分析理解能力去分解所

---

316 McLuhan, Marshall & Fiore, Quentin (2001). *The Medium is the Message*, p. 26. CA: Gingko Press.
317 馬歇爾‧麥克盧漢（2011）。《論人的延伸》，第 198 頁。何道寬譯。江蘇：譯林出版。
318 同上。
319 同上，第 199 頁。
320 同上，第 203 頁。

有經驗，發展出應用科學、工業文明與軍事設備，既駕馭了人又駕馭了自然，這是西方為何能強大的秘密。這種理智能力從古希臘——羅馬階段就已明顯浮現，再加上古騰堡印刷技術所開發的一致性和可重複性，就有了更大的力度[321]。

結果，印刷術帶給人最重要的禮品，是超脫和不融入的態度——只需行動而不必做出想像與情感反應的能力[322]。這種人的機能延伸，帶給人類社會民族主義、工業主義、龐大的資本市場、識字和教育普及[323]。從社會學角度來說，印刷術無疑呼應了所謂「現代性」。

但麥克盧漢對印刷術所造成的客觀的、理性的心靈，並沒有很大好評。他認為印刷術造成了純機械性的工業主義，造成印刷人（typographic man）主宰的時代[324]。印刷文字壓抑了語音、聽覺和知覺的模擬世界[325]，導致心靈缺乏活潑的想像，也缺乏情感和情緒的內心生活[326]。

上述印刷文字對於人的感知與理性的決定性影響，其它學者也有類似觀察，但評價則跟麥克盧漢南轅北轍。美國學者尼古拉斯·卡爾（Nicholas G. Carr）指出，人類懂得運用文字來塑造並傳播思想，最大好處是在腦內促成注重邏輯、嚴謹、獨立

---

321 馬歇爾·麥克盧漢（2011）。《論人的延伸》，第 107 頁。
322 同上，第 199 頁。
323 同上。
324 同上，第 219 頁。
325 同上，第 317 頁。
326 同上，第 230 頁。

自主的思惟。卡爾認為，柏拉圖早就看到文字系統為人類文明帶來莫大的知識益處，而這些益處也體現於柏拉圖自己的論著中 [327]。

另一學者翁格（Walter J. Ong）也有同樣觀察：柏拉圖之所以能成就他的哲學式分析思想，全因文字書寫開始影響腦內思考的過程 [328]。對翁格而言，文字書寫「不只是發展科學一定需要的條件；包括歷史、哲學與任何文學藝術闡釋，甚至是解釋語言本身（包括口說語言）也必須靠書寫。[329]」翁格的結論是：文字書寫能力是「實現人類完整的內在潛力的無價能力，更是必要的能力，書寫會增強意識。[330]」

到了印刷術問世，人類產製出厚重書籍，又培養出一種前所未見的能力。卡爾指出，讀書需要的是一種不自然的思考方式，需要對一個不動的物體保持長時間不間斷的注意力。人類必須訓練大腦，讓它忽略周遭一切事物，抗拒在感官信號之間轉移注意力的本能。為了不要分心，人類必須強化與抑止本能相關的神經連結，「由上而下」加強控制注意力 [331]。他引述倫敦國王學院的心理研究員佛漢·貝爾的說法，「把注意力集中在一件工作，少有間斷」代表了「我們心理發展歷史上的奇特

---

327 卡爾 (2012)。《網路讓我們變笨？》，第 70 頁。
328 Ong, Walter J. (2002). *Orality and Literacy*, p. 80. New York: Routledge.
329 ibid., p. 14-15.
330 ibid., p. 82.
331 Tierney, John (2009). Ear Plugs to Lasers: The Science of Concentration. *New York Times*, May 5, 2009.

變異。[332]」

　　翁格指出，隨著書本逐漸普及，英語的字彙從早先數千字增加到一百多萬字[333]，許多新字涉及先前根本不存在的抽象概念。作家開始嘗試新的句法和用詞，開啟新的思想與想像道路。讀者也興致盎然地踏上這些道路，慢慢學會掌握流暢、精緻和高度個人風格的詩詞散文。作者能寫出越來越複雜與細膩的想法，而讀者也能解讀出來，於是時有下筆寓言橫跨數頁的長篇論證出現。語言擴張時，思想意識也加深了[334]。

　　綜合上述學者見解，文字符號的發明以及印刷做為人類史上第一次媒體革命，大幅強化了人類理性與知識系統，拓展了思想意識的深度與廣度。麥克盧漢顯然沒有反對上述看法，但他對電子媒體卻更為推崇。

　　當人類邁入影音傳播時代，麥克盧漢認為電子技術實現了中樞神經系統的延伸[335]。他對電視尤其讚賞，認為在電視發明後，人類開始學習到一整套嶄新的感知[336]，開始感受到一種爆炸性和攻擊性能量，這些能量是電子科技從印刷技術釋放出來的[337]。而且電視改變人類的感知生活和腦力活動過程，打造出

332　Bell, Vaughan (2009/02/11). The Myth of the Concentration Oasis. *Mind Hacks* blog. www.mindhacks.com/blog/2009/02/the_myth_of_the_conc.html. Retrieved at 2022/02/20.

333　Ong, Walter J. (2002). *Orality and Literacy*, p. 8.

334　卡爾 (2012)。《網路讓我們變笨？》，第 89 頁。

335　馬歇爾‧麥克盧漢（2011）。《論人的延伸》，第 124 頁。

336　同上，第 356 頁。

337　同上，第 362 頁。

欣賞一切深度經驗的口味 [338]，然後實現了愛因斯坦的理想願景：人類可以完全重組自己發揮想像力的生活 [339]。電視是一種「觸覺—聽覺」媒介，它使人類一切感官深刻地相互影響，而且是一種通感或者深刻的、觸覺的感知經驗，並要求心靈與感官創造性的參與 [340]。

　　總之麥克魯漢宣稱 20 世紀的「電子媒體」，包括電話、廣播、電影及電視，正在打破文字對我們思考及感官的無情主宰。人類破碎零散的個體自互古深鎖在閱讀鉛字書頁中，此時卻轉而完整融合到一個廣納全球的部族村落裡 [341]，幾乎達到「科技擬真的意識，亦即認知的創造過程會無所保留地延伸到整個人類社會。[342]」

　　上述麥克盧漢對於電子媒體尤其電視的謳歌，當然引發其它學者不以為然，最具代表性的是美國傳播學者尼爾‧波茲曼（Neil Postman）。他在代表作《娛樂至死：追求表象、歡笑和激情的媒體時代》中，贊同麥克盧漢所說，媒介正在改變人的心智與認知，因此屬於哲學中的「知識論」。只是他眼中看到的電視，「創造出來的知識論不僅劣於以鉛字為基礎的知識論，而且是危險和荒誕的。[343]」

---

338 馬歇爾‧麥克盧漢（2011）。《論人的延伸》，第 378 頁。
339 同上，第 380 頁。
340 同上，第 384 頁。
341 卡爾 (2012)。《網路讓我們變笨？》，第 015 頁。
342 McLuhan, Marshall (2003). *Understanding Media: The Extensions of Man: Critical Edition*, p. 5., ed. W. Terrence Gordon. CA: Gingko.
343 尼爾‧波茲曼（1985）。《娛樂至死》，第 30-31 頁。章艷譯。北京市：中信出版。

尼爾‧波茲曼指出，電子媒介決定性地、不可逆轉地改變符號環境的性質。

如今在美國當代文化裡，訊息、思想和知識論是由電視而不是由鉛字所決定[344]。他指出，無可諱言電視帶來奇觀，提供無數美麗視覺歡愉，只是完全不需觀眾動腦筋，看電視目的就是情感得到滿足，而且不只節目，連廣告也是精心製作，美觀的圖像伴隨著悅耳旋律。

美國電視界戮力為民眾提供全天無休的娛樂。從此人類就在享用不盡、取之不竭的電子饗宴中，娛樂至死[345]。

綜觀兩派學者對印刷媒體、電子媒體兩種截然不同評價，再延伸到它們如何塑造不同世代人類的知覺模式，中國《理解媒介：論人的延伸》中譯本導讀中，大陸學者何道寬曾引述美國文化工作者路易士‧亨利‧拉普漢（Lewis H. Lapham）的心得。拉普漢根據麥克盧漢理論，針對印刷機時代與電子時代兩種人的區分，做了兩個表格如下，何道寬認為非常生動、醒目且切中要害[346]。

---

344 尼爾‧波茲曼（1985）。《娛樂至死》，第 31 頁。
345 同上，第 105 頁。
346 馬歇爾‧麥克盧漢（2011）。《論人的延伸》，第 12-13 頁。

表一　印刷文化與圖像文化差異對照表

印刷文字	電子媒介
視覺的 /visual	觸覺的 /tactile
機械的 /mechanical	有機的 /organic
序列性 /sequence	共時性 /simultaneity
精心創作 /composition	即興創作 /improvisation
主動性的 /active	耳朵習染 /ear
擴張 /expansion	收縮 /contraction
完全的 /complete	不完全的 /incomplete
獨白 /soliloquy	合唱的 /chorus
分類 /classification	模式識別 /pattern
中心 /center	邊沿 /margin
連續的 /continuous	非連續的 /discontinuous
橫向組合的 /syntax	馬賽克式的 /mosaic
自我表現 /self-expression	群體治療 /group therapy
文字型的人 /typographic man	圖像型的人 /graphic man

　　在表二中，拉普漢把印刷文化的人稱為「市民」，把電子文化的人稱為「遊牧民」。大凡年紀超過 50 歲見證過兩種世代文化交替者，對拉普漢的觀察應該都能心領神會。

表二　市民與遊牧民差異對照表

市民 /citizen	遊牧民 /nomad
定居 /build	游徙 /wander
有閱歷 experience	無閱歷 innocence
權威 /authority	權力 /power
幸福 /happiness	快樂 /pleasure
文學 /literature	新聞 /journalism
異性戀 /heterosexual	多型態戀 /polymorphous
文明 /civilization	野蠻 /barbarism
意志 /will	希望 /wish
激情性真理 /truth as passion	真理性激情 / passion as truth
和平 /peace	戰爭 /war
成就 /achievement	名望 /celebrity
科學 /science	巫術 /magic
懷疑 /doubt	確幸 /certainty
戲劇 /drama	色情 /pornography
歷史 /history	傳說 /legend
爭論 /argument	暴力 /violence
娼妓 /whore	夢想 /dream
農業 /agriculture	擄掠 /banditry
政治 /politics	預言 /prophecy

麥克盧漢的影響非常深遠，當代解釋社會與世代變遷的學者，或多或少都要資取他的學說。近年最有名的代表性學者是法國哲學與政治學者雷德布雷（Régis Debray）。德布雷依據媒體屬性，把文化史劃分為幾種「媒體域」（médiasphères）[347]，依序是「文字域」（logosphère）、「印刷書寫域」（graphosphère）、「視聽圖像域」（vidéosphère），如今轉換為「超媒體域」（hypersphère）。

　　德布雷認為，一個媒體域就是一個媒體生態系統。在這個生態系統中，有一種特定媒介載體（medium）──也就是一種特定的訊息和交流技術──在主導並執行統治權。任何想享有威望、權威和權力的個人與群體，不管他們想建構世界、籌劃機構和構架文化，都必須運用這種佔據著主導勢力的特定媒介[348]。

　　雷吉斯‧德布雷還認為，人類曾在「文字域」中沉睡四千多年，而文字域主要特徵展現在文字的經濟性和策略性，掌握文字奧秘者等於掌握上帝賦予的權力。古騰堡印刷術則以迅雷不及掩耳的速度，把歷史切換到「印刷書寫域」，帶來「宗教改革」和「啟蒙運動」，也很快催生了民主[349]。到了 1960 年

---

347 部分學者也將此概念譯成「媒體圈」，但我認為這很容易和「médium」（媒介）混淆。
348 雷吉斯‧德布雷（2014）。《普通媒介學教程》。陳衛星、王楊譯。北京：清華大學出版社。
349 樊尚‧考夫曼（2019）。《「景觀」文學：媒體對文學的影響》，第 30-31 頁。李適嬿譯。南京：南京大學出版社出版。

代，人類歷史看開始步入「視聽圖像域」。據專家分析，電視在 1970 年左右成為主導媒介，取代印刷文化。自此印刷文化的威信也每況愈下。

從此印刷文化被另外一種媒體生態系統越來越機械性地「配置」，它必須緊跟佔據主導地位的注意力經濟和公眾關注度體制的步伐。而「視聽圖像域」與其帶來的經濟體制在 1970 年站穩腳步，不料才 30 年時間，數位科技所打造的「超媒體域」（hypersphère）便以雙倍速度在 21 世紀初趕上了視聽圖像域，展現前所未見的侵略氣勢[350]。

新審美範疇的科學證據

不管麥克盧漢、蘇珊・桑塔格到尼爾・波茲曼等，許多人文與傳播研究者普遍同意：媒體科技持續改變人的心智與認知模式。但這樣的觀察，是不是學界自以為是的推論？而拉普漢的劃分，會不會如同蘇珊・桑塔格所形容，又犯了舊時代信仰者強分兩種文化的毛病？

然而近年腦神經科學研究結果，似乎證實麥克盧漢等人見解非凡而且有洞悉未來的智慧。如第一章所述，西元 2000 年諾貝爾生理或醫學獎得主肯德爾等人確定，人類的大腦不但非常可塑，而且是極度可塑，而且不分孩童與成人，我們一生中，

---

350 樊尚・考夫曼（2019）。《「景觀」文學：媒體對文學的影響》，第 31-32 頁。

大腦的神經系統在正常狀態下，就一直保持著可塑性，而且會因「每個感官感受、運動行為、關聯產生、獎勵信號、行動計畫，或是注意力（改變）」等不同狀況而重鋪一次神經迴路[351]。

換句話說，不管古代的印刷術或當代資通訊科技，不同媒介性質所提供的經驗差異，真的會塑造出兩種不同知覺模式的人。

傳播學者卡爾指出，在 20 世紀之前，人類對於腦的運作理解有限。千百年來的傳統觀點認為，大腦像是一個堅固的結構體，在我們年輕時灌漿、塑型後，就會快速凝結成最後的形狀[352]。但大概在 1930 年代前後，科學家逐漸有了不同看法。比如美國心理學家詹姆士儘管無法像當代生理學家一樣擁有大量儀器設備可觀察大腦，但他對大腦的適應能力表達出一種直覺看法。在其著作《心理學原理》中他寫道：「神經組織似乎先天就有驚人的可塑性。」而英國生物學家楊格 1950 年在一系列由英國廣播公司策劃的講座節目中，也主張大腦的結構可能一直處在變動狀態，且會因應不同的工作需求而調節改變[353]。

根據科學家發現，基本上我們的腦是這樣運作的：人腦估計含有 1000 億個神經元細胞，每個神經元細胞上面平均形成 1000 個突觸連結。更多神經元會接收上萬個訊息，小腦有些細

---

351 Pascual-Leone, A., Amedi, A., Fregni, Felipe & Merabet, L. B. (2005). The Plastic Human Brain Cortex. *Annual Review of Neuroscience*, 28, 377-401.
352 卡爾（2012）。《網路讓我們變笨？》，第 35 頁。
353 卡爾（2012）。《網路讓我們變笨？》，第 36 頁。

胞甚至可接收 10 萬個訊息[354]。神經元有中央核心，稱為神經元胞體，肩負體內其他細胞共通的功能。但神經元還有兩種像觸角的附屬物，即軸突和樹突（也就是上述的突觸），用來發送和接收電脈衝。神經元在活動時，會有脈衝從胞體流到軸突末端，並引發軸突末端釋放稱作神經遞質的化學物質[355]。據科學家統計，自 1921 年發現第一種神經遞質以來，到目前為止已超過 60 種[356]。

神經遞質的分子會擴散穿過突觸到後突觸的神經元。然後分子帶著特製的受器停在後突觸神經元上，接著便發生了很複雜的分子互動（包括離子的移動），最後使後突觸神經元變成帶正電荷。一旦後突觸神經元跨過電的閾值，就會產生自己的動作電位，傳給下一個神經元，不斷傳遞下去[357]。

神經元彼此之間就是這樣以透過突觸傳送的遞質來溝通，在複雜的細胞通道裡傳遞電波。如此下來，腦部神經元細胞的突觸連結的總數可達到難以想像的一千兆個（10^{15}）[358]，想法、記憶、情感全來自神經元透過突觸達成的電化學交流而形成[359]。總括而言，我們腦內億兆個突觸把我們的神經元連結成

---

354 傑佛瑞・史瓦茲＆夏倫・貝格利（2003）。《重塑大腦》，第 104-105 頁。張美惠譯。台北市：時報文化出版。
355 卡爾（2012）。《網路讓我們變笨？》，第 34-35 頁。
356 傑佛瑞・史瓦茲＆夏倫・貝格利（2003）。《重塑大腦》，第 104-105 頁。
357 同上。
358 曼福瑞德・施彼策（Manfred Spitzer）(2015)。《數位癡呆症：我們如何戕害自己和子女的大腦》，第 50-52 頁。李中文譯。台北市：暖暖書屋文化出版。
359 卡爾（2012）。《網路讓我們變笨？》，第 34-35 頁。

一個綿密的迴路網；這個網狀迴路以我們尚未完全理解的方式，產生出我們的思想、感覺，以及自我意識[360]。

不過，迴路的數量雖然多到難以計數，但隨著不同人的複雜經驗會各自形成慣用迴路，因此充滿可塑性。按照神經科學家的發現，這種所謂「赫伯可塑性」第一步是突觸前的神經元釋出神經遞質麩氨酸（glutamate），麩氨酸黏附在突觸後神經元的兩種受器。一種受器注意到自己的（突觸後）神經元是活化的，另一種注意到那些突觸前神經元同時也是活化的。結果是通過某一突觸前神經元軸突的動作電位，將能促使那個突觸後神經元發生電衝動，這時便意謂突觸的強度增加了[361]。

兩個神經元經常緊緊連結，便形成神經路徑，這彷彿常重複行走同一條泥路，地上就會留下痕跡，下次走時更容易遵循舊徑。同理可證，重複刺激相同一連串神經元──例如小孩子記憶鸚鵡的長相──會讓那條路徑的電氣脈衝更有機會一路傳送到底，直到最後的動作電位刺激語言中樞的神經元，使小孩子脫口說出「鸚鵡！」。改變連結強化某神經路徑的效率是第一種被發現的神經可塑性。可塑性必然因經驗而產生：因為腦部對一種經驗知覺的查知與記錄，必是透過該經驗知覺所引發的神經活動模式[362]。

因此大腦對外在訊息的反應會隨著經驗而改變；所謂經驗

---

360 卡爾（2012）。《網路讓我們變笨？》，第 35 頁。
361 傑佛瑞・史瓦茲＆夏倫・貝格利（2003）。《重塑大腦》，第 106 頁。
362 同上，第 106 頁。

並非如以往科學家所誤認的只限於胎兒與嬰兒期，而是指終身所有經驗。換句話說，每個人的生活方式會影響自己腦部發展。另一位知名腦神經科學家莫山尼奇（Michael M. Merzenich）表示，「我們稱為大腦的這個機器，其實在我們一生中都在不斷修正，若要發揮大腦的修正潛能，首先必須有不同的心態，不能將大腦視為結構與功能固定的機器，而應視為有能力不斷改變的器官[363]。」

這些科學歸納發現一個驚人結果：腦部聯結身體、運動、聲音的皮質區，都會受經驗的形塑。也就是說，腦部會留下生命的足跡，反映出我們有過的經驗與行為[364]。而且大腦的可塑性不限於掌管觸覺的體感，而是無所不在的。幾乎全部神經迴路，不論是負責觸覺、視覺、聽覺、運動、思考、學習、理解或記憶，都會因經驗而有改變的可能[365]。

但經驗雖然能形塑大腦，卻只能塑形專注的大腦。大腦會指派空間給最常運用部位，例如嗜玩電動玩具者的拇指或經常點字者的食指。莫山尼奇指出：「被動或不大專注的活動對神經可塑性貢獻極低，只有專注的行為才能引發皮質功能分布的改變。」這就是關鍵所在，大腦的物理改變仰賴專注的心理狀態。專注與否影響的不只是某塊皮膚或肌肉的皮質代表區，也會影響相關路徑的動態結構與大腦的重塑能力。[366]

---

363 傑佛瑞・史瓦茲＆夏倫・貝格利（2003）。《重塑大腦》，第 166 頁。
364 同上，第 194 頁。
365 卡爾（2012）。《網路讓我們變笨？》，第 41 頁。
366 傑佛瑞・史瓦茲＆夏倫・貝格利（2003）。《重塑大腦》，第 203 頁。

此外，科學家指出，神經具有可塑性並不等於帶有彈性：一旦我們原先的神經迴路因隨後經驗而改變，形成新的慣用迴路後，就不會跟橡皮筋一樣彈回原初狀態；它們改變後就會保持改變的狀態，而這個新的狀態當然不一定是正面效益的。壞習慣跟好習慣一樣，都能輕易烙印到神經元裡 [367]。因此，可塑性除了是「發展及學習的機制」外，也可能是「病理上的原因」[368]。

　　換句話說，我們的生活方式會在腦部留下印記，造成神經路徑的持久改變。莫山尼奇表示，神經可塑性有助於了解「皮質如何影響我們表現出獨特的行為能力，甚至可解釋為什麼有些人是天才，有些人是蠢才」[369]。

　　因此卡爾推論，當代智能科技一旦受到普遍運用就會促成新的思考方式，或把原本僅屬於少數菁英的思考能力帶給普羅大眾。換句話說，每一種智能科技都包括了一種智能規範，一套人類頭腦運作（或是該如何運作）的假想模式 [370]。

　　結果，不論書本、手機等各式傳播工具，在使用時都會強化特定神經迴路，也削弱其它神經迴路，在增強某些認知習性之餘，讓其它習性消失。神經可塑性這個最新發現的環節讓我們得以理解資訊媒體和其他智能科技如何影響文明發展，以及

---

367 卡爾（2012）。《網路讓我們變笨？》，第 49 頁。

368 Begly, Sharon (2007). *Train Your Mind, Change Tour Brain: How a New Science Reveals Our Extraordinary Potential to Transform Ourselves*, p. 244. New York: Ballantine.

369 傑佛瑞・史瓦茲＆夏倫・貝格利（2003）。《重塑大腦》，第 313 頁。

370 卡爾（2012）。《網路讓我們變笨？》，第 59 頁。

這些科技如何在生理層面上主導人類意識的歷史[371]。

而當代數位科技跟以往印刷機相比，最大差別在於：前者大量提供五光十色的影音多媒體，後者則是長篇累牘的文字，因而在腦海中，打造了不同的神經突觸慣用迴路。因此，當一整個世代的人廣泛使用特定媒介來持續不斷形成記憶、想法與情感的神經迴路，他們的思考與情感模式，就跟以前世代截然迴異了。

新審美範疇的相關文獻

就在上述情況下，新的審美範疇現身了。如第一章伊始所述，這些審美範疇或是以往罕見，或是被貶抑，或是展現獨樹一幟的特色並以全新姿態崛起，而相關美學研究近年也陸續展開。

史丹佛大學學者 Sianne Ngai 指出，她所討論的幾種審美範疇包括「可愛」（cute）、「搞笑」（zany）、「有趣」（merely interesting）等，在傳統美學中都被邊緣化，也一向被納入後現代主義研究系譜中。但她認為，在「超商品化」（hyper commodification）、資訊充斥以及表演爆炸的晚期資本主義時代中，這些審美範疇都變成我們當代的戲碼，值得提出來分析討論[372]。

371 卡爾（2012）。《網路讓我們變笨？》，第 63 頁。
372 Ngai, Sianne (2015). *Our Aesthetic Categories: Zany, Cute, Interesting*, p. 1. Massachusetts: Harvard University Press.

另一位正式把「可愛」等列為審美範疇的是美國散文作家丹尼爾・哈里斯（Daniel Harris），在他 2000 年出版的著作《消費主義美學》（The Aesthetics of Consumerism: Cute, Quint, Hungry and Romantic）中，除可愛外，共列舉出復古（quaintness）、酷、浪漫、搞笑、未來感、美味、自然風、耀眼、潔淨等 10 種審美類型。丹尼爾・哈里斯在序言中直陳，現代消費商品無所不在包圍在我們身邊，從垃圾桶、金魚缸、寶特瓶、冰箱、洗碗機等，到處充滿消費主義推送的審美元素，但人們渾然不知，也忽視了它們對生活與感知的影響。因此他寫該書目的是要把這些被壓抑的審美範疇彰顯出來，讓生活中大到無邊無際的影像文化納入意識分析，進而讓社會大眾意識到它們是如何的被精心包裝[373]。

由於《消費主義美學》不屬於嚴肅學術論著，因此丹尼爾・哈里斯所漫談的 10 種審美，究竟是否真的源自消費行為，或屬於古典審美範疇的次類型，仍待深入探究。但他的著作啟示了 Sianne Ngai 等其它學者，因此也被列入審美範疇研究文獻中。

其餘研究者大都是針對「酷」、「可愛」等單一課題分析撰述，如 Sianne Ngai 所言，主要當成文化與社會學議題，有的則稱之為「風格」，鮮少把這些由大眾消費時代文化商品所彰顯的感性經驗正式標明並納入「審美範疇」。

舉例來說，學者 Gary Cross 以文化與社會研究視角，探究

---

373 Harris, Daniel (2000). *The Aesthetics of Consumerism: Cute, Quint, Hungry and Romantic*, p. ix-xi.

美國何時出現可愛無邪的文化，以及為何由可愛轉向為「酷」的時代背景。Gary Cross 追溯社會對於「天真無邪」的童稚嚮往起源於 18 世紀末期之後的浪漫主義，包括 William Wordsworth 或者 William Blake 都在讚頌天賜的孩童純真，並惋惜這種天國的純真與無限可能的天性在成年之後淪喪[374]。

到了 20 世紀初期，瑞典作家暨女權運動者 Ellen Key 提倡以兒童為家庭核心的教育法，不同於傳統教誨，她強調要放任兒童在無限的天地中找尋人生方向，不能讓小孩屈從於成人可悲的威權[375]。Ellen Key 傳承洛克到盧騷的觀念，把文明與社會視為天性敗壞的罪魁禍首之一。兒童被視為家庭最可貴的資產，在成年之前必須被保護，不能進入社會工作。成年人有義務保護他們無邪的後代。於是美國各州開始立法保障兒童權益，「庇護無邪」（sheltered innocence）觀念徹底融入美國家庭[376]。

精明的商人看到商機，透過廣告行銷，鼓吹父母購買各種能啟發兒童天性與創造力的商品。William Wordsworth 等人對純真的讚頌，搖身一變成為「驚奇小孩」（wondrous children），而父母對小孩的愛就體現在購物中，感性透過儀式性的消費行為來表達或抒發, 消費文化開始扮演小孩「第二天性」的誘導角色[377]。

---

374 Cross, Gary (2004). *The Cute and the Cool*, p. 24.
375 ibid., 20-21.
376 ibid., p. 23.
377 ibid., p. 31.

但同樣的消費商品市場，在小孩到達青春反叛期之後，又扮演了助長「酷」的審美角色。叛逆期的青少年開始意識到社會的現實危險，「酷」變成一種言行風格，來警告可能的攻擊者，來彰顯自己也不是省油的燈。「酷」成為丹尼爾‧哈里斯所形容的白人小孩的「街頭美學」，把「威脅性的冷漠」當成一種遊戲般的感性態度，並反抗成年人加諸己身的「無邪」。商品市場迎合年輕人，推出專屬他們品味的收藏品，讓他們告別成年人文化與經驗[378]。

在此 Gary Cross 雖採用丹尼爾‧哈里斯的審美視角來詮釋「酷」，但他整本著作仍是社會學文化分析。不管酷或可愛，Gary Cross 都不是把它們當成審美範疇來研究。

因此本書立論主要採用的是 Sianne Ngai 等近年提出的視角。Sianne Ngai 指出，傳統美學強調審美經驗要帶來確切的、崇敬的、理想化的感受，而她所提出的「可愛」、「有趣」等一向被當成比較不強烈明顯的感性狀態，但如今是應該予以正名的時候了，尤其是「有趣」。此外，她所提出的三種審美範疇，並非源自形式特別清楚的感性對象，相反地是因為當代帶來太多沒有形式的物品，在複合流動的經驗中，出現了這三種審美範疇。它們也都有普遍性，具有與「美感」同樣的表演性，雖然可能沒有那麼強烈的情感力量[379]。

她強調，跟以前美感等傳統範疇相比，她比較不在意審美

---

378 Cross, Gary (2004). *The Cute and the Cool*, pp. 130-131.
379 Ngai, Sianne (2015). *Our Aesthetic Categories: Zany, Cute, Interesting*, pp. 233-240.

愉悅這類課題，而是注重人們如何發展與捍衛這些被學術界邊緣化的審美判斷。她贊同另一位學者 Simon Firth 的見解：價值判斷如果要有意義，這些討論必須跟社會上發生的事件有關聯。在《Our Aesthetic Categories》一書中，她論證上述三種審美範疇：可愛屬於商品的、靜態性的審美，搞笑屬於表演導向性、活力的審美，而有趣則是資訊型態的流動性審美，都跟當代晚期資本主義有特殊關係[380]。

在該書第二章中，Sianne Ngai 認為「可愛」首先可追溯到 20 世紀的前衛運動，作為對高雅藝術的反抗。尤其是前衛詩作，大量採用可愛的形式與文字，訴求極短篇幅寫作，以及居家、情色與柔性風格，簡直跟大眾印象中的前衛那種犀利、冷酷與嚴厲的未來感天差地別。有一種派別的前衛創作始終展現柔軟的身段，願意回應他人意願。而可愛的英文 cute，跟另一個字 acute 僅差一個字母 a，但含義天差地別，acute 意味充滿尖銳，而 cute 則去除了所有稜角。

Sianne Ngai 引述知名政治哲學家漢娜·鄂蘭（Hannah Arendt）的形容：當代社會著迷於「小東西」，這種風潮帶著歐洲語調在 20 世紀初期開始傳播，體現於貓狗寵物以及花盆等小物件，一種意欲快樂的藝術，可愛的小玩意們是顯著的文化現象之一，反映出當代對於「無關緊要」（irrelevant）事物的迷戀。漢娜·鄂蘭把上述現象當成當代文化的衰退，她發現當代大眾

---

380 Ngai, Sianne (2015). *Our Aesthetic Categories: Zany, Cute, Interesting*, pp. 2-5.

領域把「無關緊要」當成非凡看待，而且發現「無關緊要」有種感染的魅力，以至於很多人願意把它當成生活模式，堅持它所訴求私密特質[381]。

Sianne Ngai 指出，可愛也可追溯到 19 世紀興起的商品文化，因此這種審美範疇跟商品有密切關聯。她以一個青蛙造型的洗澡海綿作為案例，說明可愛的特質如下：一張巨大的臉（事實上什麼都沒有，只剩臉）以及誇張的眼睛（但有趣的是沒有嘴），這塊青蛙海綿凸顯了「可愛」具有擬人化的主基調。可愛彰顯了「無力」的審美化，所有一切都是柔弱、微小、無害以及無邪的[382]。她也列舉出「凱蒂貓」、三麗鷗的圖像以及日本奈良美智等作品，來說明「可愛」的審美席捲當代的現象[383]。本書將於後續章節深入討論「可愛」的審美經濟熱潮。

和「可愛」溫暖、毛茸茸的商品審美特性相比，Sianne Ngai 形容「有趣」反而是一種冷靜的、帶有理性態度的審美，最早可追溯到 18 世紀末期到 19 世紀的浪漫主義時代，例如德國詩人施勒格爾（Friedrich Schlegel）以德語 interessante 來形容一些比少見、新奇的創作所反映出來的折衷欣賞品味。這種品味轉向早在 18 世紀文學就看出端倪，文學家開始書寫日常以及次要的事物，不像以前偏重重要的、奇特的題材。這種折衷品味延續到 19 世紀寫實主義，到了 20 世紀的觀念藝術與資訊科技所推

381　Ngai, Sianne (2015). *Our Aesthetic Categories: Zany, Cute, Interesting*, p. 3.

382　ibid., p. 65.

383　ibid., pp. 75-78.

動的審美觀，終於蔚為成形 [384]。

Sianne Ngai 指出，「有趣」的評價意味著審美對象傳達的訊息沒有那麼令人驚奇，因此跟既存的典範頗有落差。它在已知以及未知的領域中，製造出一種張力。此外，這種審美觀也反映出一種記錄並理解現實的慾望 [385]。她的意思是：我們不知道如何確切評價現在發生的事物，但就初步審美而言是「有趣的」，因此產生了保存與記錄的意圖。

既然如此，Sianne Ngai 引述蘇珊・桑塔格的看法，「有趣」的審美態度跟攝影發展史有緊密關聯。原本「有趣」被當成一種令人困擾的彷彿無足輕重的評價，到了攝影時代，被提升到看待眾生時所應保持的無差別視角。蘇珊・桑塔格指出，照相技術的應用，標明一種姿態，也就是相機鏡頭可以讓世間萬物變得有趣。照相技術抹除真實事物的特色，因而對「有趣」的審美觀起了推波助瀾的作用。所謂的攝影風格，往往把鏡頭下的所有真實事物一律同質化 [386]，結果只剩下「有趣」足以泛指我們對這些作品的普遍感受。

對於蘇珊・桑塔格上述分析，我們以當代智慧型手機的修圖軟體去推論，就不難理解她的論點：不管真實人物究竟美或醜，透過 App 修圖，通通可以調整成千篇一律的美白肌膚與瓜子臉。這樣同質化情況下，欣賞者無從以既有的典範去評

---

384 Ngai, Sianne (2015). *Our Aesthetic Categories: Zany, Cute, Interesting*, p. 5.
385 ibid.
386 ibid., pp. 5-6.

價，唯有用「有趣」來概括形容眼前芸芸眾生時時刻刻在網路上貼出的自拍或攝影作品。以中國美學家彭鋒的術語來形容，「有趣」可視為一種「平均美」，不具備特殊個性的美感。所以，我們對於自己只覺得「有趣」的審美，不會投入積極的理解[387]。

跟「有趣」這種冷淡的理性姿態截然相反，Sianne Ngai 指出，「搞笑」（zaniness）則是一種熱切的感性，一種侷促不安、費勁的、追逐的審美。所有搞笑表演都刻意凸顯誇大情感、性與肢體動作，往往干擾觀賞者的積極審美介入，這些都是搞笑的基調，塑造出觀眾與表演之間一種緊張關係。這種審美大量出現於後福特主義時代的表演服務業，比如女演員露西兒‧鮑爾（Lucille Ball）與其代表作《我愛露西》以及脫口秀明星李察‧普瑞爾（Richard Pryor）《玩具之間》等節目[388]。

Sianne Ngai 強調，搞笑這種表演法，讓表演與遊戲之間的分際越來越難區分，如此一來，搞笑塑造出一種情感勞動（affective labor），一種專門訴求情感與社會關係的產品。搞笑表面看來無傷大雅，卻是撞擊力激烈的審美，而且不管現場或錄影表演，都可能導致表演者身心創傷。但無論如何，搞笑不折不扣屬於表演藝術的一圜，而且也見諸二次大戰之後的文學創作中[389]。

---

387 彭鋒（2005）。《西方美學與藝術》，第 302 頁。
388 Ngai, Sianne (2015). *Our Aesthetic Categories: Zany, Cute, Interesting*, p. 7.
389 ibid., 7-8.

這種看來令人發噱卻明顯充滿壓力的表演形式，到底訴求怎樣的審美主體呢？Sianne Ngai 指出，跟其他審美類型相比，搞笑形成主體與客體之間一種特殊的複雜關係。相較於「有趣」或「可愛」，當我們對事物覺得有趣時，總會毫不掩飾表達出感受，進而感染其他人；可愛亦然，當我們看到可愛事情時，往往情不自禁發出呢喃或輕柔話語，透過語言模擬對象的可愛狀態，當中隱含一種認同結構，好像自己也很想一樣可愛，或巴不得讓自己化身為可愛對象。但 Sianne Ngai 強調，搞笑不會讓我們有任何模擬對象的念頭或動力，這與歷來審美範疇有關主體模擬客體的理論，幾乎是大相徑庭 [390]。

依照 Sianne Ngai 的見解，我們即使進入搞笑的感性狀態，卻完全不會啟動如第一章所述「移情作用」的內模仿。在搞笑當中存有一種奇特的窘迫、荒謬與危險，讓我們亟欲迅速與審美對象保持一定距離。比如我們看著港星周星馳的無厘頭表演，捧腹大笑之餘，有時會覺得荒謬無比到很想矇上眼睛。搞笑表演阻絕了我們的同理心與認同感。在所有審美範疇中，搞笑是唯一我們不打算把主體感受召喚出來而成為客體對象的審美經驗 [391]。

由於 Sianne Ngai 等人的努力，有些學者已開始採用「新審美範疇」視角來分析當代網路文化。舉例來說，芝加哥學者 Jor-

---

390　Ngai, Sianne (2015). *Our Aesthetic Categories: Zany, Cute, Interesting*, pp. p. 8.
391　ibid., p. 9.

dan Schonig 於 2020 年發表了一篇論文[392]，提出所謂的「迷因審美範疇」（aesthetic category memes）。他花了 4 年時間，根據親身參與並觀察 Instagram、臉書、Reddit、YouTube、推特等迷因社群，以民族誌與現象學方法，進行迷因審美的分類研究[393]。

他引述 Sianne Ngai 觀點論證：即使網民針對某些迷因或梗圖發出乍看偶然的評價行為，但不管他們的評語如「古怪的滿足」（oddly satisfying）、「淡淡的有趣」（mildly interesting）等等，都展現一種遊戲性或愉悅性的審美反思，吻合傳統所說的品味判斷，訴求廣義的審美機能，為「迷因審美範疇」提供了模糊的感性分類準則[394]。

此外這種瑣碎的社群行為無時無刻不在網路上發生，既然如此，也屬於「日常生活審美化」的一圜並以可據此視角加以詮釋。Jordan Schonig 指出，社群媒體上的迷因體現晚期資本主義的一種慾望，人們藉由迷因對抗生活中的空虛乏味，一如購物、家居活動等，一起構成當代複合式的審美參與。網民在社群媒體中不是無聊地捲動網頁而已，迷因印證網民可以刻意、積極、創造性地投入[395]。

Jordan Schonig 研究結果發現，社群共同體情懷是「迷因審美範疇」的基本特色，顯然印證後康德美學的一種主張：審美

---

392 Schonig, Jordan (2020). "Liking" as creating: On aesthetic category memes, *New Media & Society*, 22(1), 26–48. London: SAGE.
393 ibid.
394 ibid., p. 28.
395 ibid., p. 29.

判斷可帶來圓滿與快樂的感受。共同體情懷也提供了社群民主運作模式，而參與「古怪的滿足」、「淡淡的有趣」審美判斷的網民，儘管積極投入創作或提供回饋，但無意強化網路文化，不見對網路的前衛激情批判，也沒有提升性靈等主張。因此，Jordan Schonig 指出，「迷因審美範疇」只是分享看事情的方式，藉此表達社群集體認同的慾望，並沒有其他如文字、圖像、笑話或次文化知識的分享 [396]。

此外，Jordan Schonig 論證，「迷因審美範疇」提供了審美經驗的擬像，雖然有反思性，但不會挑戰既有的網路或迷因文化。而「古怪的滿足」、「淡淡的有趣」這類怪誕的特殊範疇，類比於網路以任意、快速的方式不斷冒出這類評語，也彷彿提供了一種建制化批判的擬像，雖然看起來是無足輕重的打發時間行為，卻並非全然無心，而是具有宛如知識性與社會性提升的感覺。Jordan Schonig 總結：網路迷因印證了審美機能的介入以及情感的附著，「連結的感受」等同於分享語言、影像的價值，按讚也變成一種品味判斷的分享 [397]。

另一位義大利學者 Bruno Trentini 則在 2014 年提出要把「元」（meta） [398] 當成一種新的審美範疇 [399]。他以當代時尚的詞

---

396 Schonig, Jordan (2020). "Liking" as creating: On aesthetic category memes, *New Media & Society*, p. 43.

397 ibid., pp. 43-44.

398 Meta 這個時興詞彙非常難翻譯成中文，臉書的 metaverse 翻譯成元宇宙，後現代主義學者李歐塔的 meta-narrative 某種譯法為「元敘事」，都是指稱一種抽象的根源性兼共相性。但它另外也具備宏大浩瀚的意涵。

399 Trentini, Bruno (2014). The meta as an aesthetic category. *Journal of Aesthetics & Culture*, 6(1), article 23009.

彙「元圖像」（metapicture）[400] 作為案例來說明：有人把元圖像比擬成俄羅斯娃娃的最外層，彷彿元圖像是一種容器，而從最外層到內層的較小娃娃，通通兼具容器與娃娃兩種屬性，一直到最後一個為止。但如果我們事先不知道那是俄羅斯娃娃，我們最初只會看到一個娃娃。換句話說，我們在看俄羅斯娃娃之前，如果先具備一種「那是俄羅斯娃娃」的概念，我們對它就有了不一樣的審美態度。這個審美態度具備一種反思性（詮釋性），使得我們在直觀俄羅斯娃娃時，審美經驗中兼具一元性與多元性。

　　元圖像亦然，觀賞者必須採用看俄羅斯娃娃的方式去看「元圖像」，進而在元圖像中找到另一個圖像，在觀賞元圖像時，原先的圖像直觀審美消失或減弱了，被「訊息性」所取代。因此任何元圖像必然是一種「自我指涉」（self-referential）圖像，一種悖論：既是一張圖，也是多張圖，既不是一張圖，也不是多張圖，由此形成了它的魅力所在。在觀賞元圖像過程中，原先的反思性認知已經內化於美感中，因此構成一種既具元認知（metacognition）又具感性的「元審美範疇」。

本研究的新審美範疇

　　綜合以上文獻探討與分析，我們已確認「新審美範疇」界

---

[400] 台灣翻譯成「後設圖像」，但根據 Bruno Trentini 等人研究，應翻譯為「元圖像」。

定與討論在當代美學領域中的發展狀況與實踐成果。本書後續章節將根據波默審美經濟的視角，探討四個新審美範疇，包括「沉浸式」（immersive）、「奇觀」（spectacle）、「可愛」（cuteness）以及「認同＆振奮」（identity & thymos）。

這當中，「奇觀」是一種很久就出現的審美範疇，早在西元 2 世紀或許更早以前，基督教神學家就曾用「奇觀」來形容異教儀式與展演所帶來的壯觀與愉悅[401]，但在當時禁慾與苦修的教會戒律視角下，奇觀已出現如當代馬克思主義者批判的負面評價。對馬克思主義社會學者來講，「奇觀」很奇特的成為資本主義與商品化宰制並統一人類對世界認知的手段，至今相關學界已發展出「奇觀 2.0」的說法並持續大幅批判中。

但奇觀這個詞彙在西方文藝史中始終沒有缺席，不斷被應用在戲劇與展演討論中，很難想像如今天被貶抑的窘境。Sianne Ngai 也提到，我們在當代不斷地遇到擁有強大審美力量的壯觀展現，這類「奇觀審美」（aesthetic spectacle）竟然無法被嚴肅看待，但這些在當代被視為「次等的」的審美範疇，卻成為今日大眾審美經驗中最可信賴的本真性（authenticity）符號[402]。

本書將論證，在當代奇觀的審美經濟領域中，充滿大量足以引發強大審美經驗的商品與作品。就傳統美學研究來說，當代的「奇觀」商品包括沉浸式展覽以及正在發展中的虛擬實境

---

401 Chase, Reginald Melville (1927). De Spectaculis. *The Classical Journal*, 23(2), 107-120. The Classical Association of the Middle West and South, Inc.

402 Ngai, Sianne (2015). *Our Aesthetic Categories: Zany, Cute, Interesting*, p. 28.

（virtual reality）、擴增實境（augmented reality）以及混合實境（mixed reality）不僅符合法國現象美學家杜夫海納（Mikel Dufrenne）對「擬真」（virtual）的現象學分析，甚至已把他認為是「先驗的存在感」（the existential a priori）所想像但無法真實化的「擬真」帶到經驗世界了。延伸他的論述，我們甚至可以推論，未來虛擬實境等當代科技產品將有很大機會帶給我們「崇高」的感受，而且是在人自身打造的虛擬世界中，感受到不可思議的崇高。

　　另一個跟「奇觀」有部分關聯的審美範疇是「沉浸式」。但在本書討論中，「沉浸式」特別限定在劇場，因為只有劇場所帶來的沉浸式審美，才是真正全新範疇。

　　沉浸式這個詞彙源自當代資通訊與影音科技，1980 年代，圍繞著電腦運算與數位傳輸儲存等技術成果，「沉浸式」這個詞彙首度應用在相關學理與產業環境中，意味建構一種圓頂包覆的建築或結構，裡面有多媒體技術以及影音環繞設備，從 1980 年代起陸續應用在表演盛會、大型展覽、商業行銷、電影院以及大型娛樂活動，比如倫敦的行星電影院（London Planetarium）、Marvel 英雄 4D 奇觀（Marvel Hero 4D Spectacular）等等。這類號稱沉浸式的聲光作品與活動，對劇場界而言，比較適合歸類到「奇觀」。劇場的沉浸可說帶來一種前所未有的審美經驗，但它並非突然冒出，而是源自劇場藝術長期發展脈絡與傳承，因此相較於影音科技產品所打造的包覆式炫目奇景，還有現在很熱門全面應用影像奇觀的沉浸式展覽，劇場沉浸跟上述

兩者之間所引發的審美狀態與愉悅，事實上有很大差異[403]。

劇場沉浸也可說是當代新審美範疇中，極少數源自傳統藝術者，使得它格外獨樹一幟。它所帶來的審美強度遠超過傳統劇場，可說是有史以來心理距離最短但審美愉悅最強大的一種表演藝術。

本書聚焦的另一個審美範疇是「可愛」，但除了延伸 Sianne Ngai 等人的研究外，本書將論證：可愛是當代審美經濟一大驅動力，體現了波默所說的理論：審美經濟屬於一種審美勞動，帶來介於使用價值與交換價值之間的演示價值。可愛的審美消費者不僅藉由商品本身獲得快感，而且是在可愛的當代互動遊戲中，藉由商品消費，建構了一種介於虛擬與真實之間的整體生活意義結構，強化了社會互動與人際關係[404]。大量研究證實，這種以「可愛」為基礎審美經驗的文化商品，對於生活產生積極正向的影響，使其超脫枯燥乏味的現代性日常生活，成為日常生活審美化的重要實踐。

本書所要討論的第四種審美飯範疇是「振奮」（thymos），這是徹徹底底現代資通訊科技所激發的審美範疇。thymos 一詞源自希臘，原有正向含義。它應用在當代政治與社會研究中，主要刻畫資訊資本主義時代的社會大眾在網路社群商品消費行為中所產生的感性狀態。這種感性源於自古以來人類尋求認同

---

403 Machon, Josephine (2013). *Immersive Theatres*, p. 59. NY: Palgrave Macmillan.
404 廖俊忠（2017）。《精靈寶可夢 GO 玩家的參與動機、社會支持、持續涉入於休閒效益之研究》，南華大學資訊管理學系碩士論文，嘉義縣。

的渴望，但這種渴望潛伏多時，原本沒有迫切需求，卻在網路所塑造的當代疏離社會結構中被全面激發。社會大眾恓恓惶惶尋找認同的迫切感，以及獲得認同後所產生不可遏抑的 thymos，已成為當代社會研究重點之一。

目前在相關文獻中，當代 thymos 主要被詮釋為一種虛幻且負面的激情。這種審美經驗最特別之處在於：沒有認同渴望者，幾乎感受不到它的存在，因此它徹底源自社會大眾的主體意識。但有鑑於當代社會越發嚴重的疏離與焦慮狀態，甚至如後人類學者所宣稱，當代已沒有人文主義所說的統一的、連貫的主體性認知（subjectivity）了[405]，因此可推論幾乎所有人或多或少都需要 thymos。這種審美範疇藉由網紅生態、臉書、Instagram、抖音等網路社群平台與窺私網站推波助瀾，正蓬勃發展中。至於它能否帶來正向、圓滿與超越的審美愉悅，本書僅能做初步討論。有關 thymos 的意義與價值，仍待未來更多深入研究。

四範疇的演示價值

根據審美經濟所提出的「演示價值」（staging value），本書將論證：奇觀審美與劇場的沉浸審美，在古典理論中都已確立其價值，因此可形容為業已「舞台化的價值」（staged value），但有鑑於前者的經濟現象，包括影音娛樂與串流影視

---

405 N. 凱薩琳・海爾斯（2018）。《後人類時代：虛擬身體的多重想像和建構》，第 16 頁。

平台等，仍蓬勃發展中；後者雖根源於劇場表演藝術的實踐，但沉浸審美是戲劇產業的最新賣點，因此儘管他們的演示價值已確立，但不妨稱之為「演示中的舞台化價值」（staging staged value）。而可愛審美則是近代才具有支配力，正持續被應用在性別關係、國族關係與世代互動中，因此展現不折不扣的「演示價值」。

　　至於最新的審美範疇「振奮」，就審美經濟而言，則呈現最複雜的發展現象。在認同所激發的振奮審美中，奇觀 2.0 弔詭地出現了多型態的演示價值。根據社會學家歐文・高夫曼（Erving Goffman）與加州大學戴維斯分校榮譽教授暨人類學者狄恩・麥肯諾（Dean MacCannell）等理論，本書後續章節將論證，基於認同的振奮審美發展出「演示本真」（staging authenticity）、「舞台化本真」（staged authenticity）、「演示非本真」（staging inauthenticity）以及「舞台化非本真」（staged inauthenticity）四種演示價值，最後都可根據法國學者布希亞（Jean Baudrillard）的理論，匯流成「演示超真實」（staging hyperreality）與「舞台化超真實」（staged hyperreality）。

第三章

奇觀
(Spectacle)

本書論證的當代新審美範疇（category）之一的「奇觀」（spectacle），在社會研究中，最常見的定義普遍援引法國知識份子紀·德波（Guy Debord）的代表作《奇觀社會》（Society of the Spectacle）。該書包含 221 段篇幅極短的論述，出版於 1967年 [406]。

雖然該書不是嚴謹學術著作，通篇沒有數據，也沒有實證案例蒐集與分析，從頭到尾都是雄辯式的修辭，但出版後引起熱烈迴響至今，德波的理論也成為文化分析中最常見的視角之一，而且幾乎都是貶抑的視角。

此外，在台、港、中國等學術領域中，德波所論述闡釋的 spectacle 也常被翻譯為「景觀」。這種翻譯其來有自，因為在該書中，德波循文藝歷史傳統，把社會大眾比擬為觀看者（spectator）[407]，而這些觀看者所遭遇的，就是德波所說的「從每一個生活層面分離出來並融合成一條廣大洪流」的「影像」（images）。這些影像具有自律（autonomous）能力，完成了一種「特殊化」（specialization）並扮演所有社會關係的「媒介」角色 [408]，形成德波所指稱的 spectacle。換句話說，既然 spectacle是由影像所轉化並融匯而成，翻譯成「景觀」並無不當。

406 Kaplan, Richard (2012). Between mass society and revolutionary praxis: The contradictions of Guy Debord's Society of the Spectacle. *European Journal of Cultural Studies*, 15(4), 457-478, p. 457. CA: Sage publications.

407 比如第 29、30 段論述。Debord, Guy (1983). *Society of the Spectacle*. Detroit: Black & Red, Reprinted in 2018.

408 Debord, Guy (1983). *Society of the Spectacle*, Section2.

圖1：戲劇自古就被視為奇觀。圖為被大陸媒體譽為華人有史以來最偉大的戲劇作品《如夢之夢》。（王錦河攝，表演工作坊提供）

但德波既然選擇以 spectacle 作為書名，而非 paysage（land-scape）、vue（sight）等等詞彙，必然考量到 spectacle 指的是非比尋常、出乎意料或具有強大衝擊效果的景觀或事件[409]。此外，該書出版的 1960 年代，影音多媒體正挾著電視機的大量上市而成為有史以來最強勢的大眾傳媒，加上資本、市場與科技的推波助瀾。如同德波所言，影像科技把「所有直接存活的事物都移除並轉化成一種再現（representation）[410]」，對他與同時代者而言，在在形成前所未見的陌生、新奇現象。就此而言，德波的 spectacle 無疑就是「奇觀」，使得此翻譯也獲得廣泛認同[411]。

本研究則認為，「奇觀」比「景觀」更適合刻畫影像科技最初帶給人們的視覺震撼效果與審美經驗，而且此一審美範疇並非影像科技單獨催生，而是具有悠久歷史傳統並延續至今。因此奇觀作為一種審美範疇，不能侷限在德波等人所代表的馬

---

409 Spectacle refers to an unusual or unexpected event or situation that attracts attention, interest, or disapproval; or a public event or show that is exciting to watch. https://dictionary.cambridge.org/dictionary/english/spectacle/ .Retrieved at 2022/01/25.

410 Debord, Guy (1983). *Society of the Spectacle*, Section1.

411 相關例證不勝枚舉。例如：余其芬（2016）。《上海都市空間的想像與重構——金宇澄《繁花》中的懷舊與奇觀再現》，國立政治大學傳播學院傳播碩士學位學程碩士論文，台北市。張詩唯（2015）。《空間異相或都市意象？——台中宮原眼科奇觀化的歷史空間及其都市觸媒作用》，國立台灣大學建築與城鄉研究所碩士論文，台北市。吳哲硯（2014）。《三本當代英美小說中的魔術：創傷、檔案、奇觀。》國立臺灣藝術大學外國語文學研究所碩士論文，新北市。李雨柔（2014）。《臺灣定目劇、長銷式劇場與其文化奇觀之研究》，未出版，國立中山大學劇場藝術學系碩士論文，高雄市。黃微容（2014）。《都市奇觀批判與重構：以臺南市海安路及神農街區藝術造街與社區營造為例（1999-2013）》，國立臺灣藝術大學藝術管理與文化政策研究所碩士論文，新北市。以上研究均採用德波的理論作為主要探討視角之一，即使其文獻列舉中國大陸翻譯出版的《景觀社會》，都把Spectacle 翻譯成「奇觀」而非「景觀」。

克思主義視角，而是要回到廣大的藝術史脈絡，去論證它的審美狀態以及它所能激發的意義與價值感。

只是由於影音科技的推波助瀾，奇觀從以前罕見的情形演變到當代隨處可見。奇觀再也不稀奇，反而成為日常生活普遍的審美對象，因此具有遠較以往複雜的文化意涵以及審美價值。

德波 1931 年出生於巴黎，在法國坎城接受高中教育時，就展現左派知識份子對時事的關切，上街頭抗議法國鎮壓阿爾及利亞獨立所引發的戰爭與惡行。他進入巴黎大學攻讀法律，未取得學位，卻開始寫作，加入國際筆會。由於國際筆會分裂，德波與其他人合組了「國際情境主義學會」，也參與了 1968 年的巴黎學運風暴。某些學者甚至認為，《奇觀社會》是巴黎學運風暴的催化劑之一[412]。德波 1994 年自殺身亡，而他生前為《奇觀社會》所拍攝的電影在死後曾上映。

身為左派知識份子，德波痛恨統治階級與資本家透過流行文化商品與消費來控制社會大眾並導致社會同質化，而影像商品就被德波視為控制手段之一。他同時批判西方資本主義與蘇聯的專制共產，認為兩者都運用影像媒體宣傳，來控制並導致所有社會個體自我「異化」，異化之後的社會就是靠力量強大的「奇觀」來中介並塑造新社會關係，而這些奇觀包括了大眾媒體、電視廣告與流行文化[413]。

---

412 Andreotti, L. (1996). Review: Leaving the twentieth century: The Situationist Internation-al. *Journal of Architectural Education*, 49(3), 196-199, p. 197.

413 Jappe, A. (1999). Concept of the Spectacle. In *Guy Debord*. Berkeley, CA: University of California Press.

綜觀《奇觀社會》充滿雄辯的筆觸，比如他寫道：奇觀即存在於生活當中，並將生活中不同的影像片段重新集結，以展現出一個純粹、孤立的偽世界（pseudo world）[414]。奇觀同時將自己展現為社會自身，社會的一部分，抑或是統一的手段。作為社會的一部分時，奇觀是全部視覺和全部意識的焦點。……奇觀不是影像

圖 2：近年大行其道的沉浸式展覽其實僅屬於奇觀審美。（潘罡攝，本研究提供）

的聚積，而是以影像為中介的人們之間的社會關係。……事實上，它是已經物化了的世界觀。從整體上理解奇觀，它不僅是占統治地位的生產方式的結果，也是其目標[415]。

這類乍看不證自明的論述很受左派知識份子歡迎，而且呼應阿多諾等人對文化商品的抨擊，因此不斷被引援運用到當代所有生活層面探討，而且奇觀視角不僅限於批判影視與資訊文化，而是擴大批判到所有景觀。

比如文化旅遊學者 John Urry，便以這類奇觀批判視角寫道：「後現代文化打動觀眾的方式不靠審美材料的形式特質，而是挑動個人感官刺激所帶來的立即震撼。[416]」即是以一種異於日

414 紀・德波（2006）。《景觀社會》，第 3 頁。王昭鳳譯。南京市：南京大學。
415 同上，第 3 頁。
416 Urry, John（2007）。《觀光客的凝視》，第 139 頁。葉浩譯。臺北市：樹林出版。

常生活的景象，來吸引觀光客前來體驗前所未有的感官刺激，已然成為現在文化觀光行銷中不可或缺的特性。他指出：「由於視覺的凝視非常重要，所以觀光旅遊業一直都著重在奇觀場面，以及那些交相重疊難以歸類的文化活動之上[417]。

奇觀日常生活化

瑞士學者樊尚・考夫曼也採用德波視角論證，影像傳播讓書寫的時代消失了，如今塑造出一個全新的時代，一個只用眼睛為所能看而看、為看而看的時代[418]。他套用德波理論分析說，當代是一個被影像馴服的社會，而且由於影像為資本家服務，因此整個社會所有方面都受到文化商品的統治，被剝奪了真實的社會關係，導致社會異化，陷入商品拜物教（fétichisme de la marchandise）的泥潭[419]。

考夫曼認為，當代社會中，奇觀如今已比商品更有威力，發展出自律性，不再要求大眾遵從商品規律，而是要求大眾聽從奇觀的自身規律，也就是所謂「注意力經濟」規律，後者本身也變成不可或缺的商品。他引用喬治・弗蘭克（Georg Franck）等學者見解：注意力經濟規律變成一種嶄新的通用交換

---

417 Urry, John（2007）。《觀光客的凝視》，第 141 頁。
418 樊尚・考夫曼（2019）。《「景觀」文學：媒體對文學的影響》，第 16-17 頁。
419 同上，第 49 頁。

貨幣[420]。

因此構成奇觀的媒體系統，最終目的就是要不停肯定注意力和公眾關注度的統治地位。於是塑造名人與網紅的時代出現了，當代變成一個只看名人的時代。名人所擁有的注意力資本或公眾關注度資本，一方面透過電視體現，另一方面體現在「臉書」朋友圈，或「推特」照片牆的粉絲圈[421]。

此外，影像（音）如今隨網際網路充斥在所有人生活中，而且手機自拍讓社會大眾也都成為影像文化的供應者，因此不僅是消費者而已。大眾透過手機拍攝，把日常生活的所有一切，帶進社交媒體，把一向不為人們所注意的大量符號和例行儀式，諸如日常場景、自然的語言和熟悉的文化表達，這些帶有審美性質的符號和景象，透過相機拍攝，如今已成為人們每日生活不可或缺的部分，並與廣告牌、報紙和電視上出現的媒體奇觀文本並列，參與現實生活秩序的構造之中[422]。

而日常生活場景奇觀化，如同中國大陸學者李紅春所說，造成一種現象：那些原本一直隱匿於私人領域深處並遭受壓制的部分，如今特別獲得注目，包括第一，日常生活場景；第二，身體意象；第三則是隱私話題。這三種文化場景，藉由影像科技，藉由社群分享，藉由 IG、抖音這類網站，正深刻地介入當代人生活中，不僅反映當代大眾的心理需求，也成為商業、技

---

420 樊尚·考夫曼（2019）。《「景觀」文學：媒體對文學的影響》，第 52 頁。
421 同上，第 16-17 頁。
422 尼古拉斯·阿伯克龍比（2001）。《電視與社會》，第 201 頁。張永喜等譯。南京：南京大學出版社。

術以及權力諸要素的載體，滲入人們的文化心理結構之中，激發並引導人們的現實行為[423]。

結果就是，電腦網路也不斷傳播散播私密日常影像，如今社會大眾正以觀看別人生活的方式，合理化這一切以往被認定的偷窺行為，也以此培育出新的一代。最後所有人都會接受攝影機的存在，視為合理與理所當然，不會害怕鏡頭的窺視，相反地渴望在鏡頭前呈現所有生活供任何人觀看[424]。身體意象的大量湧現突破了長久以來的視覺禁忌，為感性慾望的伸張提供了必要的審美形式。美學空間中的身體日漸恢復原本感性自然、本能慾望的一面[425]。由上層階級所提倡的傳統含蓄優雅日漸退位，如李紅春所說，「視覺最渴望遭遇的就是人類的身體[426]」。窺私慾如今藉由生活場景奇觀化，充分獲得滿足。

而德波死後發表的電影版《奇觀社會》也明確闡明了消費社會的情色或色情現象[427]。考夫曼認為，窺私的影像奇觀從不同分析角度而言，可被具體定義為五種文化，分別是出庭式文化、坦白式文化、本真性文化、透明度文化，甚至是犧牲性文化。[428]

---

423 李紅春（2006）。〈私人領域對當代審美文化的影響〉，《文史哲》，2006 年第 3 期（294），第 84 頁。

424 克雷‧卡佛特（2003）。《偷窺狂的國家》，第 43 頁。林惠娸、陳雅汝譯。台北市：商周出版。

425 李紅春（2006）。〈私人領域對當代審美文化的影響〉，第 85 頁。

426 同上，第 85 頁。

427 樊尚‧考夫曼（2019）。《「景觀」文學：媒體對文學的影響》，第 53 頁。

428 同上，第 86-87 頁。

所謂出庭文化是什麼？考夫曼指出，想要進入媒體奇觀，就好像意味走向法庭。出現在奇觀裡，就好比出庭接受審判，但並不是因為犯罪，而僅僅是為了在奇觀中摶取一席之地。有意勝出者，必需提供自己出現在奇觀中的理由並接受拷問，包括做了什麼才配贏得大眾關注？為了大眾片刻關注，準備付出什麼代價？願意接受何種懲罰？承受怎樣的侮辱[429]？

　　此外，考夫曼指出，窺私的奇觀也是一種坦白的文化，或至少奇觀系統性發展並鞏固此一文化。社會大眾藉由影像奇觀對其他人坦白，通過暴露隱私，主體越迅速容易被轉化成商品，在注意力經濟體制下出賣自己，意味著一種坦白、懺悔的姿態，把隱私當作公開擺設並開放享用的精神食糧[430]。

　　而奇觀影像另一個常聲稱的價值是「本真性」。對考夫曼來說，任何上傳到 IG、抖音等大眾影音，以及那些號稱直拍的網紅影片、現場幕後花絮以及電視頻道真人秀等節目，往往自我標榜本真性。但他認為這些影像奇觀披著一件「本真性」外衣，掩蓋了自己虛偽造假的真實面目[431]。

　　考夫曼強調，奇觀跟虛構如此一來形成奇特糅合體，奇觀明明是虛構的，卻宣稱自己是真實的，而當代影像奇觀要求的是一種眾所認同且毫無異議的虛構[432]。而且奇觀永遠聲稱要捍

429　樊尚・考夫曼（2019）。《「景觀」文學：媒體對文學的影響》，第 87 頁。
430　同上，第 90 頁。
431　同上，第 93 頁。
432　同上，第 95-96 頁。

衛本真性，要求大家無條件信仰，如此一來使得奇觀出現了宗教色彩[433]。

影像奇觀也常標榜「透明度」，全球第一代網紅珍妮佛‧林格莉（Jennifer Ringley）就是標榜透明度。她認為自己的做法毫無問題，因為每天都有難以計數的觀眾在觀賞野生動物節目，看著它們隨時都在進行的交配、廝殺、彼此吞噬等，既然如此，為何不能看她的生活百態呢[434]？

考夫曼論證，不管奇觀是出庭文化、坦白文化或一種宣稱具備本真性和透明度的文化，最後都通往一個共同點，都涉及自我犧牲的程度。他指出奇觀的參與者為搏取公眾關注，不惜出賣一己隱私、內在、秘密與尊嚴，從本質上來說，就是自我犧牲[435]。

總括而言，當代影像奇觀為所有商品注入「事件性」（eventmentality），需要個體出賣自己來製造「事件」，藉此使奇觀擺脫虛構（fiction）的身分，進而偽裝成一種再現（representation）。絕大多數網路流傳的影音產品，不管出自商業或業餘，都屬於一種腳本化的現實（scripted reality）[436]。

類似考夫曼這類觀點的學者，美國最有名的就是在 UCLA 任教的道格拉斯‧凱爾納（Douglas Kellner）。1995 年起，

---

433 樊尚‧考夫曼（2019）。《「景觀」文學：媒體對文學的影響》，第 96-97 頁。
434 同上，第 100 頁。
435 同上，第 102-103 頁。
436 同上，第 103-104 頁。

他接連發表《媒體文化》、《媒體奇觀》（Media Spectacle）等書，以社會學方法進行媒體分析，並創立了「超級奇觀」（megaspectacle）等詞彙來形容媒體對社會與文化所造成的現象。

其中 2003 年出版的《媒體奇觀》，第一章〈媒體文化與奇觀的勝利〉開頭便指出該書是根據德波《奇觀社會》進行立論[437]。凱爾納認為媒體奇觀是由文化產業大量繁殖生產出來的，而且出現在許多新奇場域與空間。奇觀本身如今已成為經濟、政治、社會與日常生活的建構原則，而以網路為基礎的經濟則把奇觀當成行銷、再製、流通與銷售商品的武器。媒體越來越利用高科技、高技術水準的奇觀去掌握觀眾，增加媒體權力與收益。凱爾納論證，娛樂化的形式滲透到新聞與資訊領域，走腥羶情色小報風格的「資訊娛樂文化」越來越受歡迎，新型態多媒體結合廣播、電影、電視新聞與娛樂於一身，網路空間如雨後春筍般冒出且佔據主導地位，成為科技文化的華麗展示，不斷擴張的資訊與娛樂網站，在在強化媒體文化的奇觀形式[438]。

至於與奇觀相關連的就是身為觀看者、互動者與消費者的社會大眾了。凱爾納延伸德波理論指出，奇觀的社會體系植基於耕耘所有市場化差異，使之服從與投降，使得大眾消費沒有生命力的奇觀，與人類創造與想像的潛能越來越疏離。社會向奇觀轉向的結果是社會生活全方位被商品佔領，奇觀如官僚體

437　Kellner, Douglas (2003). *Media Spectacle*, p. 2, London: Routledge.
438　ibid., p. 1.

制般控制了休閒、慾望與日常生活領域[439]。

　　凱爾納該書第二章是講「商品奇觀」[440]，範例是麥當勞，而麥當勞遍佈世界的商品奇觀，首先是透過學者 Harry Braverman 所講的勞動標準化與技能簡化，其次是 Eric Schlosser 所說的生產模式化，最後這種奇觀蔓延到外界，形成學者 George Ritzer 所說的「麥當勞化社會」（McDonaldization of society）[441]。

　　該書第三章描述「運動奇觀」，鎖定運動品牌耐吉以及籃球巨星麥可‧喬丹現象。第四章則以轟動一時的辛普森謀殺案、波灣戰爭、柯林頓總統性醜聞案以及 911 攻擊事件，提出「超級奇觀」的概念。媒體透過無止盡的報導，把令人震駭的謀殺、運動比賽與明星、政治醜聞、天然災害等，製造成超級奇觀，全天候播放，社會大眾的視線全部黏著在上面，彷彿其他事物都不存在也無關緊要。在這種過程中，媒體獨斷地裁決了哪些事件是真是假，哪些重要不重要，哪些才攸關民眾福祉。而且在網路時代，電腦與電視較勁的結果，更是讓超級奇觀唾手可得，進而佔領了人們日常生活的意識[442]。他的結論是奇觀全方面佔領並統治一切的結果，將會威脅到民主制度，人類社會未來將會看到民主制度是如何被重新建構與發明[443]。

439　Kellner, Douglas (2003). *Media Spectacle*, p. 3.

440　ibid., p. 34.

441　Kellner, Douglas (2003). *Media Spectacle*, pp. 36-37.

442　ibid., pp. 93-94.

443　ibid., p. 177.

奇觀2.0與數位資本主義

到了 2017 年，由 Marco Briziarelli、Emiliana Armano 兩位學者主編，一本學術論著合集《奇觀 2.0 ——在數位資本主義語境中閱讀德波》繼續參考德波視角，第一章前言就是由凱爾納負責，延伸他 2003 年的「政治奇觀」立論，矛頭對準時任美國總統的川普。他封川普為「媒體奇觀大師」[444]，但這封號，他也給了前總統歐巴馬。早在 2009 年與 2012 年，他已寫文章分析歐巴馬之所以能兩度勝選，關鍵就在於擅長利用媒體奇觀[445]。

正如該書書名所示，奇觀 2.0 探討圍繞著資通訊科技、社交媒體包括臉書、YouTube、推特、Instagram 所造成的奇觀現象。相較於奇觀 1.0，數位資本主義擴大了 2.0 的奇觀規模與涉入程度，並且攪亂了日常慣習的資訊流。如今奇觀 2.0 是即時地透過智慧型手機與社交媒體散佈全球，不斷增生，不斷虛擬化，具備如同病毒的感染力。跟數位資本主義所造成的奇觀 2.0 相比，以往的奇觀已退位為短暫的媒體騙局以及花邊新聞的感性娛樂[446]。

而這個奇觀 2.0 現象，如同兩位主編 Marco Briziarelli、Emiliana Armano 所論述，已超越 1.0 表面的舞台展現階段，如今已進入更深層面：它如何披著資訊的偽裝外衣，把生產價值領

---

444 Kellner, D. (2017). Preface: Guy Debord, Donald Trump, and the Politics of the Spectacle. In *The Spectacle 2.0: Reading Debord in the Context of Digital Capitalism,* ed. Briziarelli M. & Armano E., 1-14, p. 2. London: University of Westminster Press.

445 ibid., p. 3.

446 Kellner, D. (2017). Preface: Guy Debord, Donald Trump, and the Politics of the Spectacle. In *The Spectacle 2.0: Reading Debord in the Context of Digital Capitalism,* p. 2.

圖 3：克林姆、梵谷等畫作影像被打造成沉浸式展覽。（潘罡攝，本研究提供）

域的中介邏輯，在當代特定語境中，轉譯成一種勞力資本話語。奇觀 2.0 概念可以分析目前奇觀如何被運用在當代資本主義劇本中，進而了解它在不斷變形的社會關係中，藉由它的資訊、認知與數位形式，如何扮演交換與中介角色，特別是關於晚期資本主義以及社會大眾主體性的情況[447]。

換句話說，兩人藉由現代資訊資本主義中 2.0 奇觀的演變去論證，資通訊科技業這些知識工作者如何生產、消費與再製價值認知，這些價值認知對大眾施展一連串主體化過程，也是危險的數位勞動形式。在當代語境中，資通訊科技既是所有資本主義群體最完整有力的象徵，也是所有價值制定、勞動剝削、權力架構、意識形態實踐乃至反威權抗爭等等各種可能性的平台[448]。

447 Briziarelli, M. & Armano, E. (2017). Introduction: From the Notion of Spectacle to Spectacle 2.0: The Dialectic of Capitalist Mediations. In *The Spectacle 2.0: Reading Debord in the Context of Digital Capitalism*, 15-48, p. 16.
448 ibid.

Marco Briziarelli 兩人指出，奇觀 2.0 借用網路 2.0 概念。在網路 1.0 的時代，廣大的網路使用者只是被動地觀看網路世界，到了網路 2.0，則是主動與積極參與。但奇觀 2.0 就生產與消費層面而言遠比網路 2.0 更為複雜，把生產與消費階段糅合成一種無可分割的整體，亦即結合「消費型生展」、「生產型消費」於一身。此外，就勞動結構與價值生產層面而言，奇觀 1.0 與奇觀 2.0 兩者之間也有很大差異，前者屬於一種福特主義模式，勞動有報酬；奇觀 2.0 則是集工作、無報酬勞動、低報酬勞動、有報酬勞動於一身。兩人引用研究文獻指出，在奇觀 2.0 時代，以往許多區隔如報酬相對於無報酬、工作場域相對於休閒場域、公共領域相對於私人領域、消費相對於生產等等，彼此之間的區分已經被打破[449]。

　　兩人進一步指出，在奇觀 1.0 時代，人際社會關係只是透過奇觀中介，到了奇觀 2.0，人際的互動關係藉由數位勞動及其附加的意識形態而更進一步發展，其中我們的生命既是被中介的客體，也是施展中介的主體。奇觀 2.0 圍繞著一種數位語言開展，藉由新媒體把上述新的產製模式予以社會化，結果媒體不只是奇觀的聚集而已，更成為一種實存領域，我們在其中活出了奇觀[450]。

　　於是藉由社會關係、價值與主體性等等生產過程的整合，奇觀 2.0 重新定義了客體與主體的形式。Marco Briziarelli 等引用

---

449 Briziarelli, M. & Armano, E. (2017). Introduction: From the Notion of Spectacle to Spectacle 2.0: The Dialectic of Capitalist Mediations, p. 35.

450 ibid., pp. 36-37.

其他學者研究論證：當代的媒體奇觀中，社會大眾透過資通訊科技比如社交媒體而自我奇觀化，把個人生活作為他人消費的娛樂，主動地運用它作為產製價值的基礎。在奇觀 2.0 語境中，社交媒體不僅是生命商品化的平台，而且透過無報酬與低報酬的知識工作，變成價值創製的平台。在以往價值生產與取得的模式中，只有獲得報酬的勞動才被視為具有生產力，因此排除了我們所稱的「免費勞動」。但在今天知識工作語境中，所有價值產製，包括社會大眾為海量資訊提供免費勞動，還有數位資產如演算法如何於其中運作，都更適合用「尋租」去解釋[451]。

兩種奇觀審美範疇

不管奇觀 1.0 或 2.0，學者所定義的奇觀基本上都圍繞著影音創作、產品與商品。在奇觀 1.0 的時代，影音產品、商品與服務主要由電視、電影等資本家與其生產體系所提供，社會大眾大都是被動消費者；到了奇觀 2.0，社會大眾不只是消費者了，而是兼具生產者與提供者等角色。如此一來，審美對象的客體屬性有很大改變。在奇觀 1.0 時代，審美對象主要是由資本家所招募的菁英僱員與團隊所產製；到了奇觀 2.0 時代，社會大眾除了擁有 1.0 的所有一切，更多的是由自己與其他大眾所產製提供，但就傳統定義的品質而言，大眾自己生產的 2.0 奇觀大都僅

---

451 Briziarelli, M. & Armano, E. (2017). Introduction: From the Notion of Spectacle to Spectacle 2.0: The Dialectic of Capitalist Mediations, p. 37.

圖 4：沉浸式展覽訴求互動與擬真審美。（潘罡攝，本研究提供）

具業餘品質，不論形式與內容的水準，普遍跟 1.0 有很大差異。

　　如此一來，奇觀 2.0 時代的社會大眾就享有更多元化審美經驗的可能性。如同學者所形容，透過手機與行動裝置鏡頭，大量由社會大眾自我產製的影音多媒體產品正在改寫審美對象的歷史，而過去的歷史是由有錢、有權和受過教育的人所寫成的抽象「文稿」。由於這種抽象性，奇觀 1.0 時代的資料常充滿了理想性論證、提議與觀念。然而大眾自我產製供應的影音多媒體形成海量檔案，也將普通人帶進歷史，將日常與庸俗毫不遮掩地展現在所有人面前。這種現象讓學者赫然發現，原來菁英在理解歷史時一直有個真空未曾碰觸，此一真空就是普通人的日常經歷 [452]。如今在奇觀 2.0 時代，社會大眾彼此凝視，如考夫曼所形容，他們勇敢地出庭，相互坦白，彼此拷問，彼此宣稱

---

452 約書亞‧麥羅維茨（2002）。《消失的地域：電子媒介對社會行為的影響》，第 73-74、88、101、103、140 頁。肖志軍譯。北京：清華大學出版社。

本真性，勇於自我犧牲。

結果在奇觀 2.0 時代，社會大眾與自我產製的多媒體與文字檔案之間，存在更緊密的「認同」關係。學者 Vanni Codeluppi 論證，當代大眾不再覺得自己只是被動的消費階層，而是從一種共同參與的生產計畫中，獲得了個體的認同[453]。另一位學者 Clayton Rosati 也論證，在網路部落化的實踐過程中，所有參與的社會大眾彼此連結偏好、幻想、友誼等網絡關係，當成一己私產，形成彼此呼應、傳遞回聲的空間，讓個體塑造出一種認同作為運作基礎[454]。

換句話說，在奇觀 2.0 時代，社會大眾與審美對象也就是「碎片化的微型奇觀」（fragmented micro spectacle）之間，已經預藏了一種「認同」結構。他們從傳統媒體所生產的具有操控性質的奇觀 1.0 自我解放出來，轉投數位平台並提供免費勞動，生產出難以計數的碎片化微型奇觀，而且這些微型奇觀對任何個體均形成一種更具滲透力的再現[455]。

然而奇觀 2.0 所發生的背景，正是被學者定義的後現代主義的當代時空，而後現代的主要特徵，就是去中心化，去基礎主義，一個沒有基本信念，各種義理與社會秩序不斷變遷的世界。

---

453 Codeluppi, V. (2017). The Integrated Spectacle: Towards Aesthetic Capitalism. In *The Spectacle 2.0: Reading Debord in the Context of Digital Capitalism,* 51–66.

454 Rosati, C. (2017). Spectacle and the Singularity: Debord and the 'Autonomous Movement of Non-Life' in Digital Capitalism. In *The Spectacle 2.0: Reading Debord in the Context of Digital Capitalism,* 95–117.

455 Briziarelli, M. & Armano, E. (2017). Introduction: From the Notion of Spectacle to Spectacle 2.0: The Dialectic of Capitalist Mediations, p. 33.

如同知名文化學者柯司特（Manuel Castells）所斷言，在一個普遍充斥組織崩潰、制度喪失正當性、主要社會運動消失無蹤，以及文化表現朝生暮死的歷史時期裡，「認同」變成是主要的，有時是甚至唯一的意義來源[456]。

結果後現代個體與其認同的審美對象之間，就產生了一種新的審美範疇叫做「振奮」（thymos）。如同柯司特所言，當代是一個功能與意義之間有結構性精神分裂的環境了，社會溝通的模式日漸壓力沉重。當溝通失敗，或者不再溝通，連衝突性的溝通形式（例如社會抗爭或政治對立的情況）都沒有時，社會群體與個體之間便疏離異化，視他者為陌生人，最後變成威脅[457]。

因此，認同的「振奮」帶來審美愉悅，成為個體與社會再度建立情感連結的方式，也成為個體自我救贖的可能手段。本書將於後續章節深入闡釋這個由奇觀 2.0 所激發的新審美範疇。

影音媒體另一個審美範疇就是古典定義的「奇觀」，由電視與電影所主導的奇觀 1.0 所激發的也通常屬於古典「奇觀」審美範疇。因為早在影視誕生初期，特別是電影，它們和戲劇之間的關係就不斷被討論。而戲劇自希臘羅馬以來就被形容為「奇觀」，因此古典的奇觀範疇是本章分析重點。古典的奇觀帶來的是驚奇（wonder）的審美感受，而且蘊含一種循環不斷的好奇與探究狀態（wondering）[458]。這種審美範疇從戲劇延伸到影

456 曼威・柯司特（2000）。《網路社會之崛起》（修訂再版），第 3 頁。夏鑄九、王志弘等譯。台北市：唐山出版社。

457 曼威・柯司特（2000）。《網路社會之崛起》，第 3-4 頁。

458 Sager, J. (2013). The Aesthetics of Spectacle. In *The Aesthetics of Spectacle in Early Modern Drama and Modern Cinema*, 23-49, p. 29. London: Palgrave Macmillan.

視產品與創作，至今依然可帶給觀眾圓滿超越的審美經驗。

戲劇的奇觀美學

　　戲劇與「奇觀」之間的審美連結，從古代文獻就能找到很多例證。美國學者 Jenny Sager 引述另一位學者 Jacques Taminiaux 的論證：劇場的希臘原文 thearon 意指一個觀看的處所，而「觀照」的希臘文 theoria，本身就意謂目睹某種奇觀（spectacle），至於所謂出類拔萃的理論家（theorist）就是來自劇院的觀賞者（spectator）[459]。另一位古典研究專家 Andrea Wilson Nightingale 則認為，奇觀的希臘文語源可能跟一種古典時期的希臘民眾行為有關，因為希臘文的「個人」是 theoros，當時希臘民眾會前往外地旅行或朝聖，目的就是希望親眼見證某些盛會與奇觀[460]。根據他們的研究，奇觀跟觀賞經驗都有著密切關聯。

　　Jenny Sager 指出，早在 16 世紀的現代主義初期，神學家、雄辯家、詩人以及劇作家廣泛使用「奇觀」來形容那些會引發畏懼、輕蔑與欣賞等感受的人事物。1558 年在一本宣傳小冊中，無名作者記載了伊莉莎白女王登基前夕巡視倫敦的盛況，作者把倫敦比擬為一個舞台，而伊莉莎白的現身被描述為一個美妙的奇觀並

459　Taminiaux, Jacques (1993). *Poetics, Speculation, and Judgement: The Shadow of the Work of Art from Kant to Phenomenology*, Translated by Michael Gendre, p. 4. Albany: State University of New York Press.

460　Nightingale, Andrea Wilson (2004). *Spectacles of Truth in Classical Greek Philosophy*, p. 3. Cambridge: Cambridge University Press.

引發民眾夾道觀賞歡呼 [461]。此外，近年被天主教廷冊封為聖人，1582 年在英國殉教的耶穌會教士 Edmund Campion 在死前，也把自己即將被處死比喻為對天主、天使以及凡人所展現的奇觀 [462]。

Jenny Sager 在著作《奇觀美學》中定義奇觀是：一種陌生的人事物等景觀，而且這種景觀會引發審視（speculation）。劇場奇觀則包括特效、舞台道具、佈景、肢體語言、表演方法、燈光與服裝等種種所有視覺層面 [463]。換句話說，表演藝術本身就是奇觀。

Jenny Sager 特別強調審視與奇觀的關係。審視的英文 speculation 源自拉丁語 speculati，意謂觀看、檢視與觀察，因此涉及觀看的主體與被觀看的客體，在現代戲劇界中，speculation 的用法蘊含奇觀對觀看者所會激發的一種審視狀態，因此 speculation 包含了三種術語：作為客體的奇觀，作為主體的觀看者以及作為動詞的「審視」。循此脈絡，任何奇觀都可讓觀賞者激發驚奇感受以及知性的審視。任何審美的驚奇，也都保證會滿足觀賞者的眼睛與挑逗心靈 [464]。

在《奇觀美學》一書中，Jenny Sager 致力於反駁戲劇奇觀僅止於為滿足耳目的純感官享受。她提到 16 世紀末英國詩人 Philip Sidney 對於奇觀的矛盾態度，後者一方面盛讚舞台帶來驚奇與同情的感受，另一方面卻把戲劇視覺奇觀貶抑成「荒謬」。但這類對奇觀的矛盾態度始自亞里斯多德，因為亞里斯多德一

---

461 Sager, J. (2013). The Aesthetics of Spectacle, p. 29.
462 ibid., p. 29.
463 ibid., p. 30.
464 ibid., p. 31.

方面討厭奇觀，另一方面又認為讓人驚奇的展演將會激發人們追尋真理與知識[465]。

Jenny Sager「戲劇即奇觀」的見解，認為單靠舞台視覺層面就能帶來奇觀的審美愉悅，在文藝史上也不乏近似看法。比如西元 2 世紀的迦太基神學家特土良（Tertullian）。他的著作《De Spectaculis》（On the Spectacles，論奇觀）專注於探討道德與禁慾，批判重點則放在基督徒前往羅馬競技場（circus）、劇院與環形劇場觀賞活動或表演的道德問題與後果。特土良宣稱，上述這些活動或表演都是純屬享樂的奇觀，都冒犯了上帝[466]。因此，對特土良來說，戲劇本身確實就是奇觀。

在特土良眼中，包含戲劇與競技盛會，這些表演源自異教祭典儀式，濫用了上帝的創造，扭曲了上帝賜予人的恩典。這些表演都含有偶像崇拜，將導致精神的動搖。參與這類活動，人們將被強烈的興奮所主宰，這些情緒反應都是天生的缺陷並導致激情的

圖 5：沉浸式展覽以奇觀影音效果締造經濟效益。（潘罡攝，本研究提供）

465 Sager, J. (2013). The Aesthetics of Spectacle, pp. 31-32.
466 Chase, Reginald Melville (1927). De Spectaculis. *The Classical Journal*, 23(2), 107-120. The Classical Association of the Middle West and South, Inc.

慾望。因此這些聲色娛樂都應該禁止被談論、呈現、觀賞或聆聽[467]。

為了反對這類人為的異教奇觀，特士良提出更超越的奇觀，包括基督復活與末日審判。他描述末日審判的烈火將吞噬世間的一切，「屆時將是何浩大的奇觀突現在人們眼前」[468]。

在 16 世紀末或 17 世紀初，劇作家 Robert Greene 寫了一齣時代劇《John of Bordeaux》，劇中的神父培根曾把戲劇奇觀的欣賞者分成兩類，一類是擁有知識者，他們看到奇觀時，會運用理性並通過信仰去理解事物，另一類就是沒教養者，不管內容多紮實，只是任憑眼前流轉、消逝，完全看不到其中的象徵意涵。另一位 16 世紀評論家 Robortello 也認為奇觀是戲劇審美愉悅的關鍵，而他認為奇觀或驚奇某種程度代表「悲劇的目的」，因為奇觀本身即蘊含戲劇的所有一切。同期另一位劇評家 Castelvetro 也同意奇觀會引發驚奇感，成為快感的來源，但他宣稱奇觀對無知的凡人只能提供快感[469]。兩人對奇觀的評價有很大差距。

Jenny Sager 指出，歷史上不乏這樣對奇觀的矛盾見解，如上所述，亞里斯多德認為驚奇與審視是分離的，而奇觀蘊含從驚奇到知識的線性過程。但柏拉圖則看法不同，認為驚奇與審視是無可劃分的，驚奇與相連的好奇與探究是不斷循環的過程[470]。

467　Barish, Jonas (1981). *The Antitheatrical Prejudice*, pp. 44-49. Berkeley, Los Angeles, London: University of California Press.

468　Tertullian, The Shows, Chapter XXX. https://www.tertullian.org/anf/anf03/anf03-09.htm#P1011_411386/. Retrieved at 2022/01/02.

469　Sager, J. (2013). The Aesthetics of Spectacle, pp. 32-33.

470　ibid., p. 34.

Jenny Sager 指出，如上矛盾的奇觀見解從現代主義前期一路延續到當代，德國劇作家與劇評家布萊希特（Bertolt Brecht）是代表性人物。布萊希特誤以為莎士比亞的戲劇當年都是在空蕩舞台上演，因此他堅決反對寫實或幻覺劇場。布萊希特認為佈景的奇幻擬真只會妨礙觀眾的判斷、想像與回應。佈景必須讓觀眾明顯分辨出那就是佈景而已，因此極度的寫實必須被摒棄，並由人為的造假藝術取而代之 [471]。

Jenny Sager 反對布萊希特的見解。她以 16 到 17 世紀一齣戲劇《Selimus》劇情來說明觀眾對奇觀應有的反應：劇中土耳其皇帝 Bajazet 看到嗜殺的兒子把兩個姪子屍體裝在棺材中帶到他面前，由於過度震驚與畏懼，當下反應是一陣暈眩，這種情緒反應對布萊希特而言是應該避免讓觀眾發生的。但 Bajazet 很快恢復神智，對兒子怒喊出他對這種悲劇的憤怒。Jenny Sager 認為同樣的反應也會出現於觀眾：當觀眾看到極度擬真的奇觀，最初反應也會覺得震憾，但很快就會恢復理智並試圖理解奇觀的意涵 [472]。

因此 Jenny Sager 論證，在面對奇觀時，觀眾最初會出現「移情作用」，但理性隨即現身並試圖保持適當的「心理距離」。一旦理性無法掌握奇觀，又會再度出現「移情作用」，這樣的反應會持續循環，凸顯出奇觀的魅力。她以一位女導演 Julie Taymor 的話來形容這種狀態：奇觀既引發觀眾強大的感性反應，但又挑戰他們心靈進退維谷的矛盾，同時激發出感性與知性的雙重層

---

471 Sager, J. (2013). The Aesthetics of Spectacle, p. 40.
472 ibid., pp. 40-41.

面[473]。舞台奇觀引發「驚奇」（wonder）與「持續探究」(wondering) 當下並進的循環審美狀態[474]，這是它獨有的審美範疇。

電影的擬真奇觀

至於電影跟戲劇之間的關係，歷來有大量分析論證。儘管電影擁有獨特的蒙太奇形式等敘事特點，但無可否認，電影跟戲劇有很多近似之處，包括使用劇本來創作，而且題材均聚焦於人物或事件，倚靠表演藝術來鋪陳劇情，宛如戲劇與奇觀。因此戲劇的奇觀審美也適用於形容電影所能引發的審美範疇。

此外，電影的擬真與戲劇各有千秋：戲劇表演與觀賞發生於真實的 3D 空間內，包括觀眾與演員都是真實人物，舞台佈景等都是真實物件；電影雖然在 2D 銀幕上播放，但多樣的鏡頭角度與移動速度，帶來近似真實生活的時空視角感受。影史上描述電影打從一開始就以其擬真程度讓人驚駭，當法國盧米埃兄弟第一次示範何謂電影，他們拍攝一輛火車到站的畫面，這段影片在巴黎大咖啡廳播放時，觀眾大感震撼，以為火車就要衝出銀幕，嚇到馬上閃身逃避，成為影史上最令人津津樂道的案例[475]。

因此電影的奇觀審美帶來一種移動式的縱深視角的擬真幻

473 Sager, J. (2013). The Aesthetics of Spectacle, p. 43.
474 ibid., p. 49.
475 Jervis, J. (1999). *Exploring the modern*, p. 205. Oxford: Blackwell.

6 戲劇作品引發奇觀審美，首先帶來驚奇（wonder）的感受。圖為《如夢之夢》一景。（王開攝，表演工作坊提供）

7 傑出的戲劇奇觀審美會引發持續的理性探究。圖為《如夢之夢》一景。（王開攝，表演工作坊提供）

8 亞里斯多德認為讓人驚奇的展演將會激發人們追尋真理與知識。圖為《曾經如是》一景。（王開攝，表演工作坊提供）

9 面對戲劇奇觀，觀眾首先會出現移情作用。圖為《曾經如是》一景。（王開攝，表演工作坊提供）

10 奇觀是戲劇審美愉悅的關鍵。圖為《曾經如是》一景。（王開攝，表演工作坊提供）

6	7
8	9
10	

覺[476]，也成為它與戲劇差異之處，因為它訴諸人的心理與生理對於移動事物的本能反應。而且「從心理角度看，影像運動對觀眾的影響更為巨大，因為影像運動是一種視覺刺激，是一種作用於有機體的活動，當這種活動通過視覺聽覺器官輸入人的神經系統時，就必然引起神經系統的活動性反應。[477]」

德裔美籍心理學者阿恩海姆（Rudolf Arnheim）也認為電影和戲劇一樣，只造成部分幻覺，因為它只在一定程度上給人如真實生活的印象。但電影不同於戲劇之處，在於它還能在真實的環境中描繪真實的——也就是並非模仿的——生活，因而這個幻覺成分就更為強烈。另一方面，電影又富有繪畫的特性，這是戲劇舞台絕無可能做到的[478]。

電影擬真的幻覺奇觀無疑可激發戲劇奇觀的審美狀態，但極致的幻覺也一直在挑戰觀賞者能否維持在恰當「心理距離」範圍內。電影原本的膠卷影像如同學者巴拉茲所言，已經在觀眾頭腦中創造出幻覺，使他們感到彷彿親身參與在電影的虛幻空間裡所發生的劇情[479]。

而這種逼真性在於它們以一種直觀的事實姿態現身，以直接方式將物質現實訴諸觀眾的視覺和聽覺，從而產生真實感[480]。這種逼真度雖然非常考驗觀眾能否在強烈移情狀態下依

476 雨果·閔斯特堡（1983）。〈深度和運動〉。彭吉象譯。載《當代電影》，1984年版第 3 期。
477 章柏青、張衛（1994）。《電影觀眾學》，第 45-46 頁。北京：中國電影出版社。
478 魯道夫·阿恩海姆（1985）。《電影作為藝術》，第 22 頁。北京：中國電影出版社。
479 貝拉·巴拉茲（1982）。《電影美學》，第 35 頁。北京：中國電影出版社。
480 彭吉象（2002）。《影視美學》，第 218 頁。北京：北京大學出版社。

然維持心理距離，但電影的 2D 呈現，本身就讓觀眾必然保持一定心理距離，因此依然能引發「驚奇」（wonder）與「持續探究」（wondering）的雙重循環審美。

但如今數位技術加入電影拍攝與後製，不但能模擬現實世界，而且創作出許多現實世界根本不可能存在的視聽奇觀[481]。它打破真實與虛構的界限，將真實影像與虛擬影像結合起來，創造出一個意義全新的超真實世界[482]。

如中國電影學者彭吉象所言，數位科技讓電影面臨前所未見的機遇與挑戰。「機遇」在於電影獲得以往難以想像的表現能力，可隨意創造世上已有的甚至沒有的各種影像，展現超越過往的強大表現能力和視聽衝擊效果。而「挑戰」則在於數位科技使傳統電影理論與美學陷入落伍與過時的尷尬處境。他指出，有的理論家甚至斷言，21 世紀起數位技術已把電影帶進後電影時代[483]。

但這類打破真實與虛構分際的電影，在極端情形下，很可能無法帶來擬真的幻覺，因此激發了迥異的審美狀態。近年由美國 Marvel 推出的一系列「復仇者聯盟」電影很適合作為案例來說明。這些電影依然是奇觀，但這種奇觀既是法國學者布希亞（Jean Baudrillard）所說的超真實（hyperreality），也是他所說的「擬像」（simulacrum）。布希亞「超真實」理論是建立在「意

---

481 鍾大年（1997）。〈技術在電影發展中的位置〉《電影電視走向 21 世紀》，第 212 頁。北京：中國電影出版社。
482 彭吉象（2002）。《影視美學》，第 235 頁。
483 同上，第 280 頁。

象的四種連續演變階段」，首先是一種基本真實的映像，接下來此一映像偽裝並扭曲該基本真實，隨後它連該基本真實已消逝的事實也進行偽裝，最後它跟任何真實都毫無關聯，成為它自己純粹的「擬像」[484]。而超真實就是擬像的世界。

布希亞提出「超真實」，意謂我們的意識能力對眼前或身處的環境，已完全無法分辨哪些是真實事物，哪些是「擬像」。所有真實和虛構的事物是以完美無縫方式銜接在一起，以至於讓人無從判斷它們何時現身或退出。而打破真實與虛構分際的電影既然到處充斥著擬像，但擬像就符號學來說，已無法指向任何真實事物，所以難以召喚理性，而是停留在感性階段。

因此觀眾固然會為眼前的奇觀而感到驚奇（wonder），但由於理性無法隨即介入，具有反思性的「持續好奇與探究」（wondering）就不容易出現，除非劇情能讓觀眾聯想到真實世界，否則很容易停留在視覺驚奇的表象刺激。大量從未目睹過的影像確實促使正腎上腺素與多巴胺分泌，同樣帶來快感，但這種審美往往不同於以往膠卷電影與戲劇的擬真奇觀審美。

雖然如此，Marvel「復仇者聯盟」系列電影仍可讓極少數觀眾激發 wondering，但必須建立在漫畫產業的文本詮釋脈絡中，這種偏向詮釋學的審美經驗對一般大眾而言較難獲得。因此正如中國影視學者彭吉象所指出，這些好萊塢大片大量採用高科技手法，創造出令人眼花撩亂的視覺效果，具有強大視聽衝擊

484　Baudrillard, Jean (1994). The Precession of Simulacra. In *Simulacra and Simulation*, 1-42, p. 1. University of Michigan Press.

圖 11：戲劇作品在奇觀之餘，同時引發崇高、美感等審美。圖為《如夢之夢》一景。
（王開攝，表演工作坊提供）

力。但這些瑰麗壯觀的畫面並不能掩蓋影片藝術意蘊的缺失，
彭吉象的評語顯然印證上述的審美分析[485]。

杜夫海納的擬真審美

誠如彭吉象所言，透過數位技術加持，當代電影不但可
記錄現實，而且可創造現實；電影不但可復原現實，而且可
虛擬現實，因此他把數位技術時代的電影美學命名為「虛擬美
學」[486]。彭吉象提出這個詞彙，似乎呼應現象美學家杜夫海納
對於「擬真審美」的論述。而且依照杜夫海納理論去延伸分析，

485 彭吉象（2002）。《影視美學》，第 293 頁。
486 同上，第 291-292 頁。

當資通訊科技持續進步，未來有天「虛擬實境」技術可讓觀眾進入如同真實世界的 3D 虛擬空間時，屆時新時代的超真實電影很可能會把奇觀審美推展到新的境界。

由於提出「擬真審美」的法國學者杜夫海納屬於哲學中的現象學派，在此必須簡述一些現象美學基本觀念，以便掌握杜夫海納的擬真論述。

學者 Janos Bekesi 指出，現象美學研究起自德國現象學家胡塞爾（Edmund Husserl），此後多位學者做出貢獻，其中包括存在主義哲學家沙特（Jean-Paul Sartre）。沙特對於想像力的概念理解，不同於胡塞爾。後者把想像力當成只是知覺的原初模式（arch-mode）的一種形塑（modification）而已，但沙特認為想像力自身具有力量，可以導致世界的去真實化（de-realisation）。

與此同時，想像力本身也是一種意識形式，讓主體與客體之間的意識過程成為可能。Janos Bekesi 指出，沙特區分了「想像的意識」與知覺的「真實化意識」，後者擁有無限豐富的可能變化，前者則受限於貧乏的狀態。

此外，對沙特而言，藝術作品在審美過程中，已被轉換成一種不實存的事物，也就是所謂「審美對象」，這是在審美者把原初意識轉換為「想像的意識」之後造成的。我們審視藝術作品，以為它是存在於時空中的真實事物，事實上它只是審美對象，源自意識塑造出來的虛假事物，卻被我們擬想為真 [487]。

---

487 以上三段綜合自 Bekesi, Janos (1999). Dufrenne and the Virtual as an Aesthetic Category in Phenomenology. *Journal of French and Francophone Philosophy*, 11(1), 56-71, p. 59.

另一位對現象美學有很大貢獻的哲學家是梅洛龐蒂（Maurice Merleau-Ponty）。梅洛龐蒂認為審美經驗其實是觀賞主體的自我與外在世界共同的創造，而非僅模擬或主觀投射了藝術家的想法。因此審美者可以根據自己生命的脈絡，從藝術作品獲取意義，儘管這些意義似乎跟藝術作品本身無關，這種取徑容許審美者針對藝術作品進行更豐富多樣的延伸詮釋[488]。

　　至於杜夫海納對於審美狀態的描述，在本書第一章中已述及。基本上杜夫海納的美學跟杜威、姚斯等人相仿，特別著重審美主體的角色。對他來說，審美經驗是人生在世的原初經驗，因此跟其他經驗有所區別：審美經驗是原生的（generated）經驗，而不是蛻化的（degenerated）經驗；此外也可說是呈現性的（presentative）經驗[489]，因此不代表（represent）任何其它事物，也不代表再現經驗、被經驗對象或者另一個經驗[490]。杜夫海納主張，美學在考察原始經驗時，把思想也許包含意識帶回它們的起源，因此審美經驗揭示了人類與世界的最深刻和最親密的關係[491]，這點正是美學對哲學的主要貢獻[492]。

　　根據上述現象美學脈絡，Janos Bekesi 指出，杜夫海納提出

488　Bekesi, Janos (1999). Dufrenne and the Virtual as an Aesthetic Category in Phenomenology. p. 60.

489　關於審美經驗作為呈現經驗的詳細論述，參見中國美學家彭鋒（2002）'Aesthetic Experience as Present Experience : One Dimension of Chinese Aesthetics'（〈審美經驗作為呈現經驗：中國美學的一個側面〉）《「美學與文化：東方與西方」國際學術研討會論文集》（2006）。高建平、王柯平主編。安徽：安徽教育出版社。

490　彭鋒（2005）。《西方美學與藝術》，第 181 頁。

491　杜夫海納（1985）。《美學與哲學》，第 3 頁。孫非譯。北京：中國社會科學出版社。

492　同上，第 1 頁。

了他對「擬真審美」的看法。由於重視審美主體與審美對象的交互關係，杜夫海納認為要理解審美經驗，感性是最重要的關鍵：感性是感知主體與被感知客體的共同行動，而審美者不是面對一件物品的原始狀態，反而是自己的感性塑造出審美對象。感性促成了主體與客體的交融，它是審美接受者的超越性感官，處理藝術作品的表達面向，並將所得納入主體當下的存在狀態中，由此形塑出審美經驗[493]。

此外，Janos Bekesi 分析，審美經驗另有一種超越層面：審美對象的情感面向也參與塑造了一個「被表現的世界」（the expressed world），因此可被當成一種先驗的宇宙感。而作為接受審美對象的主體，好幾種情感層面也能被確認出來，比如崇高、悲劇與正義等，這是我們已先驗得知的，對此杜夫海納稱之為「先驗的存在感」（the existential a priori）[494]。

Janos Bekesi 指出，在此超越性語境中，「擬真」（virtual）這個術語在現象美學中首度出現。先驗的存在感也是一種先驗的知識，始終為我們所具備，就其作為一種可能的實存而言，它是「擬真的」，屬於一種至今尚未被實體化的知識。Janos Bekesi 分析，胡塞爾在晚年著作中，特別強調「習性」（habitus）與「積澱」（sedimentation）在他廣義的「生命世界」的份量。這兩個

493　Bekesi, Janos (1999). Dufrenne and the Virtual as an Aesthetic Category in Phenomenology, pp. 61-62.
494　Bekesi, Janos (1999). Dufrenne and the Virtual as an Aesthetic Category in Phenomenology, p. 62.

圖12：觀眾看到戲劇奇觀，最初反應大都是震撼。圖為《曾經如是》一景。（王開攝，表演工作坊提供）

圖13：戲劇的奇觀審美可連結到影視的奇觀審美。圖為《曾經如是》一景。（王開攝，表演工作坊提供）

術語可以跟杜夫海納的「先驗知識」做比較，它們能夠在意識中預設一個習性或生成的領域，但此領域無法被意識的活動直接觸及[495]。杜夫海納也曾在一本著作《先驗的觀念》（The Notion of the A Priori）中論及：作為先驗的存在，擬真與習性的差別在於，「擬真」儘管偶而會透過經驗現身，但它是一種無法獲取的習性。「擬真」是習性來源之地，決定了習性的功能與作用速度[496]。

如上所述，杜夫海納認定「擬真」是一種尚未被實體化的先驗知識，一種可能外顯的主體層面，相對於可能外顯的真實與自然層面。Janos Bekesi 指出，「擬真」始終存在於主體中，即使尚未實體化或外顯。而世界總是企圖讓先驗外顯為知識，儘管先驗的主體至今也不過展現為對先驗客體的一種理解狀態而已。由於先驗的客體至今依然尚未真正外顯，先驗的主體也就停留在「擬真」狀態而已[497]。

但既然先驗的主體察覺先驗的客體有一種外顯傾向，它會透過「擬真」進行一種內在的虛構（immanent imaginary）。比如我們嘗過蘋果，主體就會把滋味記在腦中，以後看到蘋果，這種記憶就會被召喚出來，這就是杜夫海納所說的「知覺的虛構」。因此「擬真」也就成為主體對於真實存在（先驗的客體）企圖外顯的回應，它介於主體與客體之間，一種中介的狀態[498]。

---

495 Bekesi, Janos (1999). Dufrenne and the Virtual as an Aesthetic Category in Phenomenology, p. 62.
496 ibid.
497 ibid., p. 63.
498 ibid., p. 65.

根據上述論證，Janos Bekesi 定義出「擬真」的三種狀態與意涵：首先，擬真是存在於主體的一種先驗知識，架構了情感的特質與性情；其次，擬真具有想像的機能，中介於主客體之間，隱身在感官中，先行於任何影像，因此成為一種超感性或前感性；第三，就目前的光學科技來說，擬真是一種特殊的影像類型[499]。在這三種狀態的描述中，第二種最適合闡釋「擬真審美」，它可以用來說明現象界，特別是審美對象，但不會淪為簡單的影像複合聯覺如第三種定義。它無法被真正察覺，但處在被察覺的邊緣，並賦予審美對象新的意義，它構成了審美對象的深度與表現力，但又不會被當成心智或知覺[500]。

　　由於「擬真審美」的特性，它成為新媒介的兩種層面的基礎：沉浸（immersion）與互動（interactivity）。Janos Bekesi 指出，沉浸與互動都連結到現象學領域，都有一種整合性與交互主體性。以「互動」來說，意味著交互的主體對審美對象做出回應，使得對象更複雜化，不只有審美主體對於審美對象的表現做出回應，而且賦予新的意義，增加新的表現層面。「擬真審美」有助於主體在跟藝術作品進行互動時，分析並解釋以往未曾出現的元素[501]。

　　以近年在台灣風行的 teamLab 沉浸式互動展覽為例，當觀眾跟周遭的影像互動時，會出現許多自己無法預期的變化，由

499　Bekesi, Janos (1999). Dufrenne and the Virtual as an Aesthetic Category in Phenomenology, p. 66.
500　ibid., p. 67.
501　ibid., p. 68.

於這些影像符合主體「擬真」希望讓外在客體外顯的動能，因此能透過這種互動式創造實踐，不斷帶來圓滿的快感。

至於沉浸式的影像藝術環境中，審美者周遭被沉浸式影像元素所包圍，多種感性接收到大量訊息輸入，因此這樣的感性豐富程度超過一般影像表達，使得以往藝術欣賞必須維持的心理距離，在沉浸式藝術中成為一大課題。而「擬真審美」作為一種迥異於以往的知覺層面，就在這種場域中啟動，進行跨感性（trans-sensuous 與前感性（pre-sensuous）的統合。在此過程中，前感性可能扮演指向真實世界的符號，尤其沉浸式影音媒介可啟動多種感性，但不會偏重其中一種，因此彷彿更接近真實經驗[502]。

圖14：戲劇的奇觀審美在驚奇與探究狀態中往復擺盪。圖為台灣傑出導演賴聲川新作《曾經如是》一景。（王開攝，表演工作坊提供）

換句話說，先驗主體的「擬真」審美，是互動性與沉浸式影像審美經驗成立的前提，也說明了這些文化商品為何能大受

---

502 Bekesi, Janos (1999). Dufrenne and the Virtual as an Aesthetic Category in Phenomenology, p. 69.

歡迎的原因在於：它們帶來以往影像奇觀 1.0 未能激發的審美經驗與快感。而且由於當代藝術創作大量糅合影像與多種媒材，加上目前影像科技，比如數位化技術、AR、VR 等，普遍運用在博物館展覽與教育，這些影像審美的豐富狀態早已迥異於德波所斷言奇觀 1.0 的同型構（homogeneity）。如今奇觀 1.0 不僅包括電影、電視的審美，更加入互動式、沉浸式作品，應用在日常生活娛樂、博物館設施、教育學習等，在文化的象徵性價值之餘，也創造可觀經濟效益。

以目前台灣熱門的 teamLab 沉浸式互動展覽為例，台灣雜誌《La Vie》曾在 2017 年派記者赴東京做過專訪，當時提到 2015 年一檔展覽《未來遊樂園》在東京展出半年有近 50 萬參觀人數 [503]，在 Covid-19 新冠肺炎疫情趨緩後，該展連同其它掛著沉浸式影像名義的展覽最近也來台灣展出 [504]。這類展覽在外國也相當熱門，以英國 V&A 博物館為例，該館很早就採取沉浸式展覽操作，根據一篇報告，該館於 2014 年推出流行歌手大衛‧鮑伊（David Bowie）沉浸式展，吸引 24 萬 3 千人次觀賞；2017 年針對傳奇搖滾樂團平克‧佛洛依德推出的《Pink Floyd: Their Mortal Remains》，吸引 35 萬 2 千人次。時尚界也採用沉浸式

---

503 歐陽辰柔（2017/01/15）。《創造都市裡人與人相遇的可能！東京專訪 teamLab 共同創辦人豬子壽之》。La Vie，2017 年元月號。https://www.wowlavie.com/article/ae1700081/。檢索於 2022/02/25。

504 林育綾（2022/02/03）。《必看 3 檔世界級光影展！沉浸式體驗、2000 幅大師作品巨幕環繞》。ETtoday 新聞雲。https://www.ettoday.net/news/20220203/2177071.htm/。檢索於 2022/02/25。

手法辦秀，同樣績效可觀，比如 2019 年迪奧一場秀《Christian Dior: Designer of Dreams》，便吸引 59 萬 5 千觀賞人次 [505]。

　　以上有關「擬真審美」理論架構，主要依據目前任教於維也納大學的學者 Janos Bekesi 於 1999 年發表的論文。他的研究幾乎可說是創舉，即使到現在，依然有很重要學術參考價值。但正如本書第二章引述的美國學者 Sianne Ngai 所言，新審美範疇的研究在主流美學領域中仍屬邊緣題材，尤其資通訊商品與創作往往不會成為關注焦點。或許要等到未來沉浸式、互動式科技成熟且商品大量推出後，才會看到更多有關「擬真審美」的研究問世。

　　此外，Janos Bekesi 在研究中指出，20 世紀末期，市面上所有互動式、沉浸式影音作品，都還不能提供一種全面擬真的環境，因此無法想像當一切發展到極致時，可能會出現哪些審美狀態 [506]。Janos Bekesi 論文發表至今已超過 20 年，市面上並沒有任何可讓所有感官全面深入沉浸的影音產品問世。當時他曾強調，等到這類產品推出時，相關審美範疇的研究取徑就更值得重視 [507]。本研究則認為，屆時「擬真審美」將可能帶來「崇高」（sublime）感受，本書將於第四章〈沉浸式劇場〉延伸探討這個奇觀課題。

---

505 Victoria Broackes & Geoffrey Marsh (2021). The Evolution of 'Immersive' Exhibition at the V&A Museum, London – 2008-2021. https://aeaconsulting.com/uploads/1200012/1622639487105/PDF_EVOLUTION_OF_IMMERSIVE_EXHIBTIONS_COMINED_WITH_APPENDIX_02.06.21.pdf. Retrieved at 2022/02/25.

506 Bekesi, Janos (1999). Dufrenne and the Virtual as an Aesthetic Category in Phenomenology, p. 69.

507 ibid., p. 71.

第四章

沉浸式劇場
(Immersive Theatre)

如第三章所述，戲劇藝術自古即被視為奇觀，因此近年由歐洲興起的沉浸式劇場無疑也是奇觀，但在奇觀之餘，它發展出一種獨特的審美狀態，一種不斷來回在心理距離範圍內外探測極限的觀賞經驗，使得劇場的「沉浸」確立成為新審美範疇，而且這種審美範疇只有在劇場內才成立。

　　至於市面上其它沉浸式產品與創作，比如沉浸式展覽、沉浸式遊戲等，都僅停留在「奇觀審美」，只有等到 VR、AR、MR 等科技發展到極致擬真時，屆時可望激發如同劇場的沉浸審美。

阿爾托與沉浸式劇場

　　當代致力於沉浸式劇場研究的英國學者 Josephine Machon 認為，受益於裝置藝術以及肢體、視覺劇場實踐等發展，沉浸式劇場在 1980 年代之後越來越受歡迎[508]。而 Josephine Machon 與多位學者均認為[509]，劇場沉浸式實踐可追溯到 20 世紀初期法國劇場導演暨詩人阿爾托（Antonin Artaud）對「整體劇場」（total theatre）與「殘酷劇場」（theatre of cruelty）的探索[510]。

　　眾所皆知，「虛擬實境」（VR）這個詞彙，事實上是阿爾

508　Machon, Josephine. (2013). *Immersive Theatres*, p. xv.

509　ibid., p. 38.

510　Bay-Cheng, S., Kattenbelt C., Laverder, A. & Nelson, R. (2010). *Mapping Intermediality in Performance*, p. 47. Amsterdam: Amsterdam University Press.

圖15：沉浸式劇場《不眠之夜》紐約演出劇院改造自一棟庫房，外觀很不顯眼。（潘罡攝）

托在 1938 年著作《The Theatre and Its Double》中首創，雖然有學者認為，當初阿爾托提出「虛擬實境」時，並沒有蘊含如今天所說的互動性，也可能不包含「沉浸」的概念[511]，但劇場界則普遍把「沉浸」的原型歸功於阿爾托的與其 VR 想法啟發。

何謂整體劇場？整體劇場意謂要把所有表演藝術元素包括肢體、舞蹈、音樂、燈光、音響、佈景等糅合於一體，不要有任何偏重，否則會讓觀眾在欣賞過程中意識到這只是某種特定類型的表演。而所謂「整體劇場」概念又可追溯到 1827 年德國哲學家 K.F.E. Trahndorff 提出的 Gesamtkunstwerk（整體藝術）[512]，但這個詞彙直到 19 世紀中期後，才被德國作曲家華格納（Richard Wagner）發揚光大。華格納強調，原本表演藝術在希臘發展之初，包括語言、舞蹈、音樂等是以一體和諧方式呈現，後代卻解構了這種和諧狀態，因此他矢志透過自己的音樂劇場作品恢復藝術整體性，而且稱之為「樂劇」（music drama）而非「歌劇」（opera），因為對華格納來說，義大利傳統歌劇不是整體藝術[513]。

而整體劇場的呈現方式對阿爾托的「殘酷劇場」而言是成敗關鍵。阿爾托受到超現實主義影響，發展所謂「殘酷劇場」

511 Chalmers, David J. (2017). The Virtual and the Real. *Disputatio*, IX: No. 46, 309–352, pp. 313-314.
512 Orelli, B. V. (2014). *The Gesamtkunstwerk before the Gesamtkunstwerk*, p. 1. University of Lisbon.
513 Pederson, Sanna (2016). From Gesamtkunstwerk to Music Drama. In *The Total Work of Art: Foundations, Articulations, Inspirations*, ed. David Imhoof, Margaret Eleanor Menninger & Anthony Steinhoff, 39-53. New York and Oxford: Berghahn.

概念。他在著作《The Theatre and Its Double》第七章〈The Theater and Cruelty〉開宗明義指出，劇場藝術有種理念已淪喪，因為劇場自我束縛，僅根據某些樣板人生呈現一些無關宏旨的場景，把觀眾變成偷窺狂。阿爾托認為這就是劇場衰退的關鍵，菁英與大眾從此棄劇場於不顧，轉投電影、音樂廳與馬戲團的懷抱，追求狂烈的滿足，因為上述這幾種藝術並不打算欺騙他們[514]。

此外，第一次世界大戰讓全世界民眾看到戰爭的荒謬，看到人類用科技彼此廝殺造成的災難，整個歐洲瀰漫著悲觀的氛圍。阿爾托認為，由於時代是如此充滿悲劇與災難，而人們生活於其間，因此迫切需要一種劇場，其中的活動不是要帶來超越，而是要與大眾有深刻共鳴，一起與大眾來主宰時代的不穩定。因此阿爾托提議要顛覆所有劇場成規，所有的場景與行動要能激發猛烈的催眠效果，要帶來深刻的精神療癒[515]。

他所提倡的就是「殘酷劇場」，這種劇場訴諸大眾奇觀（mass spectacle），鼓動並激發大量騷動，在觀眾之間引發感同身受的震撼與喧囂，宛如以往的祭典與群眾活動讓民眾蜂擁到大街小巷去親身體驗。劇場必須提供那些存在於犯罪、戰爭、愛情、瘋狂等等相關的一切，以便讓大眾體驗、淨化而後復原，

---

514 Artaud, Antonin (1958). *The Theatre and Its Double*, Translated by Mary Caroline Richards, p. 84. New York: Grove Weidenfeld.

515 ibid., pp. 84-85.

圖 16：《不眠之夜》上海版劇院入口處。（劉柳攝影／提供）

走出劇場後得以再度面對現實[516]。

　　阿爾托相信現實會影響夢境，而夢境又會影響我們。因此他要在劇場中製造出真正的夢境，訴求殘酷與恐怖，讓大眾透過夢境的神奇魔力獲得解放。為了在劇場中全方位衝擊觀眾所有感知，殘酷劇場解構觀眾席與舞台之間的區分，把原本溫馴的、置身在旁的觀眾丟進表演中間，讓他們感受到人生可能遭

516　Artaud, Antonin (1958). *The Theatre and Its Double*, p. 85.

遇的一切 [517]。

在此他提出「虛擬實境」的說法，主張劇場是真實世界的虛幻再現，藉由讓觀眾融入表演，進而體驗一切虛構不是他們在劇場儀式中所遭遇的事物，而是源自劇場外整個社會與文化形塑的世界。因此，劇場是一種「經驗機器」（experience machine），讓觀眾體驗所有可能的真實世界 [518]。

上述一切有關殘酷劇場的描述與主張，很明顯阿爾托受到超現實主義影響，而為了讓療癒發揮最大作用，整個劇場的打造不能讓觀眾意識到那只是表演，否則無法產生催眠效果，相反地必須採用「整體劇場」手法，讓觀眾很快融入場中活動，在此就出現了初期的「沉浸式劇場」理念。

1970 年代起，越來越多英國劇團採行阿爾托的理念開始發展製作，到了 1980 年代中期形成現象，這顯然跟英國的劇場生態發達有關。根據 2017 年兩位學者研究，對沉浸式劇場貢獻較大的團隊包括 Punchdrunk、Rift、dreamthinkspeak、shunt、Wildworks、Wilson+Wilson、You Me Bum Bum Train 以及 Les Enfants Terribles 等 [519]。另一位學者 Adam Alston 更列出幾十個團隊都在進行類似的展演工作，只是有的並未宣稱他們屬於「沉浸式劇場」，諸如荷蘭等其它地區團隊則採用「經驗劇場」（the the-

---

517 Artaud, Antonin (1958). *The Theatre and Its Double*, pp. 85-86.
518 ibid., pp. 86-87.
519 Neumeier, Beate & Youssef, Sarah (2017). Immersive Shakespeare Productions. *Anglistik: International Journal of English Studies*, 28(2), 163-174.

atre of experience）之類不同名稱[520]。

沉浸式劇場現況

「沉浸式劇場」如今風行全球，最大關鍵是在市場上取得極大成功的團隊 Punchdrunk，2003 年他們的代表作《不眠之夜》（Sleep No More）在倫敦首演一砲而紅，隨後到美國波士頓試水溫，緊接著 2011 年在紐約推出，長達 9 年時間持續商業營運，2016 年到上海推出中國版製作[521]，雖然到了 2020 年 3 月不敵 Covid-19 新冠肺炎的衝擊，《不眠之夜》暫時中止全球演出，不過到了 2022 年 2 月 14 日終於在紐約重新上場，延續它所創下的沉浸式劇場紀錄[522]。

除了《不眠之夜》，Punchdrunk 後續一系列製作也是票房與口碑奏捷，包括 2006-2017 年間在英國 Wapping Lane 上演的《浮士德》（Faust）；2007-2008 在 Battersea Arts Centre 推出的《The Masque of the Red Death》；2009 年在滑鐵盧 Vic Tunnels 上演的《Tunnel 228》；2010 年在倫敦推出的《The Duchess of Malfi》以及 2013 年到 2014 年間在 31 London Street 上演的《The

---

520　Alston, Adam (2016). *Beyond Immersive Theatre*, p. 5. London: Macmillan Publishers Ltd.

521　Biggin, Rose (2017). *Immersive Theatre and Audience Experience: Space, Game and story in the Work of Punchdrunk*, p. 2. Switzerland: Palgrave Macmillan.

522　Rahmanan, Anna (2022/2/10). Sleep No More is re-opening on Valentine's Day with new protocols in place. Time Out. https://www.timeout.com/newyork/news/sleep-no-more-is-re-opening-on-valentines-day-with-new-protocols-in-place-021022/ . Retrieved at 2022/03/01.

Drowned Man》等等。眼看 Punchdrunk 大獲成功，英國藝術委員會（Arts Council）還加碼補助。目前 Punchdrunk 已經發展出三個子公司：Punchdrunk Enrichment 專門為小朋友以及社區製作節目；Punchdrunk International 負責類似《不眠之夜》之類的海內外大型製作；Punchdrunk Travel 則負責某些比較實驗性的劇場，包括一對一型態的演出形式[523]。

學者 Adam Alston 認為，除了 Punchdrunk 外，另外三個倫敦場館包括 Battersea Arts Centre、Camden People's Theatre 以及 Camden Roundhouse 等呈現的製作也很值得關注[524]。

2016 年英國藝術委員會（Arts Council England）曾委託製作一本英國劇場報告[525]，結果顯示英國過去 10 年間以特定場域和沉浸式推出的表演發展迅速，並肯定這樣的製作有助於發展觀眾關係，使他們參與劇情並獲得不同的個體經驗。報告預測特定場域演出與沉浸式劇場仍會顯著成長，但也提到這種展演型態不穩定，主要原因在於沉浸式劇場需要新型態技術與知識，因此往往在傳統劇院區域外發展，也適合傳統劇院以專案方式來合作[526]。

至於沉浸式劇場的開銷與收益，目前並沒有非常可靠的統

523　Biggin, Rose (2017). *Immersive Theatre and Audience Experience: Space, Game and story in the Work of Punchdrunk*, p. 6.

524　Alston, Adam (2013). Audience Participation and Neoliberal Value: Risk, agency and responsibility in immersive theatre. *A Journal of the Performing Arts*, 18(2), 128-138.

525　Naylor, R., Lewis, B., Devlin, G. & Dix, A. (2016). *Analysis of Theatre in England*. BOP Consulting.

526　ibid., P. 44.

計資訊。正如經濟學者 William Baumol 等人所做過的研究，所有精緻劇場表演先天都是高開銷、高成本、回收管道有限的藝術行業，而且這種先天營運結構看不到改善的契機[527]。沉浸式劇場勢必難逃同樣的宿命，因此這種表演型態能否保持市場榮景，也是本研究關注重點，但根據目前公開資訊並無法做出研判。

目前僅知，在 2020 年初 Covid-19 新冠肺炎疫情爆發之後，全球表演藝術市場重創，2021 年 12 月中國大陸相關報導指稱，上海預計在 2022 年元月 16 日推出一個《不眠之夜》上海版五週年紀念展，當時的報導曾揭露一個票房統計數字：總計上海 3 多年演出期間，吸引 44 萬觀賞人次，平均每場超過 95% 的入座率，總收入 3 億 8 千萬人民幣[528]。

此外，根據 2013 年一篇英國《衛報》（The Guardian）報導，Punchdrunk 於當年推出的《The Drowned Man》每晚吸引 600 人次觀眾入場，平均票價介於 39.50 到 47.50 英鎊，演出地點在一個佔地 20 萬平方英尺的倉庫，截至報導刊出的 7 月，一共賣出 5 萬多張票，總計當時的票房收入 237 萬 5 千英鎊，而包括舞蹈與劇情在內共動用 34 位表演者。至於紐約上演的《不眠之夜》

527 Baumol, J. W. & Bowen, W. G. (1966). Performing Arts--The Economic Dilemma: A Study of Problems Common to Theater, Opera, Music and Dance, p. 405-407. Hampshire: Gregg Revivals.
528 《不眠之夜上海版用五年為沉浸式駐演正名》。上海尚演文化投資管理有限公司（2021/12/23）。https://www.prnasia.com/story/346514-1.shtml/。檢索於 2022/03/01。

票價 100 美金，節目冊一本 20 美元[529]。

由於 Punchdrunk 的成功，其它國際團隊的製作也開始獲得關注，其中包括紐約外百老匯團隊 Third Rail Projects 於 2012 年推出的《Then She Fell》，取材自《愛麗絲夢遊仙境》，初期演出大獲成功並博得《紐約時報》等媒體好評後，搬到紐約布魯克林區威廉斯堡路德教會的一間舊校舍，整個表演場地佔三層樓，每場演出僅 15 位觀眾入場，體驗另類的愛麗絲探險歷程。總計《Then

圖 7：《不眠之夜》等待入場的酒吧。（劉柳攝影／提供）

She Fell》常態駐地演出長達七年半時間，直到不敵 Covid-19 新冠肺炎疫情，截至 2020 年 3 月 12 日宣告永久停演為止，一共演出 4444 場，並曾獲得紐約舞蹈與表演「貝西獎」。在宣告停

529 Hoggard, Liz (2013/07/14). Felix Barrett: the visionary who reinvented theatre. The Guardian.https://www.theguardian.com/theobserver/2013/jul/14/felix-barrett-punchdrunk-theatre-stage/. Retrieved at 2022/03/01.

演的聲明中，團隊負責人指出該劇儘管並不怎麼賺錢，但提供了90位表演者以及70位行政人員長期生計，而且對周邊產業活絡做出貢獻[530]。

目前該團正規劃一個全新的沉浸劇場《Port of Entry》，預計演出地點在芝加哥艾伯尼公園一棟改建的三層樓公寓，題材有關全美移民的多元文化與社會歷史脈絡[531]。

另一個紐約團隊 Woodshed Collective 曾於 2011 年推出頗受好評的《The Tenant》，他們改造了一個位於紐約西公園的5層樓長老會舊教堂作為上演場域，故事則取材自 Roland Topor 的同名小說以及導演羅曼・波蘭斯基（Roman Polanski）的同名電影。該團隊最新製作是 2017 年底推出的《KPOP》，以韓國流行音樂為題材，讓觀眾參與並見證韓國流行團隊的幕後訓練與成長歷程[532]。

巴西一個合組團隊 Zecora Ura 曾於 2009 年推出一整晚上演的表演《Hotel Medea》，一共三幕戲，長達6小時。購票的觀眾會被邀請參與演出，而且節目內容是隨機變化的，觀眾事先完全不知道會發生什麼事情。他們會先到達一處指定地點，與主辦單位人員碰面後，搭上一艘小船駛過倫敦泰晤士河，抵達

---

530 Third Rail Projects Immersive Hit THEN SHE FELL Closes after Seven and a Half Years And 4,444 Performances.https://static1.squarespace.com/static/55183522e4b-0c99d03d77813/t/5f35b51d2f62d02cd233ec4a/1597355294104/TSF+Closing+Release.pdf/. Retrieved at 2022/02/20.

531 PORT OF ENTRY . https://portofentrychicago.com/. Retrieved at 2022/02/20.

532 Kpop. WOODSHED COLLECTIVE. https://www.woodshedcollective.com/kpop/. Retrieved at 2022/02/20.

一處訓練營地，還搞不清楚身在何處時，就被邀請加入其他觀眾與表演者，開始即興演唱與歌舞，而負責引導觀眾的人員來自 Arcola，一個在倫敦外西區頗有名氣的劇場[533]。

　　《Hotel Medea》從 2009 年演到 2012 年，分別在 LIFT 藝術節、倫敦霍華畫廊以及愛丁堡藝穗節登場，並獲得若干獎項[534]。但該團比較多的表演屬於互動劇場，比如一個叫做《Binaural Dinner Date》的沉浸互動基本上安排觀眾在餐廳用餐約會，事先都不知道約會對象是誰，過程中主辦單位透過耳機引導觀眾互動。該演出從 2016 年演到 2020 年，一共製作過 256 場他們所謂的「後沉浸現場表演」，而且還受邀到哥倫比亞以及澳門國際藝術節等海外演出[535]。

　　另一個製作從 2015 年 6 月到 12 月在倫敦伊莉莎白女王奧林匹克公園推出。他們在公園內安置了三個巴西風格的電話筒，經過的民眾聽到電話鈴響時接起電話，就獲邀參與互動演出，期間共有 7 千位民眾受邀[536]。在 Covid-19 新冠肺炎疫情沉寂近兩年後，該團去年底推出線上互動節目《VIVA THE LIVE!》，由英國、巴西、哥倫比亞三地聯手打造了一個網路平台，上百

533 Ramos, J. (2015). (Re-) Constructing the Actor-Audience Relationship in Immersive Theatre Practice, pp. v-4. PhD. University of East London.

534 Zu-uk. https://zu-uk.com/about-us/. Retrieved at 2022/02/20.

535 Binaural Dinner Date. Zu-uk. https://zu-uk.com/project/binaural-dinner-date/. Retrieved at 2022/02/20.

536 Zu-uk. https://zu-uk.com/about-us/. Retrieved at 2022/02/20.

圖18：成功的沉浸式劇場會引發崇高審美。圖為台灣沉浸式作品《6 月》。（李嘟攝影，尼可樂表演藝術提供

圖 19：沉浸式劇場觀眾的審美會在融入與跳出的狀態中擺盪。圖為台灣沉浸式作品《6 月》。
（李嘟攝影，尼可樂表演藝術提供）

位藝人參與串流歌舞演出[537]。

此外，沉浸式劇場也成為某些企業品牌的行銷工具。比如 Punchdrunk 於 2011 年接受日本新力委託，在倫敦滑鐵盧鐵道下方拱橋空間，推出一檔製作叫《當黑暗降臨》（And Darkness Descended），根據新力熱銷電玩遊戲《全面對抗 3》，背景設在末世後的殘酷現實世界，目的就是為了行銷《全面對抗 3》[538]。

至於酒商海尼根也在 2014 年推出一場名為《The Guest of Honor》沉浸式劇場，地點很有趣，在《不眠之夜》劇情設定的紐約市 McKittrick 飯店。受邀的賓客事先只知道要跟朋友應酬，到了飯店卻受邀參加一場百萬富翁舉辦的雞尾酒派對，跟著數十位其他賓客狂歡，其中 6 位賓客答應在派動活動中擔綱一些挑戰，包括參加喜劇表演說笑話，加入印度寶萊塢電影試鏡，為一個恐怖份子刺青，從一個睡著的罪犯脖子上偷一根鑰匙等等，海尼根還把整個沉浸互動過程拍攝成影片發表。據說賓客從頭到尾都不知道自己參加了一齣沉浸式表演，後來才知道實情[539]。

---

537 VIVA THE LIVE! . Zu-uk. https://zu-uk.com/project/viva-the-live/. Retrieved at 2022/02/20.

538 Arnott, Jack (2011/09/02). Punchdrunk? Try petrified – gaming gets the immersive theatre treatment. The Guardian. https://www.theguardian.com/stage/theatreblog/2011/sep/02/punchdrunk-try-terrified/ . Retrieved at 2022/02/20.

539 Rudenko, Anna (2014/04/01). Heineken beer makes stars of ordinary people in a theatrical social experiment. POPSOP. https://popsop.com/2014/04/heineken-beer-makes-stars-of-ordinary-people-in-a-theatrical-social-experiment/. Retrieved at 2022/02/20.

英國則有一個公關行銷公司 PD3 跟一位童話作家 Philip Pullman 合作，由劇場導演 Philip Wilson 擔綱，根據 Philip Pullman 所寫的一本《格林童話老少咸宜》，製作了兩齣沉浸式劇場，分別於 2014 年 3 月 14 到 4 月 24 日於倫敦 Shoreditch 市政廳，2014 年 12 月 21 日到 2015 年 2 月 15 日於倫敦南岸的 Bargehouse 兩度演出[540]，第一次演出選了五個格林童話故事，包括膾炙人口的《小紅帽》，第二次演出包括《糖果屋》等七個故事。該製作後來還發行了一本圖文書[541]。

加拿大劇場工作者 Julie Tipperman 與 Michael Rubinoff 等人於 2015 年在加拿大安大略省的橡樹谷推出一個沉浸式音樂劇《Brantwood》，號稱是加拿大有史以來規模最大的沉浸式製作。Brantwood 名稱來自一所已停辦的小學，創立於 1920 年，2010 年 90 週年時畫下休止符。於是 Julie Tipperman 利用廢棄校舍作為表演場域，演員主要來自加拿大 Sheridan 學院的視覺與表演藝術系。

由於場地在廢棄校舍，《Brantwood》結構圍繞著校園生活，一趟時光穿越之旅，讓觀眾感受過往純真的喪失，還有不同世代青少年在不知不覺中不斷重複實踐的社會動能、實驗、叛逆與歧路，但這些戲劇工作者讓不同世代風格重現，讓觀眾以歷

---

540 CHEESMAN, NEIL (2014/ 09/29) An Immersive Fairytale GRIMM TALES FOR YOUNG AND OLD. London Theatre 1. https://www.londontheatre1.com/theatre-news/grimm-productions-presents-immersive-grimm-tales-young-old/. Retrieved at 2022/02/20.

541 Shoreditch Town Hall. https://shoreditchtownhall.com/whats-on/grimm-tales/. Retrieved at 2022/02/20.

史之眼審視百年時光風貌 [542]。

　　觀眾進場前，他們會先抵達 Sheridan 學院，把隨身物件鎖到學院保險箱中，每人獲發一件畢業袍，坐上黃色校車，此刻起已開始進入沉浸式演出，劇中角色發給觀眾一份 Brantwood 校史與場規，十分鐘後抵達演出場地，迎接他們的是劇中的高中校長 Headley 與最後一屆畢業班。為了紀念即將到來的停辦，畢業班學生發起校友會，在歡迎校友回歸的儀式中，校長拿出一個新出土的時光膠囊，該膠囊是由 1920 年入學的第一屆畢業班所埋下的，上面寫著除非到了百年否則不得打開。但 Headley 校長不聽勸阻打開，在一陣驚天動地爆炸聲中，所有人時空穿越，開始探索 Brantwood 百年歷史以及背後的社會、政治與文化演變 [543]。

　　這樣的故事結構每小時重複一次，每晚演出兩小時，因此共重複兩次。在劇情結束時，兩輪所有觀眾聚集到體操場，進行最後盛大音樂單元〈Heaven Is A High School Dance〉。Julie Tipperman 等人表示，假如不是因為有交通時間問題，必須把住在郊區與外地觀眾及時送回 Sheridan 學院，按照他們原初構想，最後這段盛大歌舞要在全校各處發生。截至 2018 年底他們在《加拿大戲劇評鑑》撰文分享創作歷程與心得時，透露他們正在尋覓長期駐演場地，如果夢想成真，最後一段歌舞就會改成更浩

542　Tipperman, Julie & Rubinoff, Michael (2018) . BRANTWOOD: Canada's Largest Experiment in Immersive Theatre. *Canada Theatre Review*, 173, 9-14, p. 9.

543　ibid.

大場面。Julie Tipperman 等人坦承，該劇受到 Punchdrunk《不眠之夜》的啟發。整齣劇作打造時間花費一年完成，總共動用 42 位演員[544]。

特定場域空間（site specific）

　　根據上述沉浸式劇場發展脈絡，很明顯的，沉浸式劇場要成功，首要條件就是擁有一個特定場域空間，如 Josephine Machon 所形容，以便讓劇團打造出一個「內在於自己的世界型態」（in-its-own-world-ness），所有空間、場景、聲音與劇情發展等等，都必須符合這個世界的建構脈絡。

　　此外，Josephine Machon 指出，為了讓全面沉浸得以成功。在劇情最初階段，觀眾與表演團隊之間就要達成一種約定，隨後邀請他們進入並促成各種介入模式。這種宛如契約的約定除了在觀眾入場前就要讓他們得悉，也可巧妙地設計在劇情結構中。在進場最初階段，觀眾必須進入一種轉換的中介場域，這個場域對他們而言是全然陌生的，以便讓他們融入後續劇情，他們所有感知必須被操控。在沉浸的世界中，肢體是首要條件，隨時隨地有各種表演發生中，也讓觀眾凝視與觀察身體，觀眾

---

544 Tipperman, Julie & Rubinoff, Michael (2018) . BRANTWOOD: Canada's Largest Experiment in Immersive Theatre. *Canada Theatre Review*, 173, 9-14,

圖 20：沉浸式劇場把夢境搬到現實。圖為台灣沉浸式作品《6 月》。（李嘟攝影，尼可樂表演藝術提供）

圖 21：沉浸式劇場關鍵在於特定場域。圖為台灣沉浸式作品《6 月》，演出地點在台北六福萬怡酒店。（李嘟攝影，尼可樂表演藝術提供）

第四章　沉浸式劇場（Immersive Theatre）　225

與這個沉浸世界的互動會影響甚至改變演出結果[545]。

另一位研究者 Sara B.T. Thiel 則以「遊戲場域」來分析 Punchdrunk 的代表作《不眠之夜》成功關鍵。她認為，劇情設定的所在地 McKittrick 旅館事實上可用另一位多媒體研究者 Michael Nitsche 的「五層概念空間」（five conceptual planes）來分析結構，而觀眾化身為電玩玩家在遊戲場域中遊走、探險與建構劇情。

Sara B.T. Thiel 指出，《不眠之夜》第一層概念空間可稱為「遊戲空間」（play space），相當於電玩與硬體設備所在空間，而就《不眠之夜》而言就是指整個旅館建築。打從計程車把觀眾送到旅館那刻起，他們看到的建築外觀宛如一個廢棄倉庫，會讓人誤以為走錯地方，只有入口通道旁一小塊銅飾版證實該處確是演出場地。進入倉庫剎那間，觀眾置身一個 1930 年代風格的 McKittrick 旅館，首先辦理入住手續，從前台拿到一張鑰匙卡，循著指示走上一個狹小的樓梯，再通過一段長廊。這段路程繞來繞去，彷彿有數哩之遙，讓觀眾喪失方向感。遠方傳來柔緩的爵士樂，穿過一個門簾後，迎面而來是大紅色的視覺衝擊，一個在美國 1930 年代禁酒時期的非法酒吧。

而酒吧是美國進入演出場地前的緩衝區，形同「減壓艙」，讓觀眾逐漸適應環境。觀眾陸陸續續進入，他們可購買一杯老

---

545 Machon, Josephine (2016). Watching, Attending, Sense-making: Spectatorship in Immersive Theatres. *Journal of Contemporary Drama in English*, 4(1), 34–48, pp. 35-36. De Gruyter.

式雞尾酒，享受三人爵士樂隊表演。隨後一位身材高大穿著燕尾服的領班出現，邀請鑰匙卡上有 Ace 符號的觀眾從酒吧角落一個隱形的門入場，每隔 15 分鐘放進一批，直到所有人入場[546]。

　　穿過第一道門後，觀眾發現來到一個迎賓廳，每人拿到一個威尼斯風格的白色面具，並被告知在整場演出時最好都戴上。在戴面具時，一個工業升降梯出現，一位瘦高的服務生邀請觀眾進入，就此進入遊戲的「訓練期」，也就是 Michael Nitsche 所說的「五層概念空間」第二層叫「規則奠基空間」（rule-based space），觀眾在此要熟悉既定環境規則，就好像遊戲玩家要熟悉所有符碼、資料與硬體限制，學會該如何行動，如何找路，如何與他人互動等等。他們被告知要保持安靜並全場戴上面具，也被告知可選擇任何路線去探索空間，但不能碰觸任何物件、演員與其他觀眾。服務生提醒觀眾如果違規的話，會有穿著黑衣的舞台工作人員現身制止。Sara B.T. Thiel 指出，後者形同電玩遊戲中的「玩家服務」角色，他們在協助玩家解決問題之餘，也不斷巡邏注意是否有人作弊或違規。一般情形下，觀眾不會注意到這些黑衣人。只要不觸犯規則，觀眾／玩家可以自在探索任何場域空間[547]。

　　接下來便是第三層遊戲空間叫「中介空間」（mediated

546　Thiel, Sara B.T. (2017). Game/Play: The Five Conceptual Planes of Punchdrunk's Sleep No More. In *Immersive Theatre: Engaging the Audience*, ed. Josh Machamer, 55-64, p. 57. Common Ground.

547　ibid., p. 58.

圖 22：《不眠之夜》的 Manderley 酒吧取材自小說《蝴蝶夢》當中的莊園名稱。（劉柳攝影／提供）

圖 23：觀眾在入場前被要求戴上威尼斯風格的面具。（劉柳攝影／提供）

space），在賓主雙方同意的規則前提下，整個表演 / 遊戲宇宙便在玩家 / 觀眾眼前展開，擁有表演 / 遊戲當中所有能提供的審美形式與裝置。觀眾 / 玩家進入中介空間後，不會有任何表演 / 遊戲提示或引導。儘管如此，Sara B.T. Thiel 指出，某些遊戲會藉由光影或建築物等暗藏一些遊戲線索，而玩家被鼓勵依照自己的步調去探索空間與故事，並從空間設計等尋找遊戲發展的可能蛛絲馬跡。《不眠之夜》與此相仿，任由玩家探查所有房間獨特的設計細節，比如醫院、標本製作室或者馬克白的房間，然後跟著不同角色，去了解這群 McKittrick 旅館住戶的點點滴滴。

不過觀眾也可選擇放棄追隨角色的腳步，而是不斷地在各房間中徜徉，審視所有細節豐富的設置。Sara B.T. Thiel 指出，觀眾可以攤平被揉得皺巴巴的書信讀內容，打開角色房間的櫥櫃看個仔細，或者坐下來，從書架上挑本書閱讀，甚至用留聲機播放唱片。很多觀眾樂於無微不至地發掘場景細節，想要更深入透析整個劇場的打造手法。在如此的沉浸式環境中，包括視覺、聽覺、嗅覺與觸覺，他們啟動了多種感官[548]。

Sara B.T. Thiel 也指出，雖然《不眠之夜》可被當成一趟豐富的感性之旅，但也蘊含大量人文與文化的知性解讀契機，儘管沒有直接彰顯出來。只要事先知道這齣劇作改編自莎士比亞《馬克白》，觀眾就能充分領會《不眠之夜》的故事鋪陳方式，

548　Thiel, Sara B.T. (2017). Game/Play: The Five Conceptual Planes of Punchdrunk's Sleep No More, In *Immersive Theatre: Engaging the Audience*, p. 59.

包括它整個場景氛圍呈現如同二次大戰時期的黑色電影基調，伴隨著表演所帶來的遊戲般經驗，都會跟觀眾的文化記憶產生衝擊與對話[549]。

這種情況下，觀眾便進入了第四層的「虛構空間」（fictional space），觀眾不只是感性介入周遭環境，而且可透過想像力，打開多層次的虛幻世界。

Sara B.T. Thiel 指出，《不眠之夜》劇情除了取材《馬克白》，兩位導演 Felix Barrett、Maxine Doyle 另外資取了達芙妮・杜・莫里哀（Daphne du Maurier）所寫的小說《蝴蝶夢》（Rebecca）。Punchdrunk 的表演把劇場的、文學的與歷史的多重世界交織在一起，使得《不眠之夜》不只訴諸互動的與本能的感性挑逗，也提供豐富的文本解讀可能性[550]。

舉例來說，觀眾剛進入「遊戲空間」時來到一間酒吧，該酒吧名叫 Manderley，就是小說《蝴蝶夢》主要劇情所在的莊園名稱。觀眾也被詢問是否為票券加值，結果加值後的票券上面印著「《不眠之夜》作為 Maximilian 的貴賓」，而 Maximilian 就是《蝴蝶夢》男主角的名字。此外，希區考克 1940 年拍攝的黑白電影《蝴蝶夢》的場景氛圍與設計，也成為導演打造《不眠之夜》的靈感來源之一[551]。

549 Thiel, Sara B.T. (2017). Game/Play: The Five Conceptual Planes of Punchdrunk's Sleep No More, In *Immersive Theatre: Engaging the Audience*, p. 59.
550 ibid., pp. 59-60.
551 ibid., p. 60.

至於整個劇場處處充斥著陰鬱的形象，第二次世界大戰的血腥創傷歷史畫面以及空空蕩蕩的醫院病床，彷彿死者甦醒並在旅館四處遊蕩，讓觀眾產生誤闖鬼域的錯覺。麥克德夫勳爵家中染血的床單，帶給觀眾不舒服的感受，好像他們進入一個黑色電影恐怖的謀殺場景。舞廳的熱鬧畫面以及四處飛濺流淌的酒汁，讓觀眾變成《大亨小傳》中的外來者正偷窺著一切。Sara B.T. Thiel 指出，兩位導演把沙士比亞、《蝴蝶夢》、希區考克以及二戰歷史等大量文本融入這齣沉浸式劇場，提供所有觀眾多樣欣賞或互動參與的途徑[552]。

最後的第五層遊戲／劇場空間就是「社會空間」（social space）。Sara B.T. Thiel 指出，通常電腦遊戲玩家被劃分為社交者、成功者、探險者與殺戮者。社交者利用虛擬平台跟他人互動，把社交當成最大樂趣；某些批評家抨擊《不眠之夜》這類沉浸式劇場抹滅了傳統劇場的共同體精神，因為觀眾入場後既不能對話，而且一定被沖散，最後都變成個人之旅[553]。

Sara B.T. Thiel 認為這些批評者見樹不見林，她認為《不眠之夜》激發的共同體精神要在劇情結束後才展開，很多玩家走出「中介空間」後會在 Manderley 酒吧聚集，分享彼此所見與心得，而且很多觀眾會繼續在社交網站上討論，只要以「sleepno-

---

552 Thiel, Sara B.T. (2017). Game/Play: The Five Conceptual Planes of Punchdrunk's Sleep No More, In *Immersive Theatre: Engaging the Audience*, p.60.

553 ibid., p. 61.

morenyc」標籤在社交網站上搜尋就可窺見一斑[554]。

　　至於《不眠之夜》當中的成功者玩家，則是熱衷於完成整個觀賞經驗，因此往往多次進場，以便確認看到所有層面。探險者也會再度進場，希望發掘更多細節。至於殺戮者則喜歡控制其他觀眾，因此會挑選那些不懂《不眠之夜》觀賞之道的新進觀眾，引領對方去經歷他已熟悉的觀賞方式。一而再，再而三的重新遊玩，重新觀賞，就成為《不眠之夜》創造劇場經濟奇蹟的關鍵。Sara B.T. Thiel 強調，《不眠之夜》以及沉浸式劇場的獨特場域，在數位時代通往一種打破「玩遊戲」與「看戲」壁壘的成功範例[555]。

沉浸審美連續體

　　如上所述，沉浸式劇場以其獨特專屬場域、劇情建構與觀賞方式，打造出前所未見的審美經驗，因此這種經驗被形容為「沉浸式」。而「沉浸式」這種劇場的審美範疇究竟是怎樣狀態？為何劇場界會認為所謂「沉浸式展覽」[556]乃至沉浸式遊戲等只能算是奇觀審美？

---

554 Thiel, Sara B.T. (2017). Game/Play: The Five Conceptual Planes of Punchdrunk's Sleep No More, In *Immersive Theatre: Engaging the Audience*, p. 61.

555 ibid., pp. 63-64.

556 基本上所謂沉浸式展覽只是利用三度空間環繞的再生影像，把觀眾包覆於其中，另搭配音樂與聲效，或加上影像互動技術等。如第三章所述，只能算是奇觀。可參見 Achiam, M. (2015). Immersive Exhibitions. In *Encyclopedia of Science Education*, ed. Gunstone R. Dordrecht: Springer. https://link.springer.com/referenceworkentry/10.1007/978-94-007-2150-0_346#howtocite/. Retrieved at 2022/03/01.

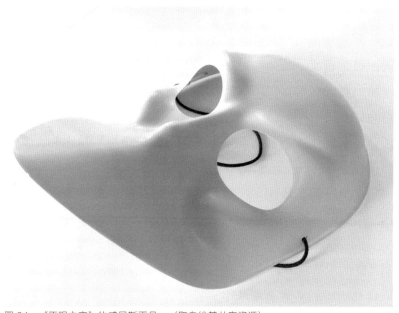

圖 24：《不眠之夜》的威尼斯面具。（取自維基共享資源）

　　英國學者 Josephine Machon 指出，在數位論述中，沉浸式常被用來當形容詞，描述那些可以產生 3 度空間包圍的數位畫面與系統，把觀眾包覆在龐大的影像畫面內，讓他們的感官深陷其中，或許也激發了不同的精神狀態。Josephine Machon 引述另一位學者 Gordon Calleja 研究指出，「沉浸式」這個詞彙必須根據特定的文本脈絡去理解，比如在電玩理論或電玩研究中，「沉浸式」經常跟「呈現」（presence）通用，結果導致定義混淆，因為它也可用來形容電影、繪畫、文學等各種形同介入狀態的

審美經驗[557]。

而且在電玩研究中，沉浸式與「呈現」雖可通用，有時定義卻截然相反。結果它形容一種廣泛的介入、一種真實感受、一種上癮或擱置懷疑不信的狀態，甚至只是用來說明跟電玩角色的認同關係[558]。

換句話說，不管電玩世界或由電腦技術繪製輸出的3度空間包覆影像，都只能算是龐大的影像奇觀；而該詞彙應用在繪畫、文學等傳統藝術，歸根究柢就只在描述一種情景交融的移情作用而已。只有劇場的沉浸，才真正算是新審美範疇。

Josephine Machon 指出，跟上述巨大包覆的影像奇觀相比，劇場的沉浸特色一目瞭然：在沉浸式劇場中，觀眾的「在場感」是真真切切的事實，觀眾作為參與者是真實在場，身體與心靈就在那個奇幻的物理世界中，活生生地產生感受，所有的聽覺、視覺與身心回饋都是如假包換，不是科技操弄的效果。她指出，某些電玩遊戲確實可做到深度擬真，因此引發「融入」（involvement）的錯覺。但沉浸式劇場審美很明顯超越上述擬真式介入，同時擁有主動性以及互動性[559]。

而且劇場沉浸式審美還有更複雜的身心反應。Josephine Machon 引用 Gordon Calleja 的理論，把劇場沉浸分為下述三種狀態：

吸入式沉浸（immersion as absorption）：劇場中的事件能

---

557 Machon, Josephine. (2013). *Immersive Theatres,* p. 59.
558 ibid., p. 60.
559 ibid., p. 61.

夠讓參與者的專注力、想像力、行動與興趣全方位全部介入，並在那種整體介入的行動中，把參與者納入它本身的形式內。這種沉浸既會發生在大型表演，也會發生在一對一的親密表演[560]。

轉移式沉浸（immersion as transportation）：觀賞者 / 參與者不論就想像力與身體來說，都重新導向另一個地方——某個「異世界的世界」（otherworldly-world），這需要根據劇作自身邏輯而決定發展方向。在沉浸式劇場中，這是一種核心的體驗特色，因為這種「異世界的世界」既是概念的、想像的空間，但也是內存的、物理的空間。沉浸式劇場提供觀眾身體之間真實的物理共存與互動，進而融合想像、詮釋與互動。這種存在於日常生活之外的「異世界的世界」可以透過一對一方式去建構，也可打造成大型表演[561]。

整體沉浸（total immersion）：兼具上述兩種狀態，使得觀賞者 / 參與者在審美經驗中認知到自己出現一種無可置疑的「存在性」（preasence）。當整體沉浸發生後，審美經驗就出現一種形式上的轉變，因為觀賞者 / 參與者能塑造出自己的敘事與歷程。某些特定活動由於會進行理念與實踐的分享，還會激發情緒或存在感的改變[562]。

基於以上三種沉浸狀態，Josephine Machon 確認劇場的沉浸

560　Machon, Josephine. (2013). *Immersive Theatres,* p. 62.

561　ibid., p. 63.

562　Machon, Josephine. (2013). *Immersive Theatres,* p. 63.

圖 25：沉浸式劇場的審美狀態分為三種沉浸情境。圖為台灣沉浸式作品《6 月》。
（李嘟攝影，尼可樂表演藝術提供）

式審美具有層級，會形成一種審美程度的衡量尺規，藉此可評估一場演出所可能引發的情感與效果。在尺規的涵蓋範圍內，我們可辨識出一系列身心反應，相關狀態可用「連續體」（continuum）來形容，而觀眾有否出現尺規所對應的連續體反應，將有助於一個製作團隊衡量該製作的設計與呈現相對於觀眾感官的探索與整合程度[563]。

第一個「連續體」依據上述三種沉浸狀態而形成。Josephine Machon 指出，沉浸式劇場有清晰的構成要素，包括讓觀賞者／參與者置身「遊戲場域」中與表演者肢體互動，而且透過聲音、裝置等設計，可以探索感官介入最大程度，儘管演出跟觀眾之間保持一定空間距離[564]。

但觀眾身處沉浸環境中，無可置疑地活在裡面，這種「真實存在感」是沉浸式劇場的關鍵定義要素。對於這種狀態，虛擬與媒體科技用「融入」或「感官接收的操弄」來形容，近似她所描述的「吸入式沉浸」[565]。

但另一方面，沉浸式劇場又要激發觀賞者／參與者的主動創造性，透過一系列互動程序，自我塑造獨特的旅程，觀眾必須時常做出抉擇，在過程中做出很多詮釋。因此沉浸式劇場第一個審美「連續體」的一端是「吸入式沉浸」，另一端是「轉移式沉浸」，兩者兼具就是「整體沉浸」[566]。

---

563 Machon, Josephine. (2013). *Immersive Theatres,* p. 70.
564 ibid., p. 67.
565 ibid., p. 68.
566 ibid., p. 68.

根據第一個連續體，Josephine Machon 指出，第二個審美連續體也自然浮現，兩端分別是「融入」（involvement）與「跳出」（evolvement）。兩者都是劇場沉浸的中心特色，沉浸式的實踐首先確保觀眾會融入（involve），代表沉浸審美已啟動，但根據其實踐的方法論，又要導引觀眾跳出（evolve；disinvolve）[567]。

　　如果以布洛的「心理距離」來評估沉浸審美連續體，會發現這確實是非常高難度達成的審美狀態：心理距離過遠，則會導致觀眾過度跳出而抽離；心理距離過近，則會導致觀眾過於入戲並且忘了在「規則奠基階段」所被告知的觀劇行為準則。前者反映在某些研究案所指陳的觀眾覺得無趣等現象[568]，後者則出現觀眾企圖性侵、性騷擾女演員等異常行徑[569]。

　　根據 Josephine Machon 的研究，最早劇場界直接以沉浸式來描述演出案，當屬 1995 年由 Artangel 製作，戲劇導演羅伯・威爾森（Robert Wilson）與作曲家漢斯・彼得・庫恩（Hans Peter Kuhn）聯手打造的表演節目《H. G.》[570]。《不眠之夜》導演

567　Machon, Josephine. (2013). *Immersive Theatres*, p. 70.

568　例如英國薩塞克斯大學藝術碩士研究生 Ryan Thomas Green 曾執行一個網路調查針對沉浸式劇場觀眾分析消費現象，受訪者表示有時確實演出效果不佳或讓人覺得很廉價時，他們會抽離。參見：Green, Ryan Thomas (2017). *Intermediality as an Aesthetic of Immersive Theatre*. Thesis for Master of Arts. University of Sussex. United Kingdom.

569　Soloski, Alexis (2018/02/12). The problem with immersive theatre: why actors need extra protection from sexual assault. The Guardian. https://www.theguardian.com/stage/2018/feb/12/immersive-theatre-punchdrunk-sleep-no-more/. Retrieved at 2022/03/01.

570　Machon, Josephine. (2013). *Immersive Theatres*, p. 63.

Felix Barrett 曾在其中工作，當時他就有念頭想讓部分觀眾脫離純觀眾的狀態。因此在《不眠之夜》中，觀眾一方面是主動介入並參與的創作夥伴，但同時間，他們又是戴著面具旁觀的縹緲存在（ethereal beings）[571]。

就此而言，Josephine Machon 論證：我們在沉浸式劇場看到一種進化的審美狀態，一種獨特的「融入式跳出」（evolvement through involvement），在極端狀態下，觀眾的審美經驗會不斷在連續體兩極之間迅速擺盪游移。在上述情況中，觀眾的角色變得更複雜，他們一方面既是觀賞者，但也可以下決心變成作品的參與者，這種直接介入方式，使得他們又變成聯合創作的表演者（performer-collaborator）[572]。

但某些觀眾在整個演出實踐過程中又發展出不同狀態，他們對其他觀眾的反應，對於表演者、周遭空時空與自我感官融入抱持更審慎態度，結果逐漸由觀眾身分變成「覺察者」（percipient）。他們保持警覺，尋找線索，對於即將發生的事情隱隱不安，感官被強化，而且也能彼此察覺，因此短暫形成一種共同體的經驗關係[573]。

綜合上述發現，Josephine Machon 論證，在沉浸式劇場中，觀眾角色需要更複雜的定義，因為這些觀眾已身兼「觀眾 - 觀賞者 - 旁觀者 - 演員 - 察覺者」等多重身分，而他們在其中的一切

---

571 Machon, Josephine. (2013). *Immersive Theatres*, p. 73.

572 ibid., p. 73.

573 ibid., pp. 73-74.

活動該如何定義與詮釋，乃至如何形容這種角色，如何提出適當的術語，可能還需要很長時間才會有所進展 [574]。

沉浸、擬真與崇高

如上所述，沉浸式劇場打造出一種前所未見的複雜審美狀態，因此被本研究列為新審美範疇。然而根據某些外國文獻，伴隨沉浸審美還可能出現「崇高」（sublime）審美，使得「沉浸」與未來可能的「極致擬真」奇觀，還有「崇高」三者之間的關係，需要予以關注並討論。

有關沉浸審美會引發崇高審美感受，相關研究出現在一位表演藝術工作者 Rose Biggin 的著作《Immersive Theatre and Audience Experience：Space, Game and Story in the Work of Punchdrunk》。她深入訪談 Punchdrunk 等成員，整理分析文獻並論述，該書格式相當符合學術規範。而「崇高」是她撰寫該書一個很重要的理論取徑 [575]。

為何 Rose Biggin 會把沉浸式審美連結到崇高？她認為，沉浸式經驗包含高強度的心理介入，而且沉浸式劇場通常要打造出大規模專屬場域，當中蘊含豐富的場景與多樣感性機制，而且除了觀賞時的介入、所面臨的挑戰與所需技巧都需要強大心

574　Machon, Josephine. (2013). *Immersive Theatres*, p. 74.

575　Biggin, Rose (2017). *Immersive Theatre and Audience Experience: Space, Game and story in the Work of Punchdrunk*, p. 26.

理能量外，沉浸兼具深沉且龐大的感性狀態，因此當觀眾進入一個更龐大、更高、更美好的存在，比如哥德式教堂，也比如龐大規模的沉浸式劇場，懷抱尊崇的凝視就會通往崇高審美[576]。

但 Rose Biggin 並沒有充分實例或調查可驗證上述看法，因為在她所列舉的 Punchdrunk 觀眾評語中，僅一位明

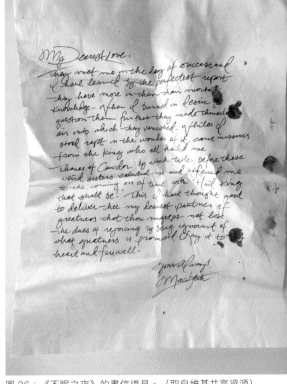

圖 26：《不眠之夜》的書信道具。（取自維基共享資源）

確使用了「崇高」此字，其餘普遍使用「夢境」來形容觀劇感受[577]，對此 Rose Biggin 自己也覺得很驚奇[578]。其它學者研究也顯示觀眾對劇場沉浸審美常以「夢境」來比擬[579]，Punchdrunk 導演 Felix Barrett 也用「夢境」形容自己作品[580]。此外如本章起

---

576 Biggin, Rose (2017). *Immersive Theatre and Audience Experience: Space, Game and story in the Work of Punchdrunk*, p. 35.

577 ibid., p. 104, p.107.

578 ibid., p. 109.

579 ibid., p. 111.

580 ibid., p. 199.

頭所述，沉浸式劇場的理念可追溯到法國導演阿爾托所提倡的殘酷劇場，而阿爾托也宣稱要在殘酷劇場中打造出「夢境」。

因此 Rose Biggin 論證沉浸式審美連結到崇高，她的論述能否成立的一大關鍵其實在於：把夢境化為實境，能否讓觀賞者引發崇高感受？

崇高審美究竟是怎樣產生的？如同 Rose Biggin、中國美學家彭鋒等人所言，歷來探討崇高審美的兩大關鍵學者是艾德蒙・柏克（Edmund Burke）以及康德[581]。前者在其著作《崇高與美之源起》中論述：那些足以喚起痛苦與危險觀念的方式，包括駭人聽聞的事物，或是類似恐怖的方式引發作用者，就是一種崇高的本源，而崇高是我們人心所能產生最強烈的情感。這些恐怖或駭人聽聞當下會讓人感受到痛苦，但隔了一段適當距離或情況和緩之後，就能讓人感受到欣喜[582]。崇高牽涉到驚駭、恐怖、隱晦、力量、空乏、遼闊、無限、連續與一致性、巨大建築、困難、壯麗、某些特定顏色等等事物與情感狀態[583]。柏克嘗試用所謂的「動力因」比如聯想、勞動、期待與驚奇等等去解釋崇高感的產生原因[584]，但均淪於獨斷與空泛的見解，直到康德才解答了崇高審美產生的關鍵。

---

581 Biggin, Rose (2017). *Immersive Theatre and Audience Experience: Space, Game and story in the Work of Punchdrunk*, pp. 36-38.
582 艾德蒙・柏克（2011）。《崇高與美之源起》，第 68 頁。林盛彬譯。新北市：典藏出版。
583 同上，第 88-118 頁。
584 同上，第 162-172 頁。

Rose Biggin 引述康德在《判斷的批判》中有關崇高的理論，指出崇高是理性戰勝柏克所說的那些駭人聽聞事物，將它們納入心靈統合的結果[585]。彭鋒也指出：

在康德看來，崇高正是通過引起主體（日常的自己）的痛感，而喚起真正的主體（真的自己）的尊嚴。康德指出，崇高表現為體積和數量的無限大（數量的崇高），以及力量的無限強（力的崇高）。這種無限的巨大的和無窮的威力因超過了主體的想像力所能把握的範圍而成為一種「恐怖的對象」，從而引起主體的恐懼和痛感；但於此同時，在我們的心靈深處又激起一種更為強大的抵抗力。這種「抵抗力」就是人的理性方面使自然的威力對人不能成為支配力的那種更大的威力，也就是人的勇氣和自我尊嚴感[586]。

面對那些無限大、無限強、無窮威力的事物，人們展現了勇氣與自我尊嚴，企圖予以把握與超越，就構成崇高感的源起。就此而言，當人們一向認為「夢境」是神秘不可知的，是凡人無法掌握與了解的，如今「沉浸式劇場」竟然把夢境搬到真實世界，對這些觀賞者而言，的確會在沉浸審美中一併產生崇高的感受。

---

585 Biggin, Rose (2017). *Immersive Theatre and Audience Experience: Space, Game and story in the Work of Punchdrunk*, p. 36.
586 彭鋒（2005）。《西方美學與藝術》，第 44 頁。

Google then she fell

 沉浸式 immersive theater third rail projects  tom pearson

static01.nyt.com/images/2013/08/11/...
nytimes.com

当梦境照进现实| 沉浸式戏剧Then She...
chinaega.com

当梦境照进现实| 沉浸式戏剧Then Sh...
chinaega.com

Topsy-Turvy 'Then She Fell' Is Magi...
backstage.com

Then She Fell: A Other in Brooklyn, NY - T...
thrillist.com

Then She Fell - Preview - YouTube
youtube.com

Episode 44: Then She Fell — Imaginary Worl...
imaginaryworldspodcast.org

Then She Fell
futureofstorytelling.org

Then She Fell - Exeunt Ma
exeuntmagazine.com

圖27：紐約另一知名沉浸式劇場《Then She Fell》不堪新冠肺炎疫情而停演。（截圖自谷歌搜尋）

ne Fell
fell.com

Theatre Is Easy | Reviews | Then S...
theasy.com

Then She Fell' at Greenpoint Hospital in ...
nytimes.com

ance | Third Rail Project- T...
du

Then She Fell (Brooklyn) - All You ...
tripadvisor.com

Then She Fell: Breaking the Fourth Wall on Vim...
vimeo.com

e Fell - Home | Facebook
.com

Then She Fell: Third Rail's Immersive...
manhattandigest.com

当梦境照进现实| 沉浸式戏剧Then S...
chinaega.com

根據上述立論，我們在第三章與本章均提到，原本 VR、AR、MR 等科技現在尚未發展到極致擬真，目前人們置身它們所打造的 3D 包覆影像中，普遍感受的只是奇觀審美。然而一旦它們發展出極致擬真，帶來栩栩如生經驗時，就可能激發出沉浸審美，從而連結到崇高。

因為，不論沉浸式劇場或 VR 等科技，它們都展現人類共同的勇氣，一步步把原本逾越我們認知的事物，透過想像力與知識，納入我們的理解與掌控範圍。這也符合康德所言：崇高是吾人唯一具備的心靈超越能力，藉此得以思考並展露出那種超越所有慣常知覺限制的心靈機能[587]。劇場工作者已藉由「沉浸式劇場」繳出最新超越慣常知覺限制的成績單，VR 等科技未來發展亦然，均符合後現代學者李歐塔（Jean-Francois Lyotard）所說的崇高行動（activity of the sublime）[588]。

此外，VR 等科技致力達成擬真，既符合藝術誕生原因之一

587　Kant, Immanuel. [1790] (2005). *The Critique Of Judgement*, Translated by J.H. Bernard, p. 66. New York: Dover.

588　李歐塔指出人類創造的崇高意義在於：我們可以想像絕對的偉大，絕對的力量，但是任何為了讓人「看到」這種絕對偉大或力量而呈現的物品都蒼白無力。不過理性能夠思考想像力的危機，構想「崇高行動」（activity of the sublime）的理念。相應地，痛苦被獲得一種經驗或者發現一種前所未有的巨大力量的喜悅所取代。對於藝術家來說，與「無形」或「原始自然」遭遇所產生的崇高體驗，意味著從舊時代的規則和既定的模式中解放出來。為了抓住絕對的偉大，無限的和不可度量的偉大 — 這是無法被可視化的 — 藝術創作的新原則被發現了。由遭遇「崇高」而來的經驗被凝聚於藝術作品，在無限的空間中創造出意義的明確界限和密集單元。參見 Lyotard, J.-F. (1994). *Lessons on the Analytic of the Sublime*, Translated by Elizabeth Rottenberg, pp. 227-228. Stanford CA: Stanford University Press.

的「模仿」動機[589]，而且不止是對上帝所創造事物的模仿，甚至是對上帝造物能力的仿效。

如同學者雅築安‧梅爾（Adrienne Mayer）指出，早在 2 千年前，在人類歷史長河的神話傳說與概念中，我們即有透過科技工藝去創造生命，並且去模仿、強化與超越自然生命的想法，相關神話彰顯出想像的力量引導人類思考該如何複製自然，甚至創造出人工生命[590]。在這些神話故事中，人類不只是模仿自然事物的外型，更渴望複製出該事物的生命狀態[591]，寄寓著最終超越人類極限甚至獲得永恆生命的期盼[592]。

換句話說，有朝一日，藉由不斷的崇高行動，藉由科技與想像力的結合，人類終究可以創造出極致擬真的 VR、AR、MR，甚至可以創造出元宇宙（metaverse）。所有存在於元宇宙的事物，都是人類依照幻想與創意所建構而成，很多都不是現實世界所能目睹耳聞的事物。而且隨著腦神經科學研究與資通訊科技整合，未來吾人置身在自我打造的奇幻世界中，不只是視覺與聽覺，而且是五感全面啟動，帶來的是宛然如真的審美體驗。

這種情形下，我們會驚嘆於自己的創造力，而且持續在這種審美中，產生反思判斷，進而思索那個賜予我們如是不可思

---

589 彭鋒（2005）。《西方美學與藝術》，第 123 頁。
590 雅築安‧梅爾（2019）。《天宮，諸神，機械人──希臘神話與遠古文明的工藝科技夢》，第 91 到 110 頁。愷易緯譯。新北市：八旗出版。
591 同上，第 36 頁。
592 同上，第 276 頁。

議能力的超越存在。我們的理性會再度現身,界定我們與超越的存在之間的關係,但也展現對自我的驕傲與認同,這樣的極致擬真審美,也將不斷連結到崇高。

圖 28:《Then She Fell》演出場地入口處。(Billie Grace Ward 攝影,取自維基共享資源)

第五章

可愛的演示
(Staging Cuteness)

「可愛」這種審美範疇在人類社會與文化中很早出現，如第二章分析，可愛與無邪、純真都有關聯，而且常被視為「美感」的次要範疇。美國學者 Sianne Ngai 引述哲學家 J. L. Austin 的看法論證，「可愛」涵蓋並兼具「柔美」（dainty）與「呆萌」（dumpy）、溫柔（tender）等其它次要範疇，但以往幾乎不曾列入美學討論。而當代的可愛已把上述各種次要範疇整合為一，成為一種具有支配力的審美判斷了 [593]。

可愛的審美狀態

可愛跟美感最大差異，如 Sianne Ngai 等人指出，美感常被連結到一種不可方物、不容褻玩的特色，就像阿多諾說的，處於「不可碰觸的領域」（a sphere of untouchability）。但可愛跟美感的差異非常明顯：可愛的對象會讓人感到親切，沒有距離，甚至很想有進一步親密關係。可愛審美完全建立在審美主體與對象的力量失衡的基礎上。Sianne Ngai 也引用艾德蒙・柏克在《崇高與美之源起》中對於美的定義：美感恰恰是對於「柔弱」（powerlessness）所產生的情感反應，對此反應，我們常用來形容主客關係的字眼是「愛」，而不是「欣賞」（admire）。Sianne Ngai 認為，柏克所講的「美」，就是今天所稱的「可愛」[594]。

此外，根據柏克的見解，Sianne Ngai 推論，可愛這種情感

---

593 Ngai, Sianne (2015). *Our Aesthetic Categories: Zany, Cute, Interesting*, p. 53.
594 ibid., p. 54.

跟「蔑視」並非全然不相容，而且與對象之柔弱、不完美是並行不悖的，最極端的就是對於「女性的性魅力之美」的反應狀態，因為柏克曾明言：病態的美感應該是最具感染力的美，會讓人覺得對象顯得如此嬌柔慵懶。這類美感描述，事實上講的都是「可愛」[595]。

如上所述，既然可愛審美既然這麼早出現於人類社會，為何沒有變成一種足以跟傳統美感平起平坐的審美範疇呢？Sianne Ngai 推論跟歷來美學界對於審美討論的態度有關。她指出歷來被經典化的美學著作，大都小心翼翼地聚焦在審美範疇的初步發展階段，比如康德在討論美時，也略帶提及歡樂、莊重、溫柔等層面，但僅止於浮光掠影式描述，甚至下出突兀結論。儘管在美學作為一種哲學探討的最初發展階段，審美的變化與多元已被廣泛注意，但後代哲學很奇怪地侷限於某些大而空泛的分類範疇中[596]。

比如對於「溫柔」，Sianne Ngai 指出，康德相對花較長篇幅討論溫柔與感性（sentimental）的關係，描述它如何被應用在浪漫劇、催淚劇（lachrymose play）、道德教化以及吾人在祈禱時所展現的乞憐、卑躬屈膝態度，但對這種明顯具有奇特強大力量但卻根源於主體無力狀態的美感範疇，康德的討論突然嘎然而止，逕自下結論說：「溫柔」不相容於所有與美相關的心

---

595 Ngai, Sianne (2015). *Our Aesthetic Categories: Zany, Cute, Interesting*, p. 54.
596 ibid., pp. 55-56.

靈結構，也不具備任何崇高成分[597]。傳統美學界深受康德影響，對於所有涉及認知與概念成分的審美，幾乎都略而不提，但矛盾的是又深入討論了「崇高」，而崇高偏偏植基於理性與概念認知。至於可愛、有趣等審美範疇，則因康德的影響而被漠視至今，但它們不應被當成次要範疇[598]。

此外如第二章所述，「可愛」獲得重視也跟當代商品化有關。換句話說，以往「可愛」比較不符合社會需求，不適合商品化，這種情形也反映在 18 世紀之前歐洲較少出現特別著重可愛事物的藝術創作與產品。

以中古世紀繪畫為例，藝術史研究者 Zoe Mann 指出，中古世紀所畫的襁褓時期的耶穌，千篇一律都長著老年人臉孔。她指出，宗教圖像反映出一種理想態度，而且圖像學（iconography）研究能揭示很多訊息，比如 19 世紀馬內（Edouard Manet）與柯爾貝特（Gustav Courbet）以籠中鳥來比喻被家庭錮鎖的女性角色。而聖母與襁褓耶穌，在圖像學中，則象徵著永恆的智慧、知識、慈愛與救贖。

Zoe Mann 指出，中世紀畫像中，襁褓耶穌擁有孩童身體，卻長著一副成年臉孔，這象徵耶穌從誕生起就是全知的，並已準備好改變世界。我們可以設想，當一位祈禱者跪在聖母與聖嬰畫像下，衷心盼望神明能協助他，但他看到的耶穌卻是一位呆萌、可愛模樣的嬰兒，請問他能期望耶穌可為他做什麼事情？

---

597 Ngai, Sianne (2015). *Our Aesthetic Categories: Zany, Cute, Interesting*, p. 57.
598 ibid., p. 56.

圖 29：第二次世界大戰之後的日本迅速成為卡哇伊國度，圖為草間彌生作品。（潘罡攝）

圖 30：村上隆刻意創造出 Mr. DOB 這個角色來對應日本的卡哇伊文化。（潘罡攝）

圖 31：村上隆的圖像角色 Mr. DOB 會從可愛翻轉為邪惡的表情。（潘罡攝）

因此，Zoe Mann 指出，對中古世紀社會大眾與教會來說，耶穌即使在襁褓中就必須顯得與眾不同。13 世紀 Berlinghiero 知名畫作《聖母與聖子》（Madonna and Child）就是典型案例 [599]，畫中的孩提耶穌穿著長袍，手拿長卷，宛如一位迷你哲學家；聖母手指耶穌，臉與眼睛正對著觀賞者，意謂不管誰在祈禱，唯有耶穌的教誨才是救贖的正途。而這類耶穌畫作往往以一個拉丁術語 Homunculus 形容，該詞彙意謂一個軀體超小但完整成長的人，但這種人是肉眼無法察覺的。

Zoe Mann 指出，上述畫像風格到了文藝復興時期，自然主義興起後，開始有了轉變，襁褓耶穌長相越來越像一位真實小孩，最佳例證是達文西《岩窟中的聖母與聖子》。18 世紀法國掀起新古典運動，畫家所繪的聖母與聖嬰彷彿現代母子般，擁有美麗臉龐，讓人感覺親切，顯示當時要求的是更令人親近而非不可企及的宗教形象。正如 Zoe Mann 所述，從文藝復興到當代，畫作中的襁褓耶穌逐漸具備自然的小孩形象，甚至可用「可愛」來形容，這都反映出社會需求與時代觀點 [600]。

可愛的經濟奇蹟

對於歐美「可愛」商品化現象，本書第二章已做初步探討。

---

599 現藏於美國大都會博物館。

600 以上綜合自：Mann, Zoe (2020/09/30). Why does Baby Jesus Look like an Old Man in Medieval Religious Iconography?. The Collector website: https://www.thecollector.com/baby-jesus-in-medieval-religious-iconography/amp/. Retrieved at 01/27/2022.

因此本章中，我們主要聚焦在日本的卡哇伊文化，探討扶桑之國為何會在第二次世界大戰之後掀起可愛風潮，以及整個日本變成外國人眼中的「可愛之國」這種審美經濟現象所存在的「演示價值」（staging value），延伸到這種可愛審美由日本蔓延到東亞與其他國家所揭示的社會文化意義。

正如 Sianne Ngai 指出，日本可愛文化的具體展現就是由凱蒂貓、皮卡丘等所形成的「擬像」（simulacra）與媒體奇觀。打造出凱蒂貓的三麗鷗以及皮卡丘的任天堂集團單靠這些圖案授權等，就創造出驚人的經濟效益。

以皮卡丘及其所代表的 Pokémon 系列產品為例，Pokémon GO 手機遊戲 2016 年 7 月在全球推出，8 月便打破五項金氏世界紀錄 [601]，到了當年 9 月 8 日，全球下載量超過 5 億次，同時成為史上最快營收超過 5 億美金的移動式遊戲 [602]。

此外，數位資訊公司 Sensor Tower 在 2020 年底發布統計，Pokémon GO 從 2016 年上市到新冠疫情爆發之後的 2020 年 10 月為止，全球累計營收達 42 億美金，即使在疫情大爆發的 2020 年，它在當年前 10 個月的營業額超過 10 億美金，從 2017 年起持續上揚中 [603]。2021 年前 6 個月的營業額 6 億 4200 萬，

---

601 廖俊忠（2017）。《精靈寶可夢 GO 玩家的參與動機、社會支持、持續涉入於休閒效益之研究》，第 14 頁。

602 Perez, Sarah (2016/09/09). Pokémon Go becomes the fastest game to ever hit $500 million in revenue. TechCrunch+. https://techcrunch.com/2016/09/08/pokemon-go-becomes-the-fastest-game-to-ever-hit-500-million-in-revenue/. Retrieved at 2022/02/26.

603 Chapple, Craig (2020/11). Pokémon GO Hits $1 Billion in 2020 as Lifetime Revenue Surpasses $4 Billion. Sensor Tower. https://sensortower.com/blog/pokemon-go-one-billion-revenue-2020/ Retrieved at 2022/02/26.

圖 32：Mr. DOB 可愛與邪惡的對比。（潘罡攝）

比 2020 年成長 34%，而且在滿 5 週年之際，總營收破 50 億美金[604]。

　　此外任天堂也根據 Pokémon 主題，陸續推出手拿主機系列遊戲，截至 2021 年底，其中一款主機「紅 / 綠 / 藍」賣了 3138 萬台，2019 年發表的「Pokémon 劍 / 盾」賣了 2390 萬台，「金 / 銀」賣了 2310 萬台。而且 Pokémon 已成為遊戲史上存活最久的商標之一，從推出第一款「紅 / 綠 / 藍」主機起，已經上市超

604 Boland, Mike (2021/08/16). 2021 Data Dive: Pokémon GO Hits the $5 Billion Mark. AR insider. https://arinsider.co/2021/08/16/data-dive-pokemon-go-hits-the-5-billion-mark/. Retrieved at 2022/02/26.

過 25 年，而該主機也於 2021 年躋身史上銷售最佳前 5 名主機之一[605]。

至於創造凱蒂貓以及旗下 400 種可愛授權圖案的三麗鷗公司即使遇到 Covid-19 新冠肺炎疫情衝擊，2020 年的總營收仍達 2 億 7350 萬美金[606]。而凱蒂貓從 1974 年問世，到 2017 年間，據媒體估算，身價超過 70 億美金，授權商品超過 5 萬種，行銷 70 多國[607]。此外，根據近 20 年前的統計，在巔峰時期，凱蒂貓一年的銷售額近 5 億美元，佔當時三麗鷗年營業額 10 億美元的一半[608]。

儘管 2010 年，《紐約時報》一位專欄作家 Hiroko Tabuchi 認為凱蒂貓氣勢已盡[609]，而且 2020 年初起新冠肺炎疫情衝擊下，三麗鷗營收與盈利都大幅下降，創辦人辻信太郎交棒下台[610]。但無論如何，高齡 48 歲的凱蒂貓所造成的可愛審美經濟

605 Clement, J. (2022/03/07). Most successful Pokémon video games worldwide 2021. https://www.statista.com/statistics/1072224/pokemon-unit-sales-worldwide/. Retrieved at 2022/02/26.

606 General, Ryan (2020/11/30). 'She was ours': How Hello Kitty went from being popular with Asian Americans in the '70s to being a global icon. NEXTSHARK. https://news.yahoo.com/she-ours-hello-kitty-went-235810156.html/. Retrieved at 2022/02/26.

607 Matsangou, Elizabeth (2017/06/06). Hello Kitty is taking over the world, one product at a time. https://www.theneweconomy.com/business/hello-kitty-is-taking-over-the-world-one-product-at-a-time/. Retrieved at 2022/02/26.

608 肯・貝爾森、布萊恩・布雷納（2004）。《Hello Kitty 三麗鷗創造全球億萬商機的策略》，第 18 頁。周亞南譯。台北市：商周出版。

609 Tabuchi, Hiroko (2010/05/14). In Search of Adorable, as Hello Kitty Gets Closer to Good-bye. NYTimes. https://www.nytimes.com/2010/05/15/business/global/15kitty.html/. Retrieved at 2022/02/27.

610 邱品蓉（2020/10/15）。〈商業經營 盼重啟凱蒂貓旋風！老字號三麗鷗換年輕新血接棒，靠數位轉型能奪回娛樂龍頭地位嗎？〉。數位時代。https://www.bnext.com.tw/article/59602/hello-kitty-digital-transformation/。檢索於 2022/02/27。

現象仍是傳奇。

　　不論 Pokémon 或凱蒂貓，它們都代表日本強勢的娛樂產業。在 21 世紀初期，日本娛樂產業每年總產額已近 5000 億美金，2002 年時已佔國內生產總值的 10%。而根據日本創意中心「2020 年娛樂產業白皮書」，在 Covid-19 新冠肺炎疫情爆發前的 2019 年，日本娛樂產業總產值為日幣 72.3 兆日圓，折合美金 6131 億美金[611]。全盛時期，Sega、任天堂和新力瓜分掉美國一大半電玩市場，三麗鷗、萬代、科樂美與其他廠商也同時在玩具市場大展雄風，而其中 Pokémon 或凱蒂貓等可愛文化貢獻厥偉[612]。

　　至於台灣則從 1999 年起見證凱蒂貓的威力。當年以香港為起點，麥當勞和三麗鷗合作，凡顧客點套餐，便附送一個凱蒂貓填充娃娃，使得香港麥當勞銷售量大增，5 週內送出 450 萬隻凱蒂貓布偶。「凱蒂貓熱」隨即延燒到台灣，活動第一天，台灣民眾頂著著夏日艷陽大排長龍，不到 4 小時 50 萬隻凱蒂貓配額就一掃而空，隨後每星期送出 250 萬隻布偶，總計讓麥當勞增加 1120 萬美元業績，成為麥當勞在台灣開業以來最成功的促銷活動[613]。接下來 2005 年統一 7-11 打出消費滿台幣 77 元送吸

611　Travel Voice (2020/09/03). Domestic travel is the most popular leisure activity in Japan for nine years in a row, despite a slight decrease in travelers. https://www.travelvoice. jp/english/domestic-travel-is-the-most-poplar-leisure-activity-in-japan-for-nine-years-in-a-row-despite-a-slight-decrease-in-travelers?fbclid=IwAR3HvgLSnIjGybvTJtu2yIVaaYN-piCdb7feT_6EaAK2KDE_F81CeIl55N7g/ . Retrieved at 2022/02/26.
612　肯．貝爾森、布萊恩．布雷納（2004）。《Hello Kitty 三麗鷗創造全球億萬商機的策略》，第 19 頁。
613　肯．貝爾森、布萊恩．布雷納（2004）。《Hello Kitty 三麗鷗創造全球億萬商機的策略》，第 154 頁。

鐵活動，造成全台瘋狂購物蒐集吸鐵[614]。

　　近年凱蒂貓在台灣仍持續發揮魅力，包括 2018 年屏東縣舉辦農業博覽會，主辦單位種植各種顏色的改良品種稻作，組合出凱蒂貓等三麗鷗家族立體 3D 彩稻田，現場還設立凱蒂貓等紀念商品販賣區，以此作為農博會賣點之一[615]。由新竹市府舉辦的「2021 光臨藝術節」安排凱蒂貓列車供民眾搭乘等等[616]，民間業者至今仍不斷用凱蒂貓當促銷賣點，案例不勝枚舉[617]。

　　對某些學者而言，Pokémon 或凱蒂貓等可愛文化蔓延全球既代表日本在全球文化影響力和重要性方面躍升的確切證據[618]，也體現哈佛大學的約瑟夫・奈伊（Joseph Nye Jr.）所稱的「軟實力」（soft power）[619]。

614 黃子倩、林佑璇（2017/04/09）。〈集點首發！ 12 年前消費 77 元免費送磁鐵〉。TVBS 新聞網。https://news.tvbs.com.tw/life/719112/。檢索於 2022/02/26。

615 許麗娟（2018/02/09）。〈大獲好「屏」！熱帶農業博覽會、綵燈節來囉～〉。自由時報電子報。https://news.ltn.com.tw/news/life/breakingnews/2336214/。檢索於 2022/02/26。

616 旅遊經（2021/10/22）。〈「2021 光臨藝術節」交通＋套裝 旅遊資訊懶人包報您知〉。新浪新聞。https://news.sina.com.tw/article/20211022/40307986.html/。檢索於 2022/02/26。

617 曹松清（2022/01/14）。〈Hello Kitty 蘋果村親子餐廳 插旗新竹快閃登場〉。《經濟日報》。https://money.udn.com/money/story/7843/6034331/。檢索於 2022/02/26。

618 肯・貝爾森、布萊恩・布雷納（2004）。《Hello Kitty 三麗鷗創造全球億萬商機的策略》，第 26 頁。

619 同上，第 27 頁。

卡哇伊國度

結果，對歐美人士來說，20 世紀末的日本變成一個處處充斥著可愛事物的國度。早在 1990 年代，一位旅日美籍影評人 Mark Schilling 便把日本封為「可愛國家」（country of cute），他認為沒有任何國家可像日本一樣把可愛搞到如此上手程度[620]。而根據一本針對日本年輕婦女族群發行的時尚雜誌 CREA 在 1992 年所做的調查，卡哇伊（kawaii）是日本現代生活最廣泛使用、最喜愛、最慣用的詞彙[621]。

其中日本女性的全盤卡哇伊化尤其受到矚目。一本 1996 年問世，同樣針對 20 歲前後女性的刊物《Cawaii!》就是最明顯例證。《Cawaii!》編輯方針是派出星探，直接從涉谷、原宿和代代木公園這些時尚區的街頭遴選模特兒，請她們擺姿勢讓雜誌拍照，結果日本少女趨之若鶩，還有人會直接寄照片，參加大規模的公開模特兒比賽甄試。引人注意的是，不論她們穿的是比基尼或傳統夏日和服，這些女孩大多塗著亮光口紅，並在攝影機前擺出超可愛的姿勢，譬如誇張地嘟嘴巴，一隻手指指在下巴上，或皺鼻子等[622]。

---

620 Schilling, Mark (1997). *The Encyclopedia of Japanese Pop Culture*, p. 221. NY: Weatherhill.

621 Yano, Christine R. (2004). Kitty Litter: Japanese Cute at Home and Abroad. In *Toys, Games, and Media*, ed. Jeffrey Goldstein, David Buckingham, et al, p. 55. Mahwah, New Jersey: Lawrence Erlbaum Associates.

622 肯·貝爾森、布萊恩·布雷納（2004）。《Hello Kitty 三麗鷗創造全球億萬商機的策略》，第 32-33 頁。

圖 33：可愛成為日本的國族演示。 圖 34：凱蒂貓圖像授權創造龐大商機。（潘罡攝）
（潘罡攝）

　　肯・貝爾森等人研究發現，日本的卡哇伊認同不僅止於青少年世代，還往上蔓延到二十多歲成年女性，這點跟歐美有很大差異。如第二章所述，美國也有可愛風潮，如肯・貝爾森等人指出，美國小女孩一如日本女孩喜歡可愛物件，也會從流行偶像或凱蒂貓等商品品牌中找到身分認同；但美國青少年十出頭歲便出現反叛，從可愛模樣翻轉為酷。日本情況則迥異於美國，對於可愛的渴望與認同從小一路延續到國、高中，甚至連二十幾歲的成年女性有時候都還會把說話語調提高，故意在男人面前或上班處所，裝出無辜表情或幼稚的害羞神情[623]。

---

623 肯・貝爾森、布萊恩・布雷納（2004）。《Hello Kitty 三麗鷗創造全球億萬商機的策略》，第 41 頁。

但有趣的是，根據學界研究，傳統上日本少女並非這樣的卡哇伊定位與形象。日本少女（shoujo）這個年齡分類是在 1920 年代到 1930 年代被創造出來，用來形容介於青春期與結婚之間充滿潛在反叛性格的女性世代。當時，「少女」這個詞彙意謂著一個危險的存在，一個充滿腐敗與反日本社會的變形氣壓計[624]。

　　然而到了 1970 年代，少女的概念被改造成一種親和形象，是可供消費的。隨著日本急遽竄升為世界經濟巨人，而日本女性是居家消費主力，「少女」成為流行關鍵決定者。此外，日本文化評論者也認為，卡哇伊完全可延伸用來形容廣大女性主導的日本中產階級消費行為。卡哇伊就在這時候崛起，在富裕的年代，連結到一種消費式的「少女」形象，即使經歷 1990 年代經濟蕭條，依然持續至今未衰[625]。

　　日本學者鱒淵認為，上述趨勢可從日本漫畫中的少女形象演變窺見一斑。從 1950 年代到 1960 年代中期，漫畫中的少女充滿悲情，到了 1960 年代晚期與 1970 年代，隨著日本的經濟繁榮，逐漸搖身變成快樂女英雄。換句話說，伴隨廣泛的富裕與日漸增強的消費能力，「少女」與「卡哇伊」的連結越來越強。在形態上，漫畫中的少女越來越「卡哇伊」，也就是越來越幼稚化，包括圓滑的臉龐，眼睛越畫越大，還有早熟的胴體。與此同時，專為男性繪製的漫畫中，同步呈現軀體已經成年，

624　Yano, Christine R. (2004). Kitty Litter: Japanese Cute at Home and Abroad, p. 55.
625　ibid., p. 56.

卻擁有少女臉孔以及超大胸脯的年輕女性 [626]。

結果，如 Sianne Ngai 等人指出，卡哇伊很快就連結到性的層面，日本漫畫中女性變成性愛玩物，而且卡哇伊與少女合體，已經成為日本的一種女性次文化。例如一本 1986 年出刊，專門針對 20 歲前後年齡女性讀者的雜誌《Cutie for Independent Girls》就赤裸裸地把卡哇伊當成性消費文化，該刊封面經常主打大眼睛擁有粉紅臉頰與髮辮的女模特兒，然後多張封面連頁都是她被綑綁與性虐待的姿態。卡哇伊更與很多色情工作緊密結合，包括日本老男人偏愛未發育女生的蘿莉塔情結，夜店女侍穿著校園女生制服以及少女援交等。最令學者不解的是，假如《Cutie for Independent Girls》這類內容是刊登在男性雜誌，還比較不令人驚訝，但這些影像都是呈現給女生，而且還宣稱是「獨立自主女生」，傳達出女性就是束手無策的獵物等待著獵人到來。至於這本雜誌的其他內容，一如許多日本刊物，都在歌頌著消費主義，充斥著服飾與飾品報導，清一色都是卡哇伊外觀，以及相關賣店的訊息，穿插著一些明星消費心得的簡短訪談 [627]。

性別的雙重可愛演示

一如第一章審美經濟提出者波默所言，當代審美商品訴求

---

626 Yano, Christine R. (2004). Kitty Litter: Japanese Cute at Home and Abroad, p. 57.
627 ibid., p. 59.

圖 35：寶可夢成為中老年世代的可愛演示。（潘罡攝）

圖 36：裝置藝術家霍夫曼的黃色小鴨成為台灣的小清新文化演示。（潘罡攝）

的是一種「演示價值」（staging value），大眾利用審美商品所具有的魅力、光暈與氛圍，來演示、裝飾並強化生活質感，並藉以彰顯個人生活風格訴求。從這種理論視角出發，日本女性的卡哇伊認同，根據審美經濟的商品邏輯，無非是在演示她們的生活與生命觀，背後則是有關父權社會結構下女性所採取的角色扮演與因應策略。

關於卡哇伊文化與日本父權社會的關係，歷來已有很多學者進行研究分析。卡哇伊可根據一套關連的系譜予以定義，包括形體層面、關係 / 感情層面、性層面。如同日本學者鱒淵所定義，卡哇伊商品具有七種元素，包括小巧（smallness）、天真與無邪（naiveté and innocence）、年幼（youth，尤其非常年幼）、倚賴（amae）、圓潤（roundness）、柔和的顏色（pastel colors）以及動物般的性質（animal-like qualities）[628]。此外，劍橋大學學者 Sharon Kinsella 分析，卡哇伊基本上如同成年人看待小孩，讚頌的是甜美、可愛、無邪、純潔、單純、真誠、溫和、不設防、柔弱、缺乏社會化經驗的行為與外表[629]。而三麗鷗所創造出來的卡通形象，尤其凱蒂貓，完全擁有上述元素。

至於這些如同動物或類動物的角色要顯得卡哇伊，核心前提是要能被馴服而且特別需要呵護。三麗鷗的動物們並非像真實動物的模樣，他們的造型通常高度風格化，通常是超大比

---

628 Yano, Christine R. (2004). Kitty Litter: Japanese Cute at Home and Abroad, pp. 57-58.
629 Kinsella, S. (1995). Cuties in Japan. In *Women, media, and consumption in Japan*, ed. Brian Moeran & Lise Skov, 220-254, p. 220. Honolulu, HI: University of Hawaii Press.

例的頭，精巧的五官集中在臉部一個小範圍中，以便讓它幼稚化[630]。因此從表象上來說，日本女性藉由卡哇伊形象化與消費文化，特別是三麗鷗的圖像與凱蒂貓風潮，從 1970 年代起，向主宰經濟強權的父權低頭乞憐。

卡哇伊的概念因此反映出一種無助與施助者、被保護與保護者、依賴與被倚賴者的基本關係。學者 Lori Merish 指出，可愛的概念特別催生了一種商品：這種商品正在尋找它的媽媽，因此它的造型必須能激發母性的本能。可愛產品的消費者（或潛在消費者）被期望……假裝成它的媽媽，鍾愛卡哇伊意味一種母性感情的儀式化扮演[631]。

然而卡哇伊與觀看對象之間事實上發展出更複雜的關係，不只在於觀看者想要撫育卡哇伊對象，更在於前者也想變成後者。Lori Merish 指出，鍾情卡哇伊，意味著一種認同結構，想要自身同樣的可愛，甚至更精確的說，搖身變成那個可愛的對象。鍾情卡哇伊的行為，表現出與認同相關的雙重邏輯：首先它基本上就離不開一種慾望，卡哇伊美學催生一種情緒反應，吻合美國電影學者 Mary Ann Doane 所描述，等同於一種商業結構，其中消費者的同理心被「女性化」，並且混淆了認同與商品慾望。Mary Ann Doane 在班雅明的公式上添加了一種女性主義的

630　Yano, Christine R. (2004). Kitty Litter: Japanese Cute at Home and Abroad, p. 57.

631　Merish, Lori (1996). Cuteness and Commodity Aesthetics: Sherley Temple and Tom Thumb. In *Freakery: Cultural Spectacles of the Extraordinary Body*, ed. Rosemarie Thomson, 185-203, p. 186. NY: New York University Press.

轉向，看到在親密的、感性的商品訴求以及某種特定的情感結構之中，出現一種翻轉，結果把消費融入接納的邏輯中 [632]。

因此，從女性主義視角來看，日本可愛文化正反映出男性沙文主義統治並剝削女性的日本社會。諸如凱蒂貓這類形象誘使女孩和年輕女性直到她們成年都表現出順從、嬌弱和純真，而非成熟、自信與獨立 [633]。因此，凱蒂貓等三麗鷗商品賣到歐美等地，不斷引起女性主義與前衛藝術界嘲諷。其中，亞裔美籍女性主義者對凱蒂貓代表的廣泛的服從性價值觀尤其反感，認為凱蒂貓這種可愛文化不但加深亞洲各地的男性沙文主義，更在美國白人男性心中助長了一種誤解、過度簡化且假憐憫（patronizing）的東方主義（orientalism）。

肯・貝爾森兩人舉出的案例包括加州聖塔莫尼卡（Santa Monica）經營「無懼髮劇團」（Fearless Hair Theater Production）的蒂尼思・烏耶哈拉（Denise Uyehara），她有一齣單人表演作品名為「Hello（Sex）Kitty-Mad Asian Bitch on Wheels」；她的網站上有一張照片是烏耶哈拉舉著一把槍對準 Hello Kitty 的腦袋。[634] 克里斯汀娜・王（Kristina Wong）所架設的網站——「中國超壞媽媽」（Big Bad Chinese Mama）[635]，網頁裡有隻傲然抗

---

632 Merish, Lori (1996). Cuteness and Commodity Aesthetics: Sherley Temple and Tom Thumb, p. 186-187.

633 肯・貝爾森、布萊恩・布雷納（2004）。《Hello Kitty 三麗鷗創造全球億萬商機的策略》，第 27 頁。

634 同上，第 228 頁。

635 「中國超壞媽媽」（Big Bad Chinese Mama）網站：http://www.bigbadchinesemama. com/(04/07/2004)。檢索於 2022/02/27。

爭的凱蒂貓，張著大口皺起眉頭，頭上的對話泡泡裡說著：「我在等你這個爛人！」（I am ready for ya as swipe），以此揶揄希望娶到溫順聽話亞洲老婆的美國男人[636]。

圖 37：黃色小鴨在高雄帶動商機。（潘罡攝）

台灣學者柯裕棻公元 2000 年曾發表過一篇文章〈凱蒂貓與臺灣的認同政治〉（Hello Kitty and the Identity Politics in Taiwan），文中描述了凱蒂貓熱潮在台灣引發的爭議，當中包括女性主義運動者與國族主義者的抨擊，「這些批評視凱蒂貓狂潮為病症，反映出臺灣的文化日本化、女性主義意識的消失與兩性關係的衰退。[637]」

---

636 肯・貝爾森、布萊恩・布雷納（2004）。《Hello Kitty 三麗鷗創造全球億萬商機的策略》，第 230 頁。

637 柯裕棻（2000）。〈Hello Kitty and The identity Politics in Taiwan〉。https://citeseerx.ist.psu.edu/viewdoc/download?doi=10.1.1.517.9451&rep=rep1&type=pdf/ 檢索於 2022/02/27。

然而，從其它角度來看，可愛似乎並非一直演示著上述溫馴、恭敬的姿態。Sianne Ngai、Wyndham Lewis 等學者發現，20世紀掀起的兒童膜拜，反映出一種對政治腐敗，對政治野心，對任何宣稱有意義的公眾生活的抹除與拒絕。由於大眾發現政治是可恥的，於是透過可愛以及對兒童的膜拜，展現對政治權力說「不」的態度，並以審美化的方式，正名了自己的抉擇。如此一來，可愛似乎變成解決政治問題的某種良方解藥，所有人都彼此擁有、把玩，都是「宛如彼得潘的小孩們」，終有一天，他們成為政治人物，被豎立成雕像，進而從高高的柱頂對

圖 38：寶可夢持續成為台灣地方政府行銷工具。（截圖自高雄市政府網站）

大眾頻送秋波 [638]。

　　而部分日本女性似乎也採取了這種含蓄的可愛反抗策略。學者發現，日本年輕婦女藉由「可愛」來背離社會賦予傳統女性的常規，而凱蒂貓和可愛運動，完美地提供逃避現實的異想空間、消費主義與懷舊情結，在在威脅著主流父權社會結構。越來越多年輕女性藉由訴求「可愛」價值觀，表達出她們維持獨立生活，不走入相夫教子傳統生命模式的渴望 [639]。

　　於是在不知不覺中，過去數十年日本經歷了少女勢力的興起，而凱蒂貓則成為引領著她們前進的象徵符號。如今日本男性依然掌控政治經濟結構與權力，但都會女性上班族則在高度發展的社會中，享受著無牽無掛的個人自由，隨興更換工作，經常出遠門到國內外旅行，乃至自在恣意的消費行為等等，強調的是無憂無慮如凱蒂貓般的享樂主義 [640]。

　　從這個視角來看，可愛成為一種恐嚇策略，威脅著日本既有的社會秩序，讓許多日本政治與社會觀察家惶惑不安甚至憤怒。在他們眼中，可愛審美背後可連結到盲目的消費主義，工作道德體系的崩潰，日本年輕世代的嬰兒化以及戰後破壞日本社會和諧的叛逆勢力，而且導致循規蹈矩、注重紀律、自我犧

638　Ngai, Sianne (2015). *Our Aesthetic Categories: Zany, Cute, Interesting*, p. 69.

639　肯・貝爾森、布萊恩・布雷納（2004）。《Hello Kitty 三麗鷗創造全球億萬商機的策略》，第 43 頁。

640　Kelsky, Karen (1994). Postcards from the Edge: The "Office Ladies" of Tokyo. *U.S.-Japan Women's Journal. English Supplement*, 6, 3-26. University of Hawai'i Press.

牲等傳統價值體系已危在旦夕[641]。

就此而言，我們可說，可愛的審美經濟演示出日本女性對歷史悠久的父權結構的解構策略，而且經過半世紀，已產生驚人程度的成果。

根據《紐約時報》2019 年的一篇報導，1990 年代中期，日本女性在 50 歲之前的不婚比例為 1/20，到了 2015 年，這比例已急遽上升到 1/7，足足增為近 3 倍；年齡介於 35 到 39 歲的不婚日本女性比例更高達 25%，相較之下，1990 年代中期僅為 10%，而日本女性職場就業人數卻是有史以來之最。與此同時，日本每年新生兒數量也降到 1899 年有紀錄以來的最低點。接受《紐約時報》訪問的日本女性一律表達出維持獨立自由，熱愛工作的價值觀，而且不想掉進傳統婦女操持家務的宿命[642]。

換句話說，由凱蒂貓等代表的可愛審美觀，根本沒有出現女性主義者最擔心的女性普遍物化的結果。

國族的可愛演示

從更大視角來看，整個日本從 1970 年代起逐漸變成「可愛國度」似乎也是一種國族的演示策略。Sianne Ngai 論證，第

---

641 肯‧貝爾森、布萊恩‧布雷納（2004）。《Hello Kitty 三麗鷗創造全球億萬商機的策略》，第 44 頁。

642 Rich, Motoko (2019/08/03). Craving Freedom, Japan's Women Opt Out of Marriage. NYTimes. https://www.nytimes.com/2019/08/03/world/asia/japan-single-women-marriage.html/. Retrieved at 2022/02/28.

圖 39：日本飛機的寶可夢塗裝。（Suoh Sato 攝影，取自維基共享資源）

圖 40：寶可夢成為日本卡哇伊文化的代表。（Kentaro Iemoto 攝影，取自維基共享資源）

二次世界大戰之後，日本戰敗而被美國佔領，這個島國赫然察覺自己的軍事與經濟實力，特別跟龐大的美國相比，實在是黯淡無奇。卡哇伊審美也就在這個背景下，對日本文化產生全方位影響，而且在工業設計、印刷文化、廣告、時尚、服裝、飲食與汽車產業等方面，無不加速注入並迅速發展。換句話說，Sianne Ngai 強調，只有這樣的歷史原因才能解釋為何日本在高速經濟發展與工業生產的情況下，小巧、無力的卡哇伊美學卻特別地挺身而出，就一種意識形態現象與意義而言，成為文化與經濟的支配力量，如此廣泛地普及到日本全國[643]。

而日本多摩大學學者椹木野衣也有同樣的觀察，他追溯二戰之後的日本著迷於卡哇伊審美，發現有兩大原因，包括日本意識到自己作為世界強權的願景已經幻滅，但更重要的在於他們意識到一種歷史形象，而該脆弱、無助形象是由承認戰敗的昭和天皇所體現。在天皇實權統治的倒數計時中，日本國民目睹他們的天皇不再高大威嚴，相反地，變成一位可愛的老人家了[644]。

因此，對 Sianne Ngai 來說，卡哇伊審美是日本民眾自覺或不自覺地針對時局所採取的因應策略或本能反應。卡哇伊作為一種自我意識的審美策略，一路貫穿在藝術家奈良美智、村上隆等人作品中。以奈良美智知名的小孩圖像為例，這些小孩普遍帶著受傷、挫折的神情。而村上隆自創了一個角色 Mr.DOB，

---

643 Ngai, Sianne (2015). *Our Aesthetic Categories: Zany, Cute, Interesting*, p. 78.
644 ibid.

源自他實驗性的「存活」系列創作。起初這個角色看起來彷彿無憂無慮，但村上隆逐漸讓它浮現沉重的寓意，比如 1999 年一件裝置藝術作品《在森林中》，Mr.DOB 身處一堆帶有惡意的蘑菇包圍中，顯得頗為困擾與挫折，而那些蘑菇讓人聯想起廣島、長崎原子彈蕈狀雲[645]。

隨後一系列 Mr.DOB 創作中，村上隆讓觀賞者意識到，我們跟可愛物件的關係中隱含著一種力量，而這種力量會讓觀賞者感受到惡意。當 Mr.DOB 越顯得受到欺壓，它就越像是欺壓的代理人，可愛的物件有可能既是無助的同時又顯得暴力。Sianne Ngai 指出，可愛矛盾地翻轉為邪惡，這意味可愛審美的內在不穩定狀態，或者印證我們在可愛審美之餘，馬上會發現這是一場操弄，甚至感覺到背叛[646]。

無論如何，正如奈良美智、村上隆靠著上述奇特的可愛審美而行銷全球，當日本經濟在 1970 年代躍居全球第二，汽車與電器等賣到全世界，但這個一向被視為閉鎖的島國文化，卻在世人沒有預料到情況下，開始在全球展露頭角，包括導演北野武在歐洲造成旋風；安室奈美惠和其他 J-Pop 歌手在香港、台灣與新加坡的音樂排行榜上持續攀升：凱蒂貓、Pokémon、卡拉 OK 和日本漫畫還有任天堂電玩在美國佔據大量市場。其他國家民眾突然察覺，原來日本對全球的貢獻不僅在電器與汽車產業，它還發展出活躍的流行文化，從可愛島民翻轉成文化巨人並傲

---

645 Ngai, Sianne (2015). *Our Aesthetic Categories: Zany, Cute, Interesting,* pp. 78-82.
646 ibid., pp. 83-86.

視國際舞台[647]。

　　而當日本可愛審美傳到台灣後，在某些學者眼中，也成了台灣自我的演示手段。如上所述，凱蒂貓熱潮席捲台灣後，台灣人文學者莊佳穎把凱蒂貓與外國藝術家霍夫曼所帶來的黃色小鴨、中國贈送台灣的熊貓圓圓等「可愛文化」，視為台灣小確幸文化的一種表徵。由凱蒂貓等所演示的「小確幸」，則是台灣人處在媒體自由化、政治民主化、文化商業化、大敘事全面消解、世代不正義的當代社會脈絡中，對於紛亂時局所做出的集體回應與自我定位[648]。

　　莊佳穎認為，上述紛亂時局對台灣人已形成無法解決的難題，因此台灣人只能放棄龐大的、虛幻的、遙遠的願景，從小確幸尋求微小而切確的幸福感。小確幸代表一種對小敘事的執迷，一種集體心靈遭受擠壓後的內縮。莊佳穎指出，台灣人透過可愛文化（演示）的「小確幸」來建構自我，而中國作為台灣社會的巨大他者，也以類似概念觀看和界定台灣[649]。

　　很顯然的，台灣人的可愛演示相當成功。因為莊佳穎認為，中國崛起的「最拚世代」就是以小確幸所演示出來的「小清新」來形容台灣。她以大陸文人張曉舟的話語為例來說明：狼性的中國世代視角下的「小清新」台灣，是一個為中國清新綻放、

---

647 肯・貝爾森、布萊恩・布雷納（2004）。《Hello Kitty 三麗鷗創造全球億萬商機的策略》，第 47 頁。

648 莊佳穎（2014）。〈從政治消費文化觀點看當代台灣社會的民主參與和認同建構〉，第 184-185 頁，《台灣國際研究季刊》第 10 卷第 1 期，頁 161-190。台北市：台灣國際研究學會出版。

649 同上，第 185 頁。

沒有政治的台灣鏡像[650]。

由於演示成功，台灣與中國曾有多年維持和平對等關係，對岸甚至以「台灣最美的風景是人」來表達對台灣社會（演示結果）的稱許。可愛的審美經濟所演示的小確幸，或許只是消極逃避，但無論如何，總是讓台灣民眾得以短暫擺脫令人苦悶且無力左右的政治現實。

世代的可愛演示

如本章起頭所述，日本流行文化從 1970 年代起熱銷全球，而 Pokémon（以下簡稱「寶可夢」）無疑是最佳範例之一。學者 Joseph Tobin 指出，日本流行文化包括任天堂主機以及超級瑪利歐熱賣，當中一大打造手法就是去日本化（De-Japanization），或者把遊戲背景與角色身分等可資辨識種族或地區等線索全部去除[651]，如此也減少各國對日本文化入侵的疑慮。

Joseph Tobin 觀察，在上述背景下，寶可夢從 1996 到 2001年成為任天堂有史以來最成功的產品[652]。1998 年秋天，日本任天堂決定在美國生根，執行一連串在地計畫，包括為寶可夢電

---

650 莊佳穎（2014）。〈從政治消費文化觀點看當代台灣社會的民主參與和認同建構〉，第 186 頁。

651 Tobin, Joseph (2004). Conclusion: The Rise and Fall of the Pokémon Empire. In *Pikachu's Global Adventure: The Rise and Fall of Pokémon*, ed. Joseph Tobin, 257-292, p. 260. Durham and London: Duke University Press.

652 ibid., p. 3.

圖 41：台灣民眾對可愛圖像的熱愛演示了一種小確幸文化。（潘罡攝）

圖 42：可愛審美隱含一種主客體的力量不對等。（林宜函攝影／提供）

視卡通影集配音，大約 1 年時間就讓寶可夢紅遍美國小學[653]，但到了 2001 年春天就開始走下坡[654]。

不過寶可夢全球走紅現象還是引起許多學者關注，為此 Joseph Tobin 於 2000 年 12 月在夏威夷檀香山舉行一場全球寶可夢研討會，來自香港、澳洲、日本、以色列、法國、英美等學者齊聚一堂，分別從人類學、傳播學、媒體研究等視角，探討寶可夢現象，也等於為此文化現象寫下最後註腳[655]。

Joseph Tobin 結論是，或許在世界某個角落，對某個很年輕尚待成長的小朋友來說，皮卡丘還很新鮮，屆時皮卡丘就能再度年輕，等待著跟小智重逢。只是在世界其他地區，皮卡丘已經過了黃金歲月[656]。但這群學者萬萬沒想到，2016 年皮卡丘與寶可夢竟然挾著手機遊戲 Pokémon GO 強勢回歸，目前已過了 5 年，還看不到終點線在哪裡。

寶可夢無疑也是日本可愛文化的演示，但手機遊戲 Pokémon GO 對台灣而言還有另一層演示價值：根據台灣相關研究，Pokémon GO 玩家以 45 歲以上的中壯年與老年人最多，25 歲以下僅 1 成多[657]。以寶可夢為關鍵詞在臺灣博碩士論文知識

653　Tobin, Joseph (2004). Conclusion: The Rise and Fall of the Pokémon Empire. In *Pikachu's Global Adventure: The Rise and Fall of Pokémon*, p. 269.

654　ibid., pp. 3-4.

655　ibid., p. 290.

656　ibid., p.291.

657　白愉慈（2018）。《休閒動機、涉入程度及身心健康之關係 — 以手機遊戲精靈寶可夢 GO 為例》，亞洲大學休閒與遊憩管理學系碩士在職專班碩士論文，台中市。

加值系統搜尋，可查到 50 本相關著作，其中特別針對中高齡寶可夢玩家所進行的研究就有 5 本[658]；其餘 4 本論文雖未直接鎖定此主題，但他們的研究也印證 Pokémon GO 的中高齡玩家最積極投入，而且人數比例相較為多，滿意度也最高[659]。

　　為何手機遊戲 Pokémon GO 在台灣的玩家以 45 歲以上中高齡最多？相關 9 本論文研究者均發現，該遊戲能帶來高滿意度的社會互動與連結，而且是實質的互動再延伸到虛擬世界的互動，迥異於一般電腦與網路遊戲以虛擬世界互動為主。如錢宛青（2019）研究指出，中老年人普遍面臨社會角色的轉變以及生理的衰退，而 Pokémon GO 帶給他們彼此之間全新的人際互動契機甚至社會角色，使得他們繼續投入至今。

　　而根據審美經濟的「演示價值」理論，藉由 Pokémon GO，中高齡玩家做了一種特立獨行的世代演示。根據相關 9 本研究，

658　包括錢宛青（2019）。《中高齡玩家在精靈寶可夢 GO 的社會互動與連結》，國立交通大學客家學院傳播與科技學系碩士班碩士論文，新竹市。武修硯（2018）。《「精靈寶可夢 GO」之台灣中高齡玩家研究：特質、活躍程度及遊戲態度》，東海大學日本語言文化學系碩士論文，台中市。李傳薇（2021）。《中高齡寶可夢遊戲玩家的遊戲經驗研究》，佛光大學傳播學系碩士論文，宜蘭縣。唐淑珍（2021）。《中高齡玩家之遊戲吸引要素分析——以寶可夢 GO 為例》，國立雲林科技大學設計學研究所碩士論文，雲林縣。許睿洋（2021）。《中高齡者參與「精靈寶可夢 GO」學習歷程後人際關係改變之研究》，國立中正大學成人及繼續教育研究所碩士論文，嘉義縣。

659　白愉慈（2018）。《休閒動機、涉入程度及身心健康之關係 — 以手機遊戲精靈寶可夢 GO 為例》；鄒思偉（2017）。《精靈寶可夢使用者愉悅前因之探討》，長庚大學商管專業學院碩士學位學程在職專班資訊管理組碩士論文，桃園縣。徐瑞紫（2018）。《遊戲動機與網路社群資訊分享對精靈寶可夢 GO 玩家遊戲體驗滿意度探索——皮卡丘效應的驗證》，育達科技大學行銷與流通管理所碩士論文，苗栗縣。康哲銘（2021）。《寶可夢現象：寶可夢跨媒體呈現的跨文化研究—以法國與台灣為例》，天主教輔仁大學法國語文學系碩士論文，新北市。

圖 43：可愛審美意味著審美者自身也想變成可愛的事物。（潘罡攝）

圖 44：奈良美智的小女生眼睛透露出創作者對於可愛的批判。圖為總統蔡英文參加奈良美智特展。（取自維基共享資源）

絕大多數中高齡玩家既不是電腦與網路原生族，以往也不像年輕世代熱衷於網路與電腦遊戲，因此他們最初接觸 Pokémon GO，要花不少時間熟悉操作，但他們上手之後，對該遊戲就展現極高忠誠度。

如錢宛青研究指出，Pokémon GO 原先不是特別針對中老年人所設計的遊戲，2016 年推出後，到了 2018 年，台灣的年輕玩家就紛紛退出，中老年玩家卻持之以恆至今，關鍵就在於他們經營出一種人際實質互動的社會景觀。Pokémon GO 標榜是全球第一款結合擴增實境的手機遊戲，玩家必須走到室外，到達特定地點，才能進行遊戲。9 本研究都提到 Pokémon GO 推出後，全球玩家在公園、戶外休閒場域甚至大街小巷瘋狂抓寶的現象，而台灣也不例外，包括嘉義南寮漁港、新北市北投公園等地，大批玩家不分日夜齊聚抓寶，當某些特殊寶可夢在某地現身時，大批玩家蜂擁而至，往往造成當地交通壅塞，對不參與遊戲者造成很大困擾，媒體甚至以「喪屍」（zombie）來形容玩家的行徑。

因此，如錢宛青等研究所顯示，在年輕人退出遊戲後，中高齡玩家必須不在意其他社會大眾眼光，不畏媒體給玩家所貼上的負面標籤，甚至主動反擊媒體報導，才能保持遊戲熱情[660]，這成為一種「共同體」精神的基礎。由於 Pokémon GO 的遊戲機制要求玩家在真實世界進行身體移動到特定場域，這

---

660 錢宛青（2019）。《中高齡玩家在精靈寶可夢 GO 的社會互動與連結》，第 89 頁。

些特定場域構成玩家口中的「抓寶聖地」，也成為中高齡玩家的演示舞台。

在遊戲推出 5 年後的今天，中高齡玩家已發展出各地區為數眾多的線上、線下遊戲社群，這些社群會配合 Niantic 特別活動，號召社群成員一起參與，有時人數動輒上千，此外也經常自行舉辦聚會聯絡感情。他們有特別訂做的制服，特製的旗幟，聯誼時以綠色防水布席地而坐，彼此聊天寒暄，相處融洽。某些社群還會舉辦抽獎、尾牙、春酒、旅行等活動，並配合台灣地方政府與遊戲公司聯手舉辦的大型戶外活動，相約前往活動地點抓寶[661]。

這樣的共同體精神，讓台灣中高齡 Pokémon GO 玩家發展出其他世代遊戲少見的人際互動模式。他們會把自己遊戲帳號交給其他社群成員代玩[662]，在遊戲之餘，也貢獻自己的專業給其他成員。他們彼此關懷，在生活中相互扶持[663]。最有人情味的行徑還包括人生告別儀式，當某些中高齡玩家過世，社群成員會彼此號召，在亡者出殯時，利用遊戲道具，在虛擬的遊戲世界中撒花致祭[664]。這種深具人情味的場景，對年輕研究者林永淇（2020）構成一道特殊風景。他以感性的筆觸寫下：

---

661 錢宛青（2019）。《中高齡玩家在精靈寶可夢 GO 的社會互動與連結》，第 68-69 頁。
662 同上，第 76 頁。
663 同上，第 76-78 頁。
664 同上，第 90 頁。

若有寶友不幸離世，在往生寶友的送行路線上，社群裡的其他玩家便會在虛擬世界沿路撒櫻花雨作為告別儀式，類似案例相當多，例如屏東「近 500 名寶友從屏東殯儀館沿途撒花並將道館變成紅隊，時間持續近 3 小時，淚送王姓女寶友」（葉永騫，民 109），或是板橋玩家以過世寶友「住家為中心，方圓兩公里內近百個補給站全成為櫻花海」（楊政勳，民 108）；台南佳里「招集 5、6 百人展開『全鎮櫻花雨』行動，在百個補給站撒櫻花，且持續 3 小時，形成『紅塔櫻花雨』場面送別罹癌嬤」（鄭玉如，民 107）。這對研究者來說，十足感性，想像一下，在真實世界往生者的送行路線上，可能是車水馬龍、失序混亂且夾雜著佛經、鑼鼓之音，但在這個只有寶友們能看到的虛擬世界裡卻是靜默地飄著滿地的櫻花雨，（當然還有召喚而來的神奇寶貝們），彷彿在說著「好走！這是只有我們知道的秘密！」[665]。

　　如同審美經濟提出者波默所言，當代審美經濟的重點不僅限於產品與商品的審美元素，更在於消費者如何運用來凸顯生命的主張與生活的情境。台灣中高齡 Pokémon GO 玩家實踐了審美經濟的「演示價值」，這樣的可愛審美一如其他審美經驗，無疑帶來了超越與圓滿的感受。

---

665 林永淇（2020）。《寶可夢地方學：地圖、地景與地租》，第 37 頁，國立高雄師範大學跨領域藝術研究所碩士論文，高雄市。本段文字引用自林永淇內文，但部分文句順序稍有調整，以便使他的表達更有條理，敘事邏輯更連貫。

圖45：卡哇伊文化瀰漫日本。圖為日本三鷹市吉卜力公車。（潘罡攝）

圖46：可愛的圖像文化藝術演示出不具威脅性的國族姿態。圖為宮崎駿的吉卜力博物館。（潘罡攝）

圖47：日本悄悄地從可愛的國度轉變為文化巨人。圖為宮崎駿的吉卜力博物館。（潘罡攝）

第六章

認同與振奮
(Thymos)

如第三章所述，數位資本主義帶來奇觀 2.0，大眾主動加入生產奇觀，將自我帶入歷史書寫，也將日常與庸常毫不遮掩展現在所有人面前。當大眾獲得認同，甚至陶醉在彼此「自我虛構」的剎那，就產生了新的審美範疇「振奮」（thymos）。這種振奮感受可視為由後現代甚至後人類（posthuman）大眾的自我拯救本能所激發而出，但它能否帶來圓滿超越的終極審美經驗，尚待進一步釐清。

焦慮的時代背景

正如學者曼威・柯司特所言，當代是社會群體與個體彼此疏離異化的時代，因而特別渴望認同[666]，但這種時代現象顯然經過長時間醞釀而成。心理學家羅洛・梅（Rollo May）指出，現代人類因疏離異化而引發集體焦慮，最早可追溯到 17 世紀理性主義時期，由於理性協助世界除魅（disenchant the world），把人類從宗教迷信中解放出來，不料理性激發個人主義抬頭，連帶引發個人心理的孤寂感，又引進新的焦慮來源[667]。

但羅洛・梅指出，17 世紀的知識份子整體而言仍相信理性可掌控自然與調伏情緒，所以菁英的思想表達中很少出現焦慮的現象[668]，而且當時大眾缺乏表達自我的媒介工具，因此我們

---

666 曼威・柯司特（2000）。《網路社會之崛起》（修訂再版），第 3-4 頁。
667 羅洛・梅（2004）。《焦慮的意義》，第 24-25 頁。朱侃如譯。台北市：立緒文化出版。
668 同上，第 40 頁。

只能透過菁英的書寫去判斷當時社會概況。

　　但上述病症拖延到 19 世紀，終於爆發，變成 19 世紀的一種文化特徵。羅洛・梅指出，人類開始面臨文化分殊化所造成的隔閡（compartmentalization），科學本身先失去統一的原則，每種科學自行其是，沒有終極願景與目標，緊接著人性的詮釋觀點也莫衷一是 [669]。前者讓我們聯想起當代社群網站 Instagram（以下簡稱 IG）高層莫索里的遁詞，當他被質疑 IG 對人類社會的影響時，他採取新自由主義科技菁英一貫的回應：「科技沒有好壞，科技只不過是科技。[670]」至於人性詮釋的問題，則如第一章所述，係由浪漫主義一手造成。

　　於是 19 世紀起，人類見證到德國哲學家凱斯勒（Ernest Cassirer）所說的狀況：現代的人性論失去知識重心，只換到一種思想的無政府狀態 [671]。浪漫主義高舉情感至上的大纛，理性失去控制情緒的權力，19 世紀變成理性與情緒分道揚鑣的時代，但為了仲裁雙方的合法性，於是動用了意志，常見的結果便是情緒遭到否定，進而導致人格裂解，也為佛洛依德學說奠定社會問題的基礎。而基於身心解離的情況，焦慮從 19 世紀起就變成人類無可迴避的病症 [672]。

　　然而 21 世紀的網路社群媒體，讓焦慮問題更惡化。當代

---

669 羅洛・梅（2004）。《焦慮的意義》，第 41 頁。
670 莎拉・弗埃爾（2020）。《Instagram 崛起的內幕與代價》，第 373-374 頁。余韋達譯。台北市：臉譜出版。
671 羅洛・梅（2004）。《焦慮的意義》，第 41 頁。
672 同上，第 42 頁。

網路社群聲稱可擴大人際互動，事實上絕大多數互動都是弱連結而非強連結，人們卻因為焦慮問題，迫切希望獲得認同，期望透過別人的按讚肯定，來緩解內在的孤寂。但與此同時，另一個威脅又伴隨出現：由於網路的匿名性，讓人可毫無顧忌暢所欲言，不用擔心有何後果，這就是所謂「網路去抑效應」（online disinhibition effect），2004 年由美國萊德大學學者約翰‧蘇勒（John Suler）所提出[673]。人們在網路上肆無忌憚發表真實生活中說不出口的言論，只因他們可躲在螢幕後全然匿名且隱形[674]。於是人人渴望獲得認同，但也可能成為加害或被害者。

結果網路社群在號稱擴大人際關係的同時，附送了一個心理學的「驚嚇模式」。許多人無法置信地發現，原來網路上充滿大量敵意，而且遣詞用字之狠毒，威逼之態勢，都是日常真實生活很難遇見的。網路文化研究者克里斯汀‧魯德（Christian Rudder）曾在著作中舉過幾個例證，包括一位美國女高中生莎菲亞‧納瓦茲 2014 年除夕夜在推特上開了一個玩笑寫道：「Safiyyah @ Safiyyahn 這個美麗地球現在已經 2014 歲了，真厲害呢！」不料 24 小時內收到 1 萬 6 千則轉推，當中充滿大量污辱詞句如「妳該自殺」、「自殺啦，妳他媽的蠢材」。另一個案例是美國搞笑藝人娜塔莎‧拉格羅，同樣也是開個玩笑，同樣激發了「網怒」（internet rage），收到的咒罵推文包括「妳真是個卑鄙的妓女」、

---

673 Suler, John (2004). The Online Disinhibition Effect. *CyberPsychology & Behavior*, 7(3), 321–326.

674 Lapidot-Lefler, Noam & Barak, Azy (2012). Effects of anonymity, invisibility, and lack of eye-contact on toxic online disinhibition. *Computers in Human Behavior*, 28(2), 434–443.

「幹，妳這個不懂尊重的屄」，這類案例時時刻刻發生中，形成網路言語霸凌，甚至出現暴力攻擊行徑[675]。

魯德為這現象取了一個篇章名「憤怒的日子：透過打擊別人抬高自己」。他引用印度聖雄甘地的名言：「人類究竟為何能透過羞辱自己的同類，感覺自己得到光榮，這事我一直百思不解。」來為此現象下註解[676]。

羅洛・梅引述另一位學者觀點指出，個人生活中的焦慮發生前，先行的就是驚嚇模式。由於驚嚇模式不知何時何地會發生，也導致人們無時無刻不處於焦慮。而且焦慮會引發無意義的狂亂，以及從世界退縮後的僵固或扭曲，此外熱情全然封閉，彷彿周遭世界與個人完全無關。焦慮會癱瘓知覺，使它們無用武之處[677]。羅洛・梅對上述現象的總結，則完全預告了當代社群媒體亂象：焦慮之所以無所不在，正因我們察覺到人類隨時要直接面對非存有的存有，其中就包括了人與人之間的敵意[678]。

認同的渴望

值得注意的是，當代社群媒體亂象所引發的焦慮，不分知

---

675 克里斯汀・魯德（2016）。《我們是誰？大數據下的人類行為觀察》，第 160-161 頁。林俊宏譯。台北市：馬可波孛羅文化。

676 同上，第 173 頁。

677 羅洛・梅（2004）。《焦慮的意義》，第 78 頁。

678 羅洛・梅（2004）。《焦慮的意義》，第 364 頁。

識與階級，所有人都可感受到，即使學有專長的菁英也不例外。最有名的案例應該是美國政治學專家湯姆·尼可斯，他在幾年前一本著作《專業之死》中，痛罵當代網路大眾，字裡行間十足透露出他的焦慮與怒氣。

比如他怒責：當代美國民眾對自身無知的崇拜，簡直像邪教般席捲當今美國[679]；反智則蜿蜒不絕地現身在美國人生活中的政治與文化面，至於助長這現象的謬誤認知則是：民主就等於「我再怎麼無知，也可以跟博學的你平起平坐」[680]。

他指出，美國人真正的問題不在於無知，而是以無知為榮，美國人已墮落到無知儼然是一種美德的地步[681]；現代人不僅是相信蠢事而已，他們還會緊抱著錯誤觀念而抗拒學習，在他記憶中，目前的亂象絕對是前所未見[682]。

此外他覺得，這一切亂象可怕之處不僅在於現代人不尊重專業，更在於不尊重頻率之高，範圍之廣，還有對專家斥責時的怒氣之盛，令他尤覺恐怖。他指出，由於網路無遠弗屆，社群媒體上口無遮攔，專業知識遭踐踏已變成一個新興的普遍現象，許多網民發言帶著一股自詡的正義跟熊熊燃燒的怒氣，當中表達的是自戀中夾雜著對專業的鄙夷[683]。

同樣讓他不解的是：在以美國為首的已開發國家中，許多

---

679 湯姆·尼可斯（2018）。《專業之死》，第 7 頁。鄭煥昇譯。台北市：臉譜書房出版。
680 同上，第 17 頁。
681 同上，第 8 頁。
682 同上，第 9 頁。
683 同上，第 10-11 頁。

網民應該也都算得上知識份子，不料這些人竟對各種專業學識反脣相譏，面對專家的意見也往往不屑一顧；越來越多大眾不僅欠缺基本常識，還不願採信基本的證據法則，甚至不肯學習如何按邏輯去進行推論[684]。

他痛罵，在號稱資訊時代的此時，這類「堅持無知」的蔓延與擴散無法單純用無可救藥的愚蠢去形容。很多人屢屢跟其它知識系統對立，但他們在自己的小領域裡也屬學有專精者，這種狀況比純粹無知更悲慘，因為這必須歸咎於莫須有的傲慢[685]。他感慨地說，人類繞了一大圈，沒想到又走回前現代的老路，原本好不容易才從蒙昧年代發展到高度仰賴領域分工與專業掛帥的快速發展之路，如今卻在後工業時代面臨一個資訊導向的世界，一個大量公民自認為什麼都懂的世界[686]。

湯姆・尼可斯觀察到，面對大眾無知，學者專家束手無策之餘，有的退守到專業術語的防線後面，放棄跟大眾溝通；有的則隨波逐流，變成跟大眾一樣偏激，一樣憤世嫉俗[687]。不過他很慶幸有些學者已開始在專業受到攻訐時展開回擊，因此他引用一位學者詹姆斯・勞伯特所言：是時候了，西方古典自由主義的捍衛者，現在該起身對抗無知的大眾了[688]。

很明顯的，湯姆・尼可斯所講的這些話，乃至他整本著作，

---

684 湯姆・尼可斯（2018）。《專業之死》，第 19 頁。
685 同上，第 20-21 頁。
686 同上，第 22-23 頁。
687 同上，第 22 頁。
688 同上，第 327 頁。

不就是殷殷懇求其他知識菁英「認同」其觀點並聯手「揭竿而起」嗎？

於是在空前焦慮疏離的 21 世紀中，不分賢智愚癡，人人空前迫切需要認同。但想獲得認同的慾望，很容易演變成被害者心理，一旦無法如預期獲得認同，自尊心受傷害，就會模擬出被害者心理，進而產生攻擊慾望[689]，這樣的態度又會加劇疏離感與焦慮。

如此一來，認同的渴望與焦慮疏離感彼此互為因果，往往讓災情雪上加霜，讓社會溝通的功能與意義，出現曼威‧柯司特所形容的結構性精神分裂，嚴重時直接導致放棄溝通。於是在這個過程中，社會的片斷化（fragmentation）日益擴展，認同變得更為特殊，或是日漸難以分享[690]。

曼威‧柯司特指出，在上述情況下，人們傾向於以宗教、族群、領域、國族等「原初認同」（primary identity）作為核心而重新聚眾，在茫然疏離的時空中，這些可提供最強大的個人安全與集體動員力量，對於認同的追尋與建構，變成社會意義的基本來源。而且宗教與族群認同，打從人類有文明與歷史起，就已是意義的根源。當代人們越來越不是按照他們的所作所為，而是按照他們是什麼，或者相信他們是什麼，來組織意義[691]。

---

689 榎本博明（2016）。《暴走社會》，第 149-150 頁。林惠娸、陳雅汝。台北市：商周出版。

690 曼威‧柯司特（2000）。《網絡社會之崛起》，第 3-4 頁。

691 曼威‧柯司特（2000）。《網絡社會之崛起》，第 3 頁。

後人類境況（posthuman condition）

　　尤有甚者，假設如一堆宣揚「後人類」（posthuman）學說的學者所論證，人類早已成為機器與自動控制介入的後人類。而後人類觀點下的人類主體（subjectivity），已經（或正在）被智慧機器整合並重新設定、配置，如今已（或早就）無縫接軌，而這些智慧機器的目的論（teleology）和人類原本的目標之間，沒有本質上的不同或絕對的分野 [692]。假設如他們所言：人本主義原本主張一個穩定的、連貫的自我並得以見證一個穩定一致的真實，這種看法已過時且被顛覆。人類跟機器之間已進行新的文化配置 [693]，而古典人本主義者宣稱人類具有普遍性的自由主體，這種理論是有問題的 [694]。

　　此外，人本主義聲稱自我擁有能動性（agency）、慾望或意志，並且和「他人的意志」（will of others）有明顯不同，這種假設在後人類概念中也遭否決。後人類學派觀點中，後人類集體的異質性，意味一種分散式認知，位於不同的身體部分，而彼此之間只有細微薄弱的交流溝通，因此人無法先驗地確認自己與他人意志之間有所差異 [695]。

　　按照後人類觀點，人原先自以為擁有一種連貫的主體意識，

---

692 N. 凱薩琳・海爾斯（2018）。《後人類時代：虛擬身體的多重想像和建構》，第 55 頁。賴淑芳、李偉柏譯。台北市：時報出版。
693 N. 凱薩琳・海爾斯（2018）。《後人類時代：虛擬身體的多重想像和建構》，第 16 頁。
694 同上，第 57 頁。
695 同上，第 56 頁。

但這種意識是藉由人本主義與社會文化去後天寫入的。但如果人類本來就是分散式認知，很早就已成為後人類，為何會產生如希臘哲學家宣稱的自我（ego）認知？為何直到當代才覺醒並察覺原來是分散式認知？縱使主體意識是虛構的，但這個虛構在人類演進歷史中扮演什麼角色？

此外，按照心理學家所言，人打從出生起，就逐漸察覺自己與他人截然不同，就此開始建構自我認同[696]，自我覺知——也就是自我浮現（emergence of ego）——發生的時期大約是 1 到 3 歲間[697]，這年齡的嬰兒顯然還沒接受過人本主義與文化薰陶，為何就會浮現自我認知？而此 ego 為何現在才如學者德勒茲所說的，即將被「個性賦予」（individuation）所取代[698]？

以上這些問題在後人類學說中都還處在眾說紛紜的階段，但最大問題在於學者 E. Cadava 提出的大哉問：「誰在主體之後來臨？」多位後人類學者提出不同看法，包括交互主體性（intersubjectivity），或某種自我定義（self-definition）、自我顛覆（self-transgressingly itself）狀態，或是取決於情況來啟動／關閉自我的能力（ability dis/ables its ability）等等，但對其他領域學者而言，無非僅提供出多樣後人類主體性（posthuman subjectivities）而已，最終仍是一種主體性，只是不同陳述方式而已，也

---

696 羅洛・梅（2004）。《焦慮的意義》，第 25 頁。
697 同上，第 41 頁。
698 Deleuze, G. (1991). A philosophical concept. In *Who Comes After the Subject?*, ed. E. Cadava, P. Connor & J.-L. Nancy, 96–97, p. 95. New York: Routledge.

沒有把人類從孤寂的記憶與恐慌中解放出來[699]。

　　無論如何，後人類學者跟上述其他學者一樣，都觀察到人類是被束縛的個體、分裂的物種，因此需要變成後人類，以便從人類既有的罪惡重擔下獲得解放與自由，徜徉於生命的純真與不朽，儘管他們提出的解決方案很可能只是極端的孤寂主體（the subjective of the recluse）[700]而已。後人類學者否定人類擁有穩固的、一貫的主體性已是他們的定見。既然如此，在後人類世還沒有降臨之前，如何解決當代人類現有的焦慮與疏離感仍是迫切課題，而認同的渴望依舊，只是對後人類學者來說，未來的替代方案就是「認同的揚棄」（disruptions of identity）[701]，不要繼續讓認同的渴求成為我們的苦惱來源。

認同的振奮

　　認同的渴望獲得滿足的剎那間，身心激發出來的強大快感就是「振奮」（thymos）[702]。當代運用這個詞彙最廣泛者是日裔

699　Callus, Ivan & Herbrechter, Stefan (2012). Introduction: Posthumanist subjectivities, or, coming after the subject..., *Subjectivity*, 5(3), 241–264, p. 254. Springer Nature: Transformative Journal.

700　ibid., p. 256.

701　Bostrom, Nick (2008). Why I Want to be a Posthuman When I Grow Up. In *Medical Enhancement and Posthumanity*, ed. Bert Gordijn & Ruth Chadwick, 107-136, p. 126. Netherlands: Springer.

702　日裔美籍學者福山的著作中譯本《身分政治：民粹崛起、民主倒退，認同與尊嚴的鬥爭為何席捲當代世界？》，譯者把 thymos 翻譯成「激情」，但本書循學界的見解，把 thymos 翻譯為「振奮」，這是一種比較中性的譯法，也比較符合學界對 thymos 的研究結果。

美籍政治學家法蘭西斯・福山（Francis Fukuyama），另外還有政治政治哲學家 Allan Bloom、女權運動者 Catherine Zuckert 等。福山認為「振奮」是今天身分認同政治的根源[703]。本研究則認為，當代主要的網路社群平台，幾乎都建立在大眾尋求認同的基礎上，締造出驚人的營收績效。而身分認同的渴望不只發生在政治領域，其他生活領域亦然，今天的網路社群中，充滿大眾主動提供的奇觀 2.0，目的幾乎都在尋求認同，而獲得認同的「振奮」就伴隨著多巴胺賜予回報，繼續激勵他們進行無報酬的勞動。

　　thymos 的語源追溯到希臘時代，被視為靈魂的一部分。荷蘭歷史學家暨神學家 Jan Bremmer 指出，現代對於希臘靈魂的研究始於 1894 年一位學者 Erwin Rodes[704]，到了 20 世紀初期，瑞典宗教學者 Ernst Arbman 研究印度吠陀靈魂時，也深入比較了希臘靈魂觀與斯堪地納維亞半島的基督教靈魂觀，發現這些原始靈魂觀都帶有二元性，一種叫「身體靈魂」（body Souls），這種靈魂又有好幾種成分，另一種叫做「自由靈魂」（free soul）。前者賦予身體生命與意識，在個體清醒時非常活躍；後者是一種自由不羈的靈魂，象徵個體性格，在無意識的時候很活躍，但在有意識的時候則很潛伏。身體靈魂普遍又區分成兩

---

703 法蘭西斯・福山（Francis Fukuyama）(2020)。《身分政治：民粹崛起、民主倒退，認同與尊嚴的鬥爭為何席捲當代世界？》，第 39 頁。洪世民譯。台北市：時報文化出版。

704 Bremmer, Jan(1983). *The Early Greek Concept of the Soul*, p. 6. NJ: Princeton University Press.

種：一種叫做「生命靈魂」，等同於氣息等生命運作法則，另一種叫做自我靈魂（ego soul），這些身體靈魂構成了個體的內在自我。上述研究發現有助於後代了解荷馬史詩與亞里斯多德、柏拉圖等哲學家對靈魂的看法異同之處[705]。

Jan Bremmer 指出，荷馬在他的史詩中，把靈魂區分成兩大類，一種是自由靈魂，對應到 psyche 這個術語（感情 & 激情）；另一種就是身體靈魂，對應到 thymos、noos 以及 menos 等術語。在荷馬之前的時代，自由靈魂沒有任何心理成分，但在荷馬及以後時代，自由靈魂逐漸納入心理成分，直到第 5 世紀末，所有靈魂終於整合為一並以 psyche 作為統稱[706]。

荷馬史詩中，自由靈魂也就是 psyche 僅僅在人遭受生死存亡的危機時會用上這個詞彙。很多史詩段落顯示，只要沒有 psyche，人就無法存活；當身體受重創時，psyche 就會逐漸脫離身體，而人死亡後，psyche 就會永久離開並前往冥界。因此 psyche 被視為生命力的泉源，但在荷馬史詩中，它跟心理與生理層面沒有任何關聯[707]。

此外，Jan Bremmer 指出，在荷馬史詩之前的希臘靈魂觀中，原先隸屬於身體靈魂的生命靈魂，在荷馬史詩的時代，被視同為生命氣息並與 psyche 整併成一體[708]；其餘的身體靈魂，就是「自我靈魂」含有三大成分：thymos、noos 以及 menos。其

---

705 Bremmer, Jan(1983). *The Early Greek Concept of the Soul*, pp. 9-10.
706 ibid., pp. 13-14.
707 ibid., pp. 14-15.
708 ibid., p. 53.

中 thymos 最常出現在荷馬史詩中，它能激發人的奮起，比如史詩中描希臘知名戰將阿基里斯（Achilles）要去對戰特洛伊戰將依尼亞斯（Aeneas），有句詩如此寫道：「他勇敢的 thymos 激勵著他。」Jan Bremmer 論證，thymos 是所有情感的來源，包括友情、復仇的感受、快樂、悲傷、憤怒與畏懼等，全部源自thymos[709]。但 Jan Bremmer 強調，thymos 並非僅限於激發情緒，有時它也會扮演智慧的角色[710]。

至於其它兩個自我靈魂，Jan Bremmer 指出 noos 更蘊涵智慧的成分，代表了心靈與其行動，或是一種意念或目標[711]。menos 則意味著一種短暫的衝動，比如戰士的憤怒，或者全部身心導向一種特殊但為時不長的行動[712]。另一位希臘文化學者 David C. Mirhady 也表示，對亞里斯多德等希臘人來說，thymos 代表所有情感的來源，意味著靈魂的激昂狀態[713]。當一個人被珍惜榮譽的念頭所支配，比如荷馬史詩中的英雄，或者被憧憬勝利的渴望所驅策，他就會產生 thymos 並勇於行動或戰鬥，並使他更為兇猛[714]。

法國學者 Rémi Brague 則指出，thymos 在當代語言中找不到

---

709 Bremmer, Jan(1983). *The Early Greek Concept of the Soul*, p. 54.

710 ibid., p. 55.

711 ibid., pp. 56-57.

712 ibid., pp. 57-58.

713 Mirhady, David C. (2007). Aristotle's Enthymeme, Thymos, and Plato. In *Influences on Peripatetic Rhetoric. Essays in Honor of William W. Fortenbaugh*, ed. David C. Mirhady, 53-64, p. 53. Leiden: Brill.

714 ibid., pp. 58-59.

對應的字詞,因此美國政治哲學家 Allan Bloom 英譯柏拉圖《共和國》時,乾脆把 thymos 翻譯成 spiritedness,特別凸顯那是一種昂揚飽滿的精神狀態。Rémi Brague 強調,thymos 常連結到怒氣的爆發,但通常是基於拒絕侮辱或屈服,因此必須保護自由並起身戰鬥,因此 thymos 也指向勇氣,而且是在威脅產生之前,就具備這種捍衛認同與自由的勇氣[715]。

至於另一位美國學者 Susan M. Purviance 則意識到 thymos 這個詞彙[716]在政治學中被導向一種負面狀態。她根據希臘文獻研究指出,thymos 本義就是一種精神激昂振奮的狀態(spiritedness),出現在公民生活中時,它可以區分成三類:第一類叫做「振奮的激勵」(thymos invigorates),在這種狀態中,thymos 賦予公民追求正義與公理的能量;第二種叫「振奮的爆發」(thymos detonates),這種昂揚的精神導致暴動、革命、抗爭或政治無法運作;第三種叫「振奮的揚棄」(thymos disrupts),激昂的精神以正面的方式鼓舞大眾採取公民不服從運動,或抗議並揭發不公不義的施政[717]。

以上所有學者均指出一個共同重點:儘管當代找不到適當的字詞來對應 thymos,僅知道它意味著一種昂揚振奮的精神狀態,但 thymos 的挺身而出,則是基於捍衛自由、榮譽、尊嚴與

---

715 Brague, Rémi (2008). Avoir du cœur. Le sport et le thumos. In *Éthique, travail décent et sport*, pp. 57-59. Geneva, BIT.
716 Susan M. Purviance 在她的論文中採用另一種文字拼法 thumos,等同於 thymos。
717 Purviance, Susan M. (2008). Thumos and the Daring Soul: Craving Honor and Justice. *Journal of Ancient Philosophy*, 2(2), 1-16, pp. 1-4.

認同。

　　因此，如同本章所引述的所有學者，包括福山、柯司特、湯姆‧尼可斯等人的觀察，在一個極度疏離異化的當代社會中，如柯司特所言，幾乎所有溝通都已失效，也如福山所言，到處充斥著民粹主義政治暴民，或者如湯姆‧尼可斯所痛罵，難以計數的愚蠢無知的民眾在網路社群中喧囂鼓譟。在上述情況中，所有還想進行溝通的人們都必須回到「原初認同」，重新尋找並加入可以捍衛榮譽與尊嚴的陣營，以軍團的方式去對抗他者，否則就是選擇放棄溝通並保持緘默。

　　結果獲得認同所激發的 thymos，讓人們得以重新連結到一種共同體精神，減輕疏離與孤單的焦躁。這種在當代已經找不到對應字詞的精神狀態，如今拜網路媒體所賜大舉回歸，成為人們自我拯救的手段。

認同的經濟奇蹟

　　由於上述現象，當代的認同經濟締造驚人營業績效。根據一份社群網路服務平台 Hootsuite 在 2022 年 1 月發佈的《2022 全球數位總報告》（Digital 2022: Global Overview Report）[718]，網路社群媒體不畏 Covid-19 新冠肺炎的衝擊，使用人數這兩年持續快速增加，每秒鐘全球有 13.5 人加入社群媒體，使得全球

---

718 Digital 2022: Global Overview Report. https://hootsuite.widen.net/s/gqprmtzq6g/digital-2022-global-overview-report/.Retrieved at 2022/02/28.

社群媒體使用人數達 46.2 億，接近全世界人口的 60%。而全球目前上網人數是 49.5 億，換句話說，93% 的上網人口會使用社群媒體。

此外，世界人口數在 2021 年增加 8 千萬人，而網路用戶增加 1 億 9200 萬人，至於社群媒體用戶則增加 4 億 2400 萬人，以至於該報告呼籲 Hootsuite 用戶要注意所謂網路原生族的 Z 世代，Z 世代是全球人口最多的族群，每天平均花費 3 小時在社群媒體上，包括娛樂、新聞、購物與通訊等都由社群媒體統包。而全球年紀介於 16 到 64 歲的網民，平均每天花 6 小時 58 分鐘上網，其中 3 小時 20 分鐘用來看影視節目，2 小時 27 分鐘用在社群媒體。而上網原因有 55.2％是為了社交，僅次於尋找資訊的 61%。

此外，最常去的網站與最常使用的 App，第一名是聊天與傳訊息，比例為 95.6%，社群排第二，比例為 95.2%。此外根據兩份調查來源，全球網民最常去的 20 大網站中，有 1/3 是屬於社群性質，包括臉書、推特、YouTube、Instagram、Reddit、Twitch.tv、vk.com 等，如果把 Naver.com、WhatsApp 等用戶也會貢獻內容的影音網站與社交通訊軟體也納入，廣義的奇觀 2.0 約佔一半比例。此外，民眾上網最常看的影片類型中，所謂的搞笑迷因影片佔 37.1%，網紅與直播主影片佔 26.7％，這當中大量內容都是業餘民眾，也就是素人所創製並提供，不論有無報酬，目的就是博取瀏覽量與點讚數，這種建立在認同上的行為也催生了多樣新經濟型態。

而近年主打的聲音廣播平台 podcast 也是基於認同的訴求，大量以往不是從事專業廣播與口語表達的民眾，科技業者美其名所說的「獨立開發者」，競相把自己無償勞動成果放到平台上，考驗不特定大眾能否認同，以此換得可能的利潤。根據 Hootsuite 統計，全球年紀介於 16 到 64 歲的網民，每週有 20.4%的人收聽 podcast。

　　Hootsuite 平台的一個觀察是，社群網站上正在興起所謂的 Vibe Economy，目前該詞彙尚無適當的中文翻譯名稱。vibe 是英文 vibration 的非正式縮寫，如果把它當成名詞，意味一種情感狀態，一種地方氛圍，傳播出去讓對象感受到。vibe 作為動詞，就是把情感狀態與氛圍傳播出去。換句話說，所謂 Vibe Economy 也是學者波默所說的「審美經濟」的一圜，並無任何新意，純屬科技業用來製造噱頭的新創詞彙，只不過這種經濟發生在社群平台與內容中。在一個專門解釋 Vibe Economy 的網站上，所有解說與宣傳文字，在在證明這種經濟也是建立在社群認同，同樣是奇觀 2.0 翻版，以下文字最能說明這些科技業者的意圖：

　　當然，vibe 跟社群媒體早已是相處融洽的同床夥伴，社群媒體如 Instagram 等提供了……大受喜愛的工具，讓使用者把日常影像轉譯成 vibe，在 Tumblr 等平台上，每個人的頁面都是一扇通往個人 vibe 的窗戶，vibe 的峰頂上是一個處所，讓十來歲的青少年安樂處在自我情感中，並與有同感的他人連結在一起。抖

音的崛起……加速讓 vibe 越來越受矚目，也增加它的價值[719]。

　　該份解說還給出以下的重點提示：這是一種新的內容形式，創作者已進駐前線，每個人都在策劃展示一種特殊的情境與感情，藉此定義自己的價值[720]。

　　如同本書第三章所言，研究奇觀 2.0 的學者早已確認大眾透過無報酬、低報酬的勞動，為這些社群平台生產內容，把自己日常生活的一切，甚至生命的隱私，當成創作與產品公諸於世，而可能換得的主要回報就是「認同」與其激發的 thymos 審美，享受一種昂揚振奮的情緒。

　　根據日前一篇報導，由中國科技業者所創立的「抖音」社群影音平台，宣稱每月活躍用戶已經超過 10 億，甚至有網路業者指稱，抖音已成為 2021 年全球造訪人次最多的網站，超過多年的冠軍谷歌[721]。至於全球最大的社群媒體臉書，每月活躍用戶人數達 29 億，IG 為 13 億，YouTube 超過 25 億，各種數據顯示，以認同為主要訴求的網路社群經濟仍持續成長中[722]。

---

719 The Vibe Economy: The Curation of Moods and Feelings Has Become a Coveted Creative Skill. https://thinkforward.wearesocial.com/the-vibe-economy.html/. Retrieved at 2022/02/28.

720 ibid.

721 田孟心（2021/12/23）。《你為什麼該辦一個抖音帳號？》。天下雜誌網站。https://www.cw.com.tw/article/5119462/。檢索於 2022/02/28。

722 Lin, Dindo（2022/02/27）。《2021 年全球數位廣告投放金額破紀錄，Facebook 與 Google 真的走下坡了嗎？》。科技新報。https://technews.tw/2022/02/27/the-cost-of-digital-ad-has-new-record-in-2021-does-it-matter-to-facebook-and-google-or-meta-and-alphabet/。檢索於 2022/02/28。

奇觀 2.0 ＆ 自我虛構（autofiction）

渴望在大眾面前曝露自己生活，透過影像（音）讓大眾直接窺視私密的一切，許多研究直指美國第一代網紅珍妮佛．林格莉（Jennifer Ringley）是始作俑者。1996 年這位 20 歲的賓州大學女學生，創建了 JennuCam.com 網站，24 小時直播自己生活的一切，不分大小事，甚至包括性生活。後來珍妮佛．林格莉安裝了一個收費牆系統，某些內容必須付費才能看到。她的網站流量最高時，平均每天多達 400 萬訪客。而且珍妮佛．林格莉並不覺得有何不妥，並自稱是「網路藝術家」（webartist）[723]。

珍妮佛．林格莉為奇觀 2.0 揭開序幕，同時揭示奇觀 2.0 的一個賣點：本真性（authenticity）。不管是大眾於社群平台的發言或自拍，不管是網紅（influencer）或播客甚至平台經營者，都或明或隱標榜本真性，而且是要貼近一般大眾視角的本真性，藉此召喚大眾的認同。

比如網紅文化觀察者莎拉．麥柯克戴爾就指出，社群媒體與網路給了許多既沒有名人光彩，也不像模特兒一樣超凡脫俗的大眾出頭機會，他們在 YouTube 等社群可集結數千名粉絲，只因大眾覺得這些網紅跟他們近似，不會高不可攀，讓他們有似曾相識的熟悉感。當代人越來越喜歡分享自己故事，也越來越喜歡看別人的故事，「兩者似乎一樣，但又不同。更好，但

---

723 樊尚・考夫曼（2019）。《「景觀」文學：媒體對文學的影響》，第 99 頁。

不是遙不可及，在 YouTube、推特、IG 大放異彩。[724]」麥柯克戴爾強調，網紅的崛起，代表普羅大眾希望看事情的方式要回到「人」的角度，要從「真實的人類」視角看出去[725]。這裡的「人」當然就是跟普羅大眾一樣的平凡人。

此外這些網紅跟粉絲的互動中，既要能分享成就，遇到挫折時，還要馬上承認失敗，同時他們要跟大眾一樣，關心日常生活的瑣事與平時大家熟悉的事物，即時跟粉絲報告，讓粉絲覺得自己掌握了網紅的第一手消息，而對粉絲來說，這些即時互動既然不是精心編撰的資訊，因此就具有「本真性」，讓他們對網紅更為信服[726]。

網紅分享真實經驗與挫折，能夠激發出更多對話，讓粉絲也可勇於分享類似經驗[727]。對大眾來說，這些都是「真心時刻」，藉此網紅將粉絲拉進他們的親密空間，並凸顯他們跟粉絲一樣，都是會遇到困難或犯錯的平凡人[728]。大眾則透過網紅的告白、認錯，凝視自我，找回尊嚴，同時獲得 thymos 的快感。

此外兩位大陸資訊業者袁國寶、謝利明則認為，所謂「網紅」並不是自發出現的，儘管從理想角度來說，人人都有機會

---

724 莎拉・麥柯克戴爾（2020）。《網紅影響力》，第 5-7 頁。陳冠吟譯。台北市：遠流出版。
725 同上，第 7 頁。
726 同上，第 22 頁。
727 同上，第 23 頁。
728 同上，第 58 頁。

成為網紅⁷²⁹。而且既然世界上每個人都是獨一無二的,理論上每個人都會有吸引他人之處⁷³⁰,但成為網紅還要靠運氣,網紅通常是源於自身某種特質,而這些特質與網民的審美、審醜、娛樂、刺激、偷窺、臆想以及譁眾等心理相契合而被放大,因緣際會被網民關注而走紅⁷³¹。這跟以往由星探去挖掘明日之星再經過刻意栽培的「中心化」模式有很大差異,現在的模式是去中心化,透過種種社群媒體,每個人都有機會獲得粉絲,使得有些人一夕之間爆紅,網路給了平凡人麻雀變鳳凰的機會⁷³²。

同樣的,袁國寶兩人觀察,想要成為網紅,就要符合當代網民的「本真性」價值觀。從各項數據來看,社群媒體使用者多半是年輕世代,比如 Hootsuite 的調查中,39 歲以下社群媒體用戶接近 7 成。袁國寶兩人指出,這些網民的特質是:他們有夢想,但缺乏信仰;他們追求刺激,但缺乏耐心;他們喜歡解構,但討厭意義;他們熱衷自嘲,但鄙視虛偽。他們的審美品味、內容偏好,與傳統媒體時代的民眾有極大差異⁷³³。他們會根據自身特質,去評價其他人的行徑,凡跟他們特質貼近者,就具有「本真性」。

但上述社群媒體文化最矛盾之處在於:年輕世代號稱鄙視

---

729 袁國寶、謝利明(2016)。《網紅經濟:移動互聯網時代的千億紅利市場》,第 14 頁。台北市:商周出版。
730 同上,第 78 頁。
731 同上,第 21 頁。
732 同上,第 78 頁。
733 同上,第 148-149 頁。

虛偽，標榜本真性，但包括他們與網紅所生產的奇觀 2.0，卻充滿大量虛構的、修飾過的書寫與影像。科技業者推出各種公式化軟體，以便讓使用者直接套用，產製出美白的自拍與美化的影像，而網紅們也投其所好，刻意打造形象以符合年輕世代所熱愛的平民氣質。

袁國寶兩人以大陸網紅 Papi 醬為例指出，這位網紅原本長相秀麗，卻在影片中素顏登場，居家衣著打扮；明明口音清柔，卻偏偏使用變音器，套用髒話口型。Papi 醬以非常貼近日常生活的大眾氣質敘事，在簡短幾分鐘的視訊中，安排年輕網民關注的話題，並以「有趣」和「平民精神」，呼應年輕世代對網紅與迷因影片最直接的需求——貼近生活，又能從中看到自己的影子[734]。而創造身分、表演、編故事，都是網紅的技能，因為這能讓他們把每天千篇一律的東西轉換為值得收看的內容[735]。

奇觀 2.0 就本質而言，充滿大量自我虛構（autofiction）的內容，而以「自我虛構」來分析社群媒體現象，已成為近年人文學界的新興研究題材。這種文學類型的名稱是 1977 年由文學家杜布洛夫斯基（Serge Bobrovsky）創造出來，他在自己所寫的一本小說《兒子》（Fils）封底上，提出「自我虛構」的定義[736]。法國學者考夫曼指出，自我虛構以一種竄改的自傳體形

---

734 袁國寶、謝利明（2016）。《網紅經濟：移動互聯網時代的千億紅利市場》，第140 頁。
735 莎拉・麥柯克戴爾（2020）。《網紅影響力》，第 214 頁。
736 樊尚・考夫曼（2019）。《「景觀」文學：媒體對文學的影響》，第 66 頁。

式現身，結合自傳（autobiography）與小說（fiction）於一體，因此是一種有意識且隨心所欲地操弄內容的敘事，或一種虛假的自傳體裁[737]。

考夫曼認為，在自我虛構中，作者不會遵守法國學者菲利浦‧勒熱納（Philippe Lejeune）所提出的「自傳契約」，所以也就無須說真話。勒熱納認為謹守「自傳契約」的書寫者會忠於自己認定的「心理事實」，但考夫曼指出，自我虛構的特點是結合虛構和事實，從而獲得編造杜撰的權力。自我虛構這種文體適合所有大眾，符合世俗性的急功近利需求[738]，行文遣詞普遍粗糙、實在、露骨、刺激、不崇高、無審美，筆下的自我充滿偏離現實的經驗與虛構材料，因此可形容為「想像的自我」[739]。考夫曼認為可用精神分析去研究當代奇觀 2.0 的大眾書寫，而如本章前述，大眾其實是基於獲得認同的渴望而本能地採用了「自我虛構」，卻不斷聲稱強調其本真性。

加拿大學者 Zach Pearl 指出，自我虛構這種文體近年在北美文學與媒體研究學界中特別受關切，這種混合作者與虛構角色於一身的表演性書寫，每天都在網路溝通世界中現身，特別是在社群網路上大行其道，鼓勵一種高度策劃性的自我再現模式與道德觀。社群媒體平台上混雜合併自我敘說的文字與數位影像資料，有的以線性方式排列呈現，比如臉書；有的就像推特

---

737 樊尚‧考夫曼（2019）。《「景觀」文學：媒體對文學的影響》，第 67 頁。
738 同上，第 68-69 頁。
739 同上，第 70-71 頁。

一般片片斷斷呈現；有的像 IG 主推的故事，把形形色色影像捆綁在一起，儘管是線性排列，但不一定能稱之為具有敘事性。有些社群媒體透過提示文字，弔詭地提醒著使用者：「你還沒有『創造』任何自我的時刻喔！」使用者靈活巧妙地運用數位技術，生產、剪輯與張貼所謂的「生活回憶」，目的卻是為了社交。這些行為已在年輕族群中改變了「自我認知」的疆界，再度印證他們對自我的形象與認同，不論好壞，都是建構而成的 [740]。

另一位研究者 Joseph Worthen 則觀察，傳統上自我虛構被視為一種另類文學書寫，但就網路與社群媒體來說，應該被稱為「新自我虛構」。所謂自我虛構書寫早在生活部落格時代就廣泛採行，但社群媒體把原本線性描述的文字邏輯，轉變成資料堆砌邏輯，因此創造出一種新的自我故事建構範式：原本自我描述的敘事性，現在由建構者與觀看者的互動性所取代 [741]。

舞台化的本真（staged authenticity）

儘管大量研究指出社群媒體充滿自我虛構的表演性述說，但幾乎所有社群網站都標榜自己是最具「本真性」的平台。兩

---

740 Pearl, Zach (2019). Ghost Writing the Self: Autofiction, Fictocriticism, and Social Media. *ESC: English Studies in Canada*, 45(1-2), 161-187, pp. 161-162.

741 Worthen, Joseph R. (2021/12/16). *Autofiction and Selfie Aesthetics*. Post45. https://post45.org/2021/12/autofiction-and-selfie-aesthetics/. Retrieved at 2022/03/28.

位學者 Meredith Salisbury、Jefferson D. Pooley 研究發現，後起的社群網站經常以缺乏或破壞本真性的理由，來指責並攻擊對手。比如 Snapchat 宣稱他們提供的機制最能讓使用者講出真心話，至於其它社群平台上的貼文方式，會讓使用者擔心影響認同，所以不敢講真心話。而當初 Google+ 也是標榜能讓使用者恢復社群的真正親密互動，所以較能呈現真實自我，而臉書開放給不特定的大眾看貼文就導致很多顧忌與後遺症[742]。

Meredith Salisbury 兩人透過一種軟體，針對 2002 年到 2016 年間的社群網站，以每 6 個月為一個檢索時程，針對網站的廣告文案與影像，包括 CEO 發言、官方視訊、app 上架宣傳文字等，調查它們如何標榜自己最具「本真性」。結果發現，幾乎所有社群網站都直接訴求本真性，或標榜「真正的」（genuine）、「真實生活」（real life）等特色，而後起之秀通常會公開或含蓄地抨擊已經上市的平台沒有本真性[743]。

Meredith Salisbury 兩人分析出 9 種所謂的「本真性」指標：第一種叫做「一致性」（consistency），也就是某位使用者不管在什麼平台所營造出來的生活內容都是一致的，而且長時間都沒有矛盾；第二種叫做「即時性」（spontaneity），貼文和照片都顯得不是刻意擺設的，也彷彿沒有蓄意去吸引特定觀看者，

---

742 Salisbury, Meredith & Pooley, Jefferson D. (2017). The #nofilter Self: The Contest for Authenticity among Social Networking Sites, 2002–2016. *Social Science*, 6(1), 10, 1-24.

743 Salisbury, Meredith & Pooley, Jefferson D. (2017). The #nofilter Self: The Contest for Authenticity among Social Networking Sites, 2002–2016. *Social Science*, 6(1), p. 2.

一位學者曾根據人種誌的視角去研究 MySpace 發現，所有研究對象都致力於打造出一種即時呈現印象，把所有事先設計或安排的證據隱藏起來，而且他們早已判斷如果採用刻意的訴說方式，會被當成不是本真的呈現 [744]。因此任何貼文分享都要放在一種乍看「平淡的架構」（apathetic framing）中，或是一種「唯我獨尊」（self-focused）視角 [745]。

其他研究顯示，透過刻意挑選的個人細節（carefully selected personal details）分享，能夠累積出「本真的」印象；因此貼上一些精心策劃的生活花絮（tidbits），可以塑造出值得信賴的親切人格特色，最常用的就是小孩與寵物（children and pets）的照片。研究者還發現，推特上面的網紅會提供給粉絲一瞥他們的生活後台（backstage）畫面，跟粉絲建立親密感；最後一種「本真性」指標就是「業餘性」（amateurism），比如一些不假修飾的情緒表達會打造出「本真的」氛圍，或者在視訊直播時把現場燈光調暗，視訊解析度較差，或者臉上不塗粉，然後透過某些證據來顯示是現場即時拍攝，不按照腳本講話，甚至把幕後拍攝過程曝光出來，或是秀出業餘水準的自拍，所有無法登上專業雜誌的材料，都能製造出非專業的真實感 [746]。

Meredith Salisbury 兩人指出，儘管有關本真性的定義分歧，

---

744 Salisbury, Meredith & Pooley, Jefferson D. (2017). The #nofilter Self: The Contest for Authenticity among Social Networking Sites, 2002–2016. *Social Science*, 6(1), 10, 1-24, pp. 2-3.
745 ibid., p.4.
746 ibid., p. 4.

但社群網站平台提供給所有使用者一種「表演控制」的機制，成為質疑其本真性訴求的最主要依據。不過臉書之類的平台就自我促銷的演示（self-promotional staging）與「本真的自我表達」（authentic self-expression），兩者之間的界線確實不容易劃分，也使得社群平台經濟號稱植基於本真性而繼續欣欣向榮[747]。

本研究則根據兩位社會學家的理論，包括歐文·高夫曼的「日常生活表演論」、以及狄恩·麥肯諾「舞台化的本真」，進一步詮釋奇觀 2.0 在當代審美經濟的演示價值所在。

1956 年高夫曼在著作中，首度提出「日常生活表演論」。他指出，社會的運作充滿常規，在社會運作中，每個人都必須傳遞訊息，以便讓別人判斷他的意圖、行為、個性與價值等。因此社會互動充滿表演性，每個人都是演員，都要進行形象管理與控制。高夫曼強調，每個人都必須表演，以便蓄意或非蓄意地「表現」自己，其他人則必須相應地接受對方的表演並視之為真，直到他們分開為止[748]。

在這樣的過程中，社會表演可以劃分為兩種場域，包括「前台」（front）與「後台」（backstage）。前台是主要表演發生地，因此有精心安排的舞台佈景等[749]，但除了物理空間外，還有一種「個人前台」（personal front），包括他的階級、衣著、性別、

---

747 Salisbury, Meredith & Pooley, Jefferson D. (2017). The #nofilter Self: The Contest for Authenticity among Social Networking Sites, 2002–2016. *Social Science*, 6(1), 10, 1-24, p. 7.
748 Goffman, Erving (1956). *The Presentation of Self in Everyday Life*, pp. 1-2. University of Edinburgh Social Science Research Center.
749 ibid., p. 13.

年齡、種族、身材、談吐與面容等[750]。前台表演是一種儀式，藉此群體正式認可的道德與價值等再度被確認與激發，藉此表演被接受為現實，而現實也因此有了慶賀的成分[751]。

　　另一個區域就是後台，凡不適合在前台表演的都會挪到後台。這裡隱藏著許多有瑕疵的裝置，供私密使用的物品等，還有某些不適合上場的表演夥伴。但後台也是演員可以放鬆的地方，他可以卸下個人前台的門面與道具，忘掉台詞，暫時脫離角色。通常後台必須跟前台保持隔絕，在表演進行時，演員可從後台獲得支援，偶而可到後台喘息，一場表演最關鍵的秘密可以在後台看到，而且演員脫離角色的另一層面貌也出現在後台，所以必須確保觀眾不會闖入後台[752]。

　　但高夫曼強調，當代美國社會越來越傾向使用後台種種不合前台規範的「肢體語言」，包括直呼名字，開放式的性愛言談，隨意的站姿與動作等，後台行為比較容易被當成是親密的象徵，但也可能被視為輕佻不尊重。但個體可以巧妙地運用後台風格，把任何區域轉變成後台[753]。

　　美國學者麥肯諾則延伸高夫曼的表演論，把前台與後台場域架構，應用到文化旅遊學說中。麥肯諾指出，現代性帶給所有地區一種虛假的（inauthentic）文化結構，導致民眾厭倦無所

750　Goffman, Erving (1956). *The Presentation of Self in Everyday Life*, pp. 14-15.
751　ibid., p. 23.
752　ibid., p. 70.
753　ibid., p. 78.

不在的現代性，因此要到他鄉，到世界其他角落，尋找被現代性遮掩的本真性[754]。

當本真性成為文化旅遊賣點時，業者會設法把地區的文化特色挖掘出來，放到業者精心打造的迎客區域，也就是高夫曼所說的「前台」，呈現給觀光客，就形成了「舞台化的本真」。至於沒被納入觀光區域的民眾生活場域就形同後台[755]。本真文化原本主要存在於後台區域，但基於打造觀光賣點，被搬到前台，有時會減損本真性甚至造假，但無論如何，依然凸顯出它優於現代性的價值[756]。

換句話說，民眾包括網紅在奇觀 2.0 的時代，把原本發生在個人私密的後台生活點滴，搬到前台去演示，而且成為奇觀 2.0 的賣點，因為他們藉由彼此窺私而獲得認同的 thymos 快感。但原本個人隱私生活舞台化，如上所述，被刻意篩選、被營造以呈現，這樣的表演性已讓奇觀 2.0 的本真性大打折扣，甚至淪為「非本真」，結果原本只是「舞台化的本真」，如今變成「舞台化的非本真」，而蓄意把這些內容搬上社群網站平台的大眾與網紅，無異於形同「演示非本真」（staging inauthenticity）了。

尤有甚者，如我們第三章分析奇觀審美時，曾引述法國學者布希亞的「超真實」理論，而超真實的定義植基於我們對

754 Kenny, Gillian (2002). Our Travelers out There on the Road: Lonely Planet and Its Readers, 1973-1981. *Journal of Australian Studies,* 26(72), 111-119.

755 MacCannell, Dean (1976). *The tourist: A New Theory of the Leisure Class.* London: Macmillan. pp. 98-100。

756 MacCannell, Dean (1976). *The tourist: A New Theory of the Leisure Class.* pp. 96-99。

周遭的事物已無法分辨哪些是真實事物，哪些是虛構的如「擬像」。當真實與虛構以天衣無縫的方式糅合成一體，如同臉書上所有貼文內容，我們可形容臉書的奇觀 2.0 就是一種「舞台化的超真實」（staged hyperreality），而採取自我虛構的民眾與網紅就在演示超真實（staging hyperreality）。如某些學者所述，如今資通訊科技把現實世界與虛擬真實乃至人類的智慧、人工智慧等，全部交互混雜，不少人樂於生活在「超真實」之中並享受 thymos 的快感，對所謂的真實世界反而覺得索然無味[757]。這也解釋了為何社群網站平台會如此受到歡迎的關鍵。

　　既然如此，我們該怎樣評價奇觀 2.0 時代的自我虛構以及「舞台化的本真」現象呢？在一個極度疏離異化的時代，如果硬要掀開籠罩於社會的「非本真性」偽裝，恐怕會讓大眾更覺人生虛無茫然。thymos 的認同快感，可視為不得已的自我拯救之道，讓網民即使意識到這一切很可能是自我虛構的表演，也甘之如飴。尤有甚者，假如像後人類學者所言，現代人類早已人機合體，手機形同已鑲嵌於肉身，而且後人類學者引述麥克盧漢所言「電子媒介是我們中樞神經的延伸」，或許智慧機器正透過我們的手指觸鍵，通過螢幕與視線的對接，藉由分散式認知，把很多訊息銘寫入人類的腦區[758]？難道是，為了讓當前

---

757 Tiffin, J. and Terashima, N. (2001) *HyperReality: Paradigm for the Third Millenium*, p.1. London: Routledge.

758 N. 凱薩琳・海爾斯（2018）。《後人類時代：虛擬身體的多重想像和建構》，第 386-389 頁。

人類勇於面對邁向後人類那種「既恐怖又愉悅的前景」[759]，智慧機器與已進化為後人類的科技業者，正聯手透過奇觀 2.0，召喚出 thymos 快感，「幫助人類在世上不再感覺那麼孤單的意識」[760] ？

上述說法是胡謅的嗎？最近台灣的《新聞學》期刊上，學者曹家榮與學生陳昭宏發表了一篇〈組裝行動與混成的情緒：Instagram 使用者的憂鬱書寫、連結與共生〉，他們引用後人類學者 Sherry Turkle 的著作中述及當代青少年世代很可能處在一種「合作的自我」狀態，並把該狀態放在「去人類中心」的後人類境況中加以分析研究。兩位研究者中，有人屬於憂鬱症罹患者，從 2014 年起，該研究者就在 Instagram（以下簡稱 IG）上進行憂鬱書寫，2018 年起跟其他憂鬱者建立連結，再藉由自身紀錄以及對其他憂鬱者的訪談，發掘並闡述 IG 憂鬱者、行動裝置、IG 等各類異質的人與非人相互影響、連結與共生的樣態。結果他們發現，憂鬱者的每次 IG 發文，都是一種潛在產生連結可能性的行動，透過 IG 平台的追蹤機制與標籤運作，IG 憂鬱者們彼此連結在一起，在互動機制的組裝中，相互影響與支持。他們透過一連串行動，包括開啟 IG，從照片檔案中召回記憶，隨著修圖越發清楚地形成感受，在不停增刪的文字中，他們確認情緒被一個個顯現的「愛心」所影響，最後形成一種「太棒了」

---

759 N. 凱薩琳・海爾斯（2018）。《後人類時代：虛擬身體的多重想像和建構》，第 391 頁。
760 同上，第 22 頁。

的「自我」實在感受 [761]。

從審美經濟的視角來看，IG 提供憂鬱者演示的平台，於是在彼此互動的「認同」實踐中，他們激發出共同體精神以及「太棒了」的 thymos 快感，這是一種具有圓滿性的審美經驗，而這種經驗並非源自單純的審美對象，而是基於奇觀 2.0 的演示價值。憂鬱者透過 IG 書寫來演示自我，進而建立彼此支持與認同的連結。

此外，藉由 thymos 的激勵，接下來人們能否打破當代社群網站同溫層與部落化的隔閡，從而獲得更大範圍的認同，甚至藉由 thymos 再度找回超越同溫層的同理心，也成為後續尚待研究的課題。thymos 的振奮審美雖然很早被希臘人提及，但它變成一種具有支配力的新審美範疇，則是拜當代資通訊科技與社群網站平台所賜，也呼應本研究的理論主軸：當代媒體科技形塑了新的感知，帶來新的審美範疇，未來還會有什麼發展，且讓我們拭目以待。

---

761 曹家榮、陳昭宏（2022）。〈組裝行動與混成的情緒：Instagram 使用者的憂鬱書寫、連結與共生〉《新聞學研究》，第一五〇期，第 97-148 頁。

第七章

結論：
審美經驗模型

本書討論的四種新感性範疇，其中三種包括奇觀、可愛與振奮，都跟當代資通訊科技與文化產業有關，至於劇場的沉浸審美雖源於傳統表演藝術，但實踐過程中，也大量運用影音多媒體科技，並提出所謂「互媒體」（intermediality）理論[762]。它們都是蘇珊・桑塔格的「新感性能力」，呼應審美經濟的演示價值，也印證文化產業的象徵價值與功能價值。

由於我們所處的時代被稱為「後現代」，本研究所採用的理論視角，也無可避免可用後現代主義去檢視。如學者 Hal Foster 所言，當今文化版圖中，存在兩種根本對立的後現代主義：一種是試圖解構現代主義，同時抵制現狀；另一種是駁斥現代主義，據以稱頌現狀；前者是抵制型後現代主義（postmodernism of resistance），後者是反動型後現代主義（postmodernism of reaction）[763]。後者讚揚現狀並大加肯定流行文化與晚期資本主義（late capitalism）。前者以反向實踐（counter-practice）的姿態現身，不只是針對現代主義的官方文化，而且也針對反動型後現代主義「錯誤的規範」。而抵制型後現代主義所關注的是，對傳統進行精細的解構，不是通俗或偽（pseudo-）歷史形式的工具性襲仿（instrumental pastiche），為的是批判源頭，不是為了回歸[764]。

---

762 Bay-Cheng, S., Kattenbelt, C., Laverder, A. & Nelson, R. (2010). *Mapping Intermediality in Performance*, p. 47.

763 賀爾・福斯特（1998）。《反美學：後現代文化論集》，序第 37 頁。呂健忠譯。台北縣：立緒文化出版。

764 同上，序第 38 頁。

文化價值趨於共識

　　本研究觀察，經過半個世紀討論，兩種後現代主義正就某些文化價值看法趨於共識，特別是所謂高等文化與低等文化之爭，兩方的調解（reconciliation）可用澳洲學者 John Frow 的描述實在論觀點去解釋。

　　John Frow 認為，後現代學者侃侃而談高等、低等文化與社會階層之間的霸權關係，但事實上，這些階級與文化偏好之間的關聯已無法精確呈現，不少高等階級者也偏好大眾文化。而且當代已無法用社會階級來解釋高等文化變換不定的地位，因為偏好高等文化的人，通常只是擁有較多文化資本，但不是擁有較多經濟資本。許多名商巨賈、政治人物在社會上佔據上流階層，但他們大都熱愛大眾文化，因此高等、低等文化的偏好，牽涉到是擁有文化資本的問題，而不是經濟資本[765]。

　　John Frow 檢視當代某些大眾文化研究，包括史都華・霍爾（Stuart Hall）、Ernesto Laclau 等學者對大眾文化的概念解釋與發展。John Frow 認為霍爾等學者把大眾文化直接連通到「權力集團」（power bloc）以及「大眾」彼此的政治對抗，這類學說是大有問題的。原因之一在於：高等文化與社會優勢階層之間的關聯性已失效，而且知識份子在兩者之間扮演了特殊的中介角色。事實上，很多高等文化和教育機構與機制比較有關，而

765　Frow, John (1995). *Cultural Studies and Cultural Value*, pp. 13-14. Oxford: Clarendon Press.

非直接歸屬到某種階級 [766]。

John Frow 分析 20 世紀知識生產系統的發展狀況，把知識份子定位在當代越來越常見的「專業－管理階級」，也就是「知識階級」中，進而批判了傳統的階級劃分方式。這個知識階級的成形，必須以文化資本的概念作為基礎。因此，關於高等與低等文化的關係，要回到以知識為基礎的階層成形過程的特殊分化。當文化領域中充斥著不同板塊而且互不相連，很明顯的，不能再採取一種普世性的美學眼光 [767]。

然而，John Frow 強調，一種全然不作鑑別的審美判斷也不合道理，否則就要面臨許多教育上的問題：我們到底要教什麼？高等文化？低等文化？或是兩者的混合？不管做任何決定，背後的基礎理由是什麼？我們要不要教賦格曲？或者全然放棄這些高等曲式？但這有可能嗎？我們真的可以不相信某些文本確實優於其它文本嗎？但如果你真的不信，請問你站在什麼立場做出這種判斷？我們到底是誰？為何要為這些問題煩惱？John Frow 總結指出，文化價值的判斷，牽涉到作為該文化代理人的知識份子的角色與興趣，也牽涉到他們到底擁有什麼文化資本 [768]。

John Frow 論證，當代文化產品五花八門的情況下，既不可能也沒有必要用一種經濟價值的眼光來看待所有產品。文化工作者也不該再想像自己能夠能站在優勢位置去調合各種衝突的

---

766 Frow, John (1995). *Cultural Studies and Cultural Value*, p. 14.
767 ibid., pp. 14-15.
768 ibid., p. 15.

價值判斷。不同社會群體運用各自的價值標準，彼此之間不能相通，也無從調合[769]。

關於反思高等文化、低等文化的「客觀地位」的必要性，後現代學者詹明信在論證大眾文化的一篇短文中也指出，不同的文化場域立場在後現代已化約為兩種鏡像（mirror image），基本上是根據價值來進行舞台化[770]。

詹明信指出，一方面替大眾文化辯護者以「菁英主義」抨擊支持高等文化的知識份子，但持此攻擊立場者也都是知識份子，因此出現一種可疑的自我懺悔的弦外之音。在正反價值衝突的另一方則以法蘭克福學派為代表，大眾文化被等同於商品而充滿偏離正軌的工具性，這種抨擊彷彿意謂高等文化向來就不打算發揮任何服務功能，但這是全然漠視歷史真相的抨擊。採取法蘭克福學派立場者會遇到一種難題：這難題不在於這個學派所採用的否定與批判工具，而在於他們所倚賴的客觀價值。他們把批判的、顛覆性的、自律性的審美功能，當成傳統的現代主義高等文化的本真基準點。但把現代主義高等文化以這種方式建立絕對的價值標準，形同違反某些現代主義經典論述觀點[771]。

詹明信企圖克服兩者之間的正反論證，認為有必要重新思考高等文化與大眾文化的分類方式。他認為不該用絕對的美學範疇去劃分，而應改用「就客觀而言有所關聯而且具有辯證依存的

---

769 Frow, John (1995). *Cultural Studies and Cultural Value*, p. 131.

770 Jameson, Fredric (1979). Reification and Utopia in Mass Culture. *Social Text* 1, 130–148, p. 130. Duke University Press.

771 ibid., p.130.

現象」去看待所有文化風景。實際上來說，詹明信的主張形同調合了高等文化與大眾文化，並將它們一起納入相同的社會與美學處境——一種文化形式與大眾之間的雙關論法（dilemma）[772]。

但 John Frow 認為，詹明信的做法並沒有解決問題，因為詹明信探索現代主義與當代大眾文化之間的辯證對立以及深層的結構依存，做了同型構的假設。他假想高等與流行文化可被比擬成整齊劃一的區塊；而且把這些文化當成一種終極統合因時因地的體現。他對兩者的調合作法太過一廂情願，採用一種概括的經濟價值視角，結果曲解一種事實：不同的文化支配具有相當不同的形式與相異的消費者[773]。

不過法蘭克福學派觀點持續有強大的支持，包括俄國知名語言學家尤里・洛特曼（Juri Lotman）以及義大利學者艾科（Umberto Eco）。前者認為兩種極端的美學根本難以兼容：一種美學定位在變奏與即興的不斷反覆之上，這是許多民俗與大眾文化的共同特徵；另一種相反的美學植基在出乎預料的破壞與創新，注重複雜甚於單純，這是大多數現代主義文化的共同特徵[774]。John Frow 認為，洛特曼的見解也有問題，因為他把兩種美學概念予以普世化，但他的看法不無道理，意謂不同價值判斷基準既無法用同樣的標準去比較，也不能簡化言之[775]。

772 Jameson, Fredric (1979). Reification and Utopia in Mass Culture. *Social Text* 1, p. 134.

773 Frow, John (1995). *Cultural Studies and Cultural Value*, p. 21.

774 Lotman, Juri (1977). *The structure of the artistic text*. Translated by Ronald Vroon, pp. 289-293. Ann Arbor: University of Michigan.

775 Frow, John (1995). *Cultural Studies and Cultural Value*, p. 21.

艾科的觀點也類似洛特曼。他認為，現代主義判斷藝術價值的標準在於新奇多變，也就是能提供高度的信息；但現代主義學者也已觀察到一種已知的型態，這種型態透過不斷的重複帶來愉悅，但它屬於技能（craft）範疇，屬於工業，而不屬於藝術。在後浪漫美學架構中，技能與工業都如同眾所熟知的模式並重複用來處理一些新事物，但藝術則相反……對應的可說是「科學革命」；每件現代藝術作品都在構思一些新的法則，產生新的範例，一種看待世界的新方式。從此之後，在現代主義學者眼中，大眾影音科技產物等同於工業產品，都是擁有編號的產品，而這種編號式產品的「序列的美學」（aesthetics of seriality）被認為不兼容於藝術創造。艾科指出，後現代主義反對上述現代主義價值觀念，發展出另一種美學觀點來對應時代現象。在這個時代中，複製與重複似乎已主導了所有藝術創造的世界；大眾影音的複製以及所謂「主流藝術」的複製，兩者之間越來越難區分，雙方的界線已經崩解[776]。

　　到了 20 世紀下半葉，高等文化與低等文化的區分越來越困難，John Frow 認為主要有四個原因。第一個原因是，高等文化被充分吸收納入文化商品中，使得文化與市場的關聯不再成為高等與低等文化的有效區分原則；而傳統認為藝術作品具有非營利、有機、原創與自主的特質，大眾文化文本則屬於營利的、

---

776 Eco, Umberto (1985). Innovation and repletion: between modern and postmodern aesthetics. *Daedalus*, 114(4), 161-166. American Academy of Arts and Sciences, Cambridge, MA: MIT Press Journals.

機械化、公式化與商業化，這兩者之間的對立所應用的價值論述也不再適用。高等文化產品如今也採用如同低等文化的編號方式去生產，譬如平裝書籍、唱片、光碟、電影、廣告與電視，尤其電視還擁有專屬的高等文化頻道。在整個文化市場中，高等文化形成一種專屬的市場，此一現象同樣發生在眾多不斷分化的低等文化產品中[777]。

第二，高等文化在市場中佔有一種越來越專業化的位置，此一位置與教育系統的上層結構緊密鏈接在一起。與此同時，大眾媒體在傳達文化價值方面越來越扮演主導角色，結果這兩種領域的文化權威彼此之間的關係發生劇烈扭轉。以往在高度階層化的社會結構中，高等文化不容質疑地屬於統治階級的文化，這種階級結構如今不再是文化系統的結構原則[778]。相反地，如同學者 Jim Collins 論證，階級結構已被一種模式取代，在此模式中，各種論述的爭鬥不斷引入多樣且彼此競爭的階級結構，導致原本階級結構的主導勢力搖搖欲墜。當代文化系統不再擁有一個中心，甚至毫無中心可言，最多只能說有多個中心並存[779]。

第三，以往高等與低等文化的劃分或多或少取決於階級、文化之間的關聯，然而原本這種關聯當中的主導或從屬力量，在 20 世紀改變，主要由於視聽大眾的出現與介入。這種現象尤其發生在電視領域，不同頻道企圖在所有社會階級中建構出各

777 Frow, John (1995). *Cultural Studies and Cultural Value*, p. 23.

778 ibid., pp. 23-24.

779 Collins, Jim (1989). *Uncommon Culture: Popular Culture and Post-Modernism*, pp. 25-27. New York and London: Routledge.

自的忠誠收視群體，包括核心頻道主要訴求長時間觀看視覺奇觀的觀眾，特殊的頻道則鎖定具有特殊節目興趣的小眾，以往嚴格劃分的社會階層在上述情況中逐漸崩解，取而代之的是一種沒有特殊階級屬性的大眾群體，而且並不是因為反抗某種勢力陣營而成形。John Frow 論證，如今對低等文化消費者而言，以前的傳統價值觀所引發的恥辱與次等感覺大都消失無蹤。關於高等或低等的分別，或許更合理的解釋不在於有某種固定的文本範圍，而是每個文化領域內都出現高等與低等的區隔[780]。

本著作採用上述 John Frow 觀點：不管是沉浸式劇場、奇觀 1.0 或 2.0，不管是手工生產的藝術創作或大量複製的文化產業，每個文化領域的產品都有各自的品質高低差異。從審美經驗的視角來衡量，只要是好的產品或作品，就會像美學家茵伽登（Roman Ingarden）所言，當中充滿大量未定點（spots of indeterminacy），等著欣賞者用想像將未定點填補起來，等著被具體化（concretization）而成為審美對象[781]。任何作品與產品能在時間長河中，反覆經歷這樣的考驗而歷久彌新，就能確立經典地位。古典音樂的貝多芬是如此，流行音樂如平克・佛洛依德（Pink Floyd）或獲得諾貝爾文學獎的鮑伯・狄倫（Bob Dylan）也是如此。

780　Frow, John (1995). *Cultural Studies and Cultural Value*, pp. 24-25.
781　Ingarden, R. (1973). *Literary Work of Art,* Translated by George G. Grabowicz. Evanston: Northwestern University Press.

審美經驗作為救贖

至於手工生產的藝術創作，該如何看待它們在當代審美經濟中的角色呢？如第一章所述，藝術家不能否定文化商品的藝術性，否則就會落入尷尬矛盾處境。他們應該論證藝術創作的獨特性更能激發長久審美，也可訴求藝術創作具有迥異於一般文化商品的演示價值。

中國美學家彭鋒曾提出一種觀察：對當代美學界而言，設計業所應用的美感元素往往是最初階的美，因此被定義為「平均美」[782]，通常帶來悅目、整齊、好看、和諧、工整等感受，但很難指向壯麗、神聖、崇高、宏偉等深層複雜的感性經驗。這主要是因為當代商品設計為了要大量生產，爭取最大利益，必須尋求可以標準化、模組化的生產方式，結果不複雜、能吸引最多消費者接受的美感元素，諸如甜美、漂亮、均勻對稱等，比較容易脫穎而出。

當然在自由開放的市場中，分眾口味（taste）不會被捨棄，以便提供消費者多樣選擇，但礙於成本、銷售等考量，不容易成為主流。因此市面上主要充斥著「平均美」的商品，而它們如彭鋒所斷言，不是真正美學意義上的美，因為後者是不能被抽象化成為標準的。「平均美」不能也無意要求消費者積極投入心血與精力去領會，否則會嚇跑大量消費者。相反地，它訴求消費者輕鬆愜意地被動享受，因此不同於深層複雜的審美經

---

782 彭鋒（2005）。《西方美學與藝術》，第 302 頁。

驗。彭鋒指出，「平均美」會扼殺了我們的審美感悟力 [783]

彭鋒除了採用類似形式主義的美學視角去解釋設計商品的審美現象，同時提出一個啟人深思的建議：在一個全面審美化的時代，藝術可教導大眾如何擺脫無所不在的「平均美」。他認為藝術界應採用真正的審美教育方針，教導個體如何發現並培養審美敏感和個性。因此當代藝術界具有一種非常特殊甚至跟以往矛盾的重任，就是要幫助被「平均美」包圍而無所適從的大眾，通過其它深層審美而進行自我救贖 [784]。

至於當代藝術要如何執行救贖策略？彭鋒指出，由於當代現實世界本身已被虛擬化，藝術本身必須先停止虛擬化，才能發揮它的救贖功能。由此藝術與現實的關係將發生一種奇妙的**翻轉**：在一個本質上是模仿的現實中，藝術不再模仿；在一個虛幻的現實中，藝術不再虛幻；在一個按照某種規則構造出來的世界中，藝術是具有獨特性的「事物本身」[785]。

現象美學家舒斯特曼也有類似看法。他指出，自從進入20世紀之後，人類的生活經驗已產生很大質變，正由以往經驗型文化，日益移轉到資訊型文化，使得我們基本的感性能力出現大幅變形的癥症，以往「審美經驗」的定義適用與否日受挑戰 [786]。過往半世紀，「審美經驗」是否適用於解釋當代流行文

---

783 彭鋒（2005）。《西方美學與藝術》，第 302 頁。
784 同上，第 302 頁。
785 有關當代藝術家的定位的初步分析，見彭鋒（2000）。《美學的意蘊》，179-180 頁。北京：中國人民大學出版社。
786 Shusterman, Richard (1997). The End of Aesthetic Experience. *The Journal of Aesthetics and Art Criticism*, 55(1), 29-41, p. 29.

化場景，已受到很大批判，現在更大課題不在於它的價值，更在於當代是否還存在著如同以往形容的「審美經驗」？

　　舒斯特曼指出，人類正處在一個資訊超載與碎片化的後現代主義時代。越來越多案例讓人擔憂，由於人類如此徹底地被資訊科技所改造，我們原本屬於情感的、實體經驗的能力，顯得越來越減損，以至於我們已浮現被資訊科技處理器同化的危機，而後者如今早已成為我們不管是工作或遊戲的最親密夥伴 [787]。其結果很可能如後現代學者詹明信所診斷：「情感式微」（the waning of affect）是後現代狀況的主要表徵 [788]。

　　舒斯特曼懷疑，如今資訊科技大幅進化並氾濫，人人滿足於資訊帶來的感性享受，很可能使得我們在紐約大都會歌劇院一個晚上聆賞的曼妙經驗，再也無法匹敵華爾街吵雜的股票交易所引發的興奮。如果未來全面發展到這地步，舒斯特曼認為，或許我們只能說「審美經驗」已趨近終結 [789]。

　　然而現實狀況是，如今絕大多數當代藝術依然故我，既無法也不打算激發那些具有情感愉悅效果的強大經驗。審美經驗曾經是藝術感動與價值的具體化，曾幾何時服膺於冷冰冰的詮釋學。更糟的是，社會大眾仍期望擁有審美經驗，因此只好求諸於當代藝術領域之外，轉往文化消費商品與資訊文化，導致嚴肅藝術界

787　Shusterman, Richard (1997). The End of Aesthetic Experience. *The Journal of Aesthetics and Art Criticism*, 55(1), 29-41, p. 39.

788　Jameson, Fredric (1991). *Postmodernism, or, The Cultural Logic of Late Capitalism*, pp. 10-16.

789　ibid.

赫然發現，他們既喪失了審美經驗的優勢與立足點，而且再也無法仰仗大眾的支持。審美趣味大量導向流行藝術（popular art），這類藝術依然擁抱著快樂、感動與意義連結的經驗目標[790]。

因此他強調，藝術哲學界不能再循前衛藝術的發展途徑，不能再像藝評家丹托等人一般拒絕傳統感性論，不能繼續堅持擁抱一種激進的去感性化（anaestheticization）並徹底臣服於第三人稱的語意理論所發展而出的藝術象徵與詮釋[791]。

舒斯特曼強調，現在精緻藝術界應該再度承認並擁抱那種可提供鮮活且極具意義的現象界經驗[792]。他提醒：1994 年蘇聯流亡美國藝術家 Vtaly Komar 與 Alexander Melamid 曾在美國「國家」（The Nation）期刊支持下做過一個調查。他們設計了一紙問卷，接近 100 個問題，首度以美國社會大眾為對象，調查他們的藝術愛好。這些問題包羅萬象，包括消費品味、創意活動以及對知名藝術家的理解，乃至他們對繪畫角度、曲線、筆觸、色彩、尺寸、內容、題材、風格等偏好。他們根據調查結果，歸納出「美國大眾最愛」的畫作應該是一張古典風格油畫，當中有著藍色湖泊、晴空、綠樹、田野、水鹿與闔家踏青等[793]。相關問卷統計也顯示，大眾期望藝術要能透過和諧的表達提供

---

790 Shusterman, Richard (1997). The End of Aesthetic Experience. *The Journal of Aesthetics and Art Criticism*, 55(1), 29-41, p. 38.

791 ibid.

792 ibid.

793 The People's Choice. Independent Curators International. https://curatorsintl.org/exhibitions/the-peoples-choice. Retrieved at 2022/01/26.

一種正向的情感經驗[794]。

　　因此在當前資訊資本主義時代，舒斯特曼建議，藝術哲學界首先要不斷提醒人們：審美經驗擁抱的是種種可貴且充滿意義的現象界經驗，鼓勵人們不要排斥精緻藝術。但他也提醒藝術哲學界必須理解：一種傳統的審美形式消失，不必然意味審美感受就會全然消滅；此外也必須承認，審美追尋會吸納它所命名的經驗，這意味它並不侷限在藝術或文藝批評的認可。審美經驗是一種認知導向，不管在藝術或其它生活層面，可不斷提醒人們有種值得追尋的事物[795]。

審美經驗模型

　　包括舒斯特曼或彭鋒等美學家，他們形容的那個鮮活、極具意義且帶來救贖的審美經驗到底是怎樣的狀態？首先，藝術知識與詮釋絕對不是審美經驗的必要條件，但可能是充分條件之一，關鍵仍在於這些知識與詮釋能否融入品味的判斷，並即時帶來圓滿與超越的感受。品味判斷的形成無非源於個體複雜的生命經驗，當中也包含文化社會脈絡如何作用於個體，因此是全然主觀的，而且有可能隨時轉變。豐富的藝術知識與深入

794　Shusterman, Richard (1997). The End of Aesthetic Experience. *The Journal of Aesthetics and Art Criticism*, 55(1), 29-41, p. 38.

795　Shusterman, Richard (1997). The End of Aesthetic Experience. *The Journal of Aesthetics and Art Criticism*, 55(1), 29-41, p. 39.

的哲學詮釋無法保證品味的高低，但有可能帶來品味的轉變。

　　舒斯特曼指出，歷來審美經驗的探討提出四種主要特色，這四種特色的交織與相互作用，既塑造也混淆了當代審美經驗的見解。這四種特色包括：一、審美經驗基本上是價值與愉悅訴求的，這可稱之為它的評價層面（evaluative dimension）；二、它是一種被生動感受與主觀品嚐的事物，把觀賞者的情感全部吸納融入（affective absorption）[796]，並使我們的注意力集中在對象當下的實存呈現，進而超脫於枯燥不變的日常生活之外。這可稱之為它的現象學層面（phenomenological dimension）；三、它是有意義的經驗，並非單純感受而已，這可稱為它的語意學層面（semantic dimension），而它的感情力量與意義一併解釋了為何審美經驗能如此超越形象；四、它是一種深切認同精緻藝術之「秀異」（distinction）的特殊經驗，也是藝術基本目標的再現。這可稱之為審美經驗的界定與定義層面（demarcational-definitional dimension）[797]。

　　藝術哲學界堅持第四種層面賦予他們更卓越的品味判斷，比一般大眾更高明的直覺去辨識哪種是優秀的藝術作品。包括尼爾・卡羅爾或喬治・迪奇等藝術哲學家或明或暗都在宣稱自己的直覺正當性，也就是推崇專家的直覺而貶抑大眾的直覺，因為他們認為專家的直覺是以更好的方式成形而且較無偏見。

---

796 舒斯特曼此一解釋完全吻合華人美學所稱的「情景交融」。

797 Shusterman, Richard (1997). The End of Aesthetic Experience. *The Journal of Aesthetics and Art Criticism*, 55(1), 29-41, p. 29.

但實驗哲學派發現，這些藝術哲學家的直覺卻彼此矛盾衝突，特別是針對一些「艱難課題」（hard cases）如傳統工藝、前衛作品、各國民俗創作或時尚精品等，到底算不算「藝術」？而且針對藝術機構、歷史詮釋、審美成分等在界定藝術所扮演的角色看法也莫衷一是。比如 Jerrold Levinson 宣稱藝術是一種模糊概念[798]，但丹托卻論證藝術與非藝術之間存在絕對區分[799]。實驗哲學家 Dominic Lopes 發現，不同派別均同樣陷入僵局，他們都相信自己已經解決艱難課題，但依據的都是自己建構的理論[800]。藝術哲學家 Nick Zangwill 則坦承，藝術機構因為彼此所捍衛的理論而分崩離析，不管他們是捍衛喬治‧迪奇的理論或 Nick Zangwill 自己的理論[801]。

但是藝術哲學界當中又有種見解，認為哲學已廣泛解釋特定直覺對哲學議題的重要角色，任何跟這些直覺起衝突的理論都是有問題的[802]。提出這種說法的藝術哲學家 Gary Iseminger 所說的就是「智慧的直覺」（intellectual intuition）。

因此在此我們必須解決一個課題：在審美經驗中，智慧的直覺跟形相的直覺，兩者到底扮演了何種角色？我們直觀一個

---

798 Levinson, Jerrold (1993). Extending Art Historically. *Journal of Aesthetics and Art Criticism*, 51(3), 411-423, p. 422.

799 Danto, Arthur (1992). *Beyond the Brillo Box: The Visual Arts in Post-Historical Perspective*, p. 110. Berkeley, Los Angeles & London: University of California Press.

800 Lopes, Dominic (2014). *Beyond Art*, p. 58. Oxford: Oxford University Press.

801 Zangwill, Nick (1995). Groundrules in the Philosophy of Art. *Philosophy*, 70(4), 533-544, p. 534.

802 Iseminger, Gary (2004). *The Aesthetic Function of Art*, pp. 9-11. New York: Cornell University Press.

審美對象，乍看只是一種形相直覺，但這種品味判斷中，有否摻雜符號學與詮釋學的成分？也就是說，審美判斷有否「智性」的成分？是否因為有智慧的直覺，我們審美當下更能分辨：哪些作品已超越世俗的感官刺激與訴求，直指涉及人類生命課題等更大的關懷？

　　追溯華人傳統分析的美感經驗，基本上植基於康德「感官直覺」（sensible intuition），如葉朗在《美學原理》一書中所述「形相直覺」也屬於感官直覺。而吾人一切認知狀態均為心靈的再現（mental representation），直覺（intuition）則是其中一種認知機能 [803]。但相較於「形相直覺」，康德另外提出一種「智慧的直覺」。康德認為凡人僅能擁有感官直覺，智慧的直覺僅限於上帝之類的超越存在才能擁有。但很多哲學家如海德格等指出，康德這種見解引發很多問題，而且他也不盡然堅信自己的見解。假如人類僅擁有感官的直覺並作為知識與經驗的前提，我們不可能獲得很多抽象知識，包括我們如何產生這世界有超越的存在如全能的上帝等認知。於是後代的知識論探討，不少致力於修正康德所說的「智慧的直覺」[804]。

　　學者重新梳理康德所說的「心靈的再現」，普遍認為它意指一種認知過程或心靈的狀態，包含一連串活動，包括接收影

---

803 Pathak, Krishna Mani (2019). Intuition as a Blend of Cognition and Consciousness: An Examination of the Philosophies of Kant and Krishnamurti. In *Kant on Intuition: Western and Asian Perspectives on Transcendental Idealism,* ed. Stephen R. Palmquist, 200-215, p. 201. New York: Routledge.

804 ibid, p. 207.

像與資料，思考以及分析事件，把接收到的資訊予以分類，感知對象並做出判斷。這些總括而言被定義為「心靈內容」。與此相關的討論牽涉到：在產生任何認知之前，心靈如何再現（或呈現）內在或外在的實存[805]？在形相的直覺把感官材料帶到心靈之後，我們會有另一種天生（先驗）的心靈認知機能啟動，也就是概念的能力。康德指稱，感官的直覺必須倚靠外在事物激發再現的機能，因此不屬於智慧的直覺。

但是概念的能力並不需要感官的中介，當下可直接於心靈啟動。因此它能否被視為一種「智慧的直覺」，天生賦予人類？越來越多學者傾向認同上述見解。因為假如康德堅稱直覺僅限於感官對事物的被動感知，如此一來就不可能存在任何智慧的直覺，康德的兩種直覺定義顯然邏輯矛盾，屬於獨斷的假設[806]。比較合理的解釋應該回到康德對於意識的概念。意識在整個人類的認知活動中，扮演關鍵性角色。學者認為意識就是對於知識對象的統覺（apperception）或理解（comprehension）[807]。

比較好的見解應該是，人類的直覺混合了認知與意識，因此主要成分都是「智慧的」。假如直覺不包括任何認知的成分，這樣的直覺就僅為感官的再現，而且不可能引發認知（cognition）。事實上，絕大多數直覺都屬於感官與理解能力的統合，

805 Clapin, Hugh (2002). *Philosophy of Mental Representation*, P. 2. Oxford: Oxford University Press.
806 Ando,Takatura (1974). *Metaphysics: A Critical Survey of its Meaning*, pp. 128-130. The Hague: Martinus Njhof.
807 Serck-Hanssen, Camilla (2009). Kant on Consciousness. In *Psychology and Philosophy,* ed. S. Heinamaa & M. Reuter, 139–157. Netherlands: Springer.

而且心靈都能察覺。因此哲學家 Krishna Mani Pathak 提出康德的
心智狀態模型如圖 48：

圖 48：康德的心智狀態（智慧直覺）模型[808]。（鍾怡君繪圖）

　　換句話說，審美經驗不可能僅為形相直覺，或者說，這種
直覺必然連結到我們對於世界的經驗與認知，而其中「智慧的
直覺」一直作用著。假如審美會讓我們感受到真、善、美等意
義與價值，這些都屬於「智慧的直覺」領域。我們的審美經驗
於是可視為一種連續體（continuum），一端是純粹的感官直覺，
另一端是智慧的直覺，前者牽涉到純感官的快感，後者則牽涉
到知性的喜悅與感動。它們一起組成了康德所說的「品味的判
斷」，品味不是與生俱來的，而是後天的養成，如同舒斯特曼
所言，審美經驗既然包含意義的導向，而意義的建立顯然需要
概念或生活經驗的引導。所有概念與生活經驗均納入意識，並

808　Pathak, Krishna Mani (2019). Intuition as a Blend of Cognition and Consciousness: An Examination of the Philosophies of Kant and Krishnamurti. In *Kant on Intuition: Western and Asian Perspectives on Transcendental Idealism*, 200-215, p. 210.

在遭遇審美對象時做出當下判斷，進而觸動情感並歸類到各種感性範疇如美、崇高、悲傷、幽默等。

但須注意的是，概念並不限於知識，也可由生活經驗學習取得。換句話說，讀書很多並不保證智慧的直覺更卓越。藝術哲學家 Gary Iseminger 提出「智慧的直覺」在審美經驗所扮演的角色，但無法為專家學者的品味高超背書。

實驗哲學家 Richard Kamber 曾採用 Noël Carroll 與 Jerrold Levinson 的理論，針對大眾與專家做過幾次實驗，結果發現，針對杜象的《泉》，68% 全體受訪者認為是藝術，專家受訪者則有 73% 同意；針對歷史事件照片，前者有 71% 同意，後者則為 67%；針對業餘玩家攝影作品，前者有 55%，後者為 47%；至於荷馬史詩《伊里亞德》，前者有 70%，後者為 71%；針對一件巴塔哥尼亞（Patagonia）的儀式面具，前者有 85%，後者為 81%，相關數據都無法證明專家的直覺比一般大眾有更卓越之處。[809]

關鍵就在於：不管專家學者讀再多書，審美經驗最終還是要回到經驗本身去考察它的價值，而滿篇累牘的分析與闡釋，如果偏離了當下經驗的存在，只是藉由文字進行歷史資料堆砌與抽象理論的賣弄，還不如一般大眾從感性經驗當下獲得圓滿與超越的感受來得更有意義。就像哲學家海德格說：「只有存在與存在結構，才能夠成為現象學意義上的現象，而只有當我們獲得了存在與存在結構的鮮明概念之後，本質直觀這種看的

809 Kamber, R. (2011). Experimental Philosophy of Art. *Journal of Aesthetics and Art Criticism*, 69(2), 197-208.

方法，才能夠決定下來。」而審美經驗就是最典型的現象學意義上的現象[810]。再多知識與闡釋，除非它能在經驗的現象當下作出貢獻並豐富了審美直覺，否則毫無審美價值可言。

而綜合前述舒斯特曼所說的審美經驗四種主要特色，再結合康德的智慧直覺，我們可以推論審美經驗的狀態如圖49。在審美的當下，各種感知啟動並交織匯合而成感性經驗，只要能帶來圓滿與超越的感受，就是吾人生命最珍貴的事物。

以劇場的沉浸審美為例，並藉由「審美經驗狀態圖」進行分析，我們可推論，由於沉浸式劇場觀眾身兼「觀眾 - 觀賞者 - 旁觀者 - 演員 - 察覺者」等多重身分，各種感知導向在審美的當下全面啟動，可能獲得前所未見的愉悅。為了證實這個觀察，本研究訪問了台灣國家交響樂團前音樂總監呂紹嘉先生，訪談結果如附錄。他表示表演藝術家在演出的當下，其實一直處在沉浸審美中，身體與情緒的感受，瞬間反應的強度，比坐在觀眾席靜聽的觀眾，真的不知強多少倍。他以身為指揮家的經驗說明，當指揮站在台上時，其實就身兼觀賞者、表演者、覺察者等多重角色，彷彿沉浸式劇場觀眾的角色。而沉浸式劇場觀眾也像是希臘悲劇或西方歌劇舞台上的合唱團成員，有時彷彿全副身心要融入演出，但沒有輪到戲份時，站在台上就像近距離的觀眾或旁觀者，其中審美狀態的複雜度與愉悅，都是以往台下觀眾不曾感受過的。此外，呂紹嘉也證實，不管他在演出前做過

---

810 彭鋒（2005）。《完美的自然》，第 52-53 頁。

多少研究與思考，在藝術實踐的當下，都是直覺式的感性呈現，而民眾也能直覺地接收到藝術家的努力並獲得審美愉悅。

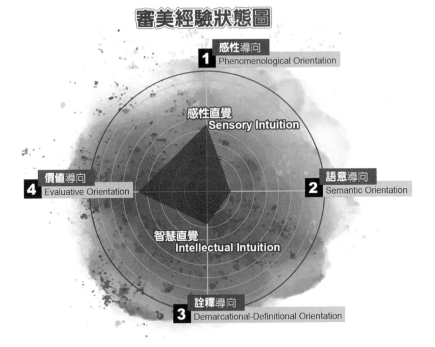

圖 49：審美經驗狀態圖。（本研究製圖；鍾怡君繪圖）

　　一如美學家舒斯特曼，本研究致力論證：不管傳統精緻藝術、當代文化產業與審美經濟，都能持續激發新的審美範疇，連同傳統審美經驗，依然帶給人生意義豐滿的感性愉悅。根據這樣的視角，我們觀察當代資通訊科技發展現象，比如甚囂塵上的 NFT 藝術市場交易，就會得到迥異於科技業者所宣稱的價

值判斷。就審美經驗來說，關鍵就在於 NFT 所哄抬的創作能否激發審美愉悅？能否帶給人們超越、昇華的境界？當下 NFT 風潮中的「無聊猿」[811] 等圖像真的能讓資訊時代的人類享有「燦爛的感性」嗎？如果答案為否，NFT 那些被哄抬到天價的創作，究竟是金錢遊戲的籌碼？或屬於真正的藝術領域？答案就昭然若揭了。

當然有些情形不能全然排除：從詮釋學角度來說，以後的人類或許會因文化與歷史演變而被「無聊猿」感動到泫然欲泣，因為詮釋學可賦予「無聊猿」偉大的創新位階，而哄抬 NFT 藝術交易的資訊業者與資本家顯然正致力於此；也或許有朝一日，我們會變成後人類如 cyborg（賽博人）。就審美價值來說，前者起碼比後者更好些，除非我們真的不介意自己淪為如賽博人般毫無審美感知的意識狀態。在科學假想與後人類學界預設中，賽博人無法經驗到「質感」（qualia），感受不到喜悅，不擁有任何真正情感。面對一個審美對象，真實人類會感受到靈魂的悸動，但賽博人就是單純處理他所接收到的藝術資料並輸出詮釋。一旦無法享有主體的、感性的審美，這種人生有何意義可言？審美經驗是人生最可貴的資產，永遠值得努力追尋。

---

811 方格子 Vocus（2022/03/02），《「無聊猿」為什麼竄紅？ NFT 是什麼？該如何進入市場？ NFT 熱潮趨勢一次看懂》，風傳媒，https://www.storm.mg/lifestyle/4159769?page=3/ 檢索於 2022/03/17。

附錄

與NSO前音樂總監呂紹嘉針對審美經驗的討論

圖 50：國家交響樂團前音樂總監呂紹嘉。（呂紹嘉提供）

第一次討論 2022/02/17

作者：

　　紹嘉兄，我正在寫一本著作，這本書跟藝術詮釋學以及感性論有關，我想以一個案例來解釋，這個案例幾天前發表在臉書上，有關貝多芬知名的命運動機。現在想請教您一些看法。我前幾天在臉書上這樣寫：

「我今天特別有感而發是因為寫書累到不行，隨便上臉書看看資訊放鬆一下，結果看到一位朋友分享他對貝多芬（Ludwig van Beethoven）《第五號 C 小調「命運」交響曲》的心得。這位朋友很明顯就是現象學派的直觀感性經驗分享。對他而言，貝多芬第五號第一樂章起始，就是一個由『So-So-So-Mi』4 個音符組成的動機（motif），緊接著降低一度重複為『Fa-Fa-Fa-Re』，由此揭示第一主題（theme）。

　　但對詮釋學派來說，這種單純基於感性所『聽』到的審美經驗，是有所不足的。我們從樂譜很明顯可看到，貝多芬在 So-So-So-Mi 出現前，先寫了一個 8 分休止符；緊接著在 Fa-Fa-Fa-Re 出現之前，又有一個 8 分休止符。

　　換句話說，這兩個動機不是只有 4 個音符，連同前面的休止符在內，應該算 5 個音符，只是第一個音符是無聲的。休止符製造出一種懸疑、緊張、屏息的張力，然後命運才真正敲門（一般的比擬）。

　　其實我們聽任何貝多芬《第五號交響曲》演奏或錄音，只要具備上述知識，都可以感受到那個休止符所製造的審美效果。指揮第一拍打下去，前半拍是無聲的，剎那的瞬間凝滯，為隨後的爆發蓄積期待的能量並隨即釋放。這樣的審美經驗就跟只聽到『有聲的』4 個音符有所差異。詮釋學當然不能天馬行空，但只要有所本，對於審美的感性豐富還是有貢獻的。」

　　現在要請教您的是：如果把命運動機當成「休止符＋ 4 個音」，請問這個 motif 在第一樂章經常出現嗎？因為我沒有樂譜，

但感覺上不只呈示部，好像發展部等等，命運動機前面似乎不少都有那個 8 分休止符？此外，請問 motif 中，有休止符跟沒有休止符，您作為指揮家的看法如何？畢竟貝多芬特別寫上休止符，一定有他的用意。

呂紹嘉：

潘罡，你好！這個問題很有意思，引人深思而不易回答。

第一樂章從頭到尾都由此 4 個音加前面 8 分休止符建構而成，無一例外。有趣的是，第三樂章的主題（法國號開始）也是 4 個音，但一律沒有之前的休止符。我想，只要比較這兩者，「有沒有休止符」在聽覺上造成之差異，就昭然若揭：前者緊迫盯人，後者決決大度，聽者即使是沒有看樂譜，甚至不需知道休止符是什麼，也不會「漏接」貝多芬想傳達的訊息。

我們當指揮的，可說是在第一線以「身體」實踐音樂美學（現象學的直觀性），所以對這 8 分休止符（理性的認知）可說是數倍於聽者的切身感受。或許可這麼說：我們是將理性的認知，以官能性的實踐，讓「不知其所以然」的聽眾也能得到感受到音樂豐富而多樣的訊息。附帶一提，貝五第一樂章的開頭，是所有指揮學生必修的大課題（也可是夢魘⋯⋯），如何讓樂團在曲子開頭一個短促休止後，勇敢、整齊又滿富張力的齊奏，可不是容易的事喔。所以你可想像，這個「8 分音符休止」對我們是多麼「切身」了。

第二次討論整理稿（呂紹嘉視角）2022/2/18

以貝多芬第 C 小調《第五號交響曲》的「命運動機」為例，為了表現出「休止符＋4 個音」的動機審美效果，整個樂團在蓄勢待發時，指揮是驅動那瞬間「爆發」（impulse）的決定性角色。他必須透過身體剎那間的肢體語言，去驅動近百人樂團，讓音樂從無到有，爆發出強大齊奏，其中身體與情緒的感受，瞬間反應的強度，比坐在觀眾席靜聽的觀眾，真的不知強多少倍。這種審美經驗顯然不同於觀眾席上的經驗。

此外，為了詮釋音樂，音樂家事先會做非常多準備，深入研究樂譜，並結合自己的才能、訓練與以往經驗。這些大多屬於理性的甚至知識的探討。但音樂演出當下，就是直覺式反映所有成果，並化為 music making（音樂營造）。這當中可能性是千變萬化的，跟不同樂團，不同音樂家之間，都有很多變化的可能性，這也是當指揮最棒的審美回報。

至於演出時，指揮家跟自己營造出來的音樂之間關係，某些時候可以很沉浸，比如某些樂段，指揮家精心營造一種氛圍，當音樂做出來了，你可以非常享受其間。但絕大多數時候，指揮必須保持冷靜，因為他要走在樂團前面，不斷要給出預備拍，為接下來音樂做準備，因此他必須非常理性。曾經有人問我指揮馬勒（Gustav Mahler）《D 大調第九號交響曲》第 4 樂章時，會不會很想哭？我的回答是：如果我哭，就演不下去了。

因此這種身心狀態，某種角度來說，確實很像沉浸式審美。

指揮自己也可感受到 music making 所做出來的審美效果，樂在其中，但同時，他又要保持非常理性，如同沉浸式審美，在融入（involvement）跟跳出（evolvement）之間激烈往復擺盪。但跟樂團團員相比，指揮必須更理性，因為他畢竟率領的是整個樂團。樂手在空檔時，確實有比較多的 involvement 可能性。

一旦指揮家化身為聽眾，就會傾向旁觀式審美，因為此時他的身體，不會像站在台上那樣直接反應。但無論無何，指揮畢竟跟一般觀眾不一樣，因為民眾不可能擁有指揮站在台上的經驗。當指揮變成台下觀眾時，以往的演出感受與專業理解，會時時被召喚回腦海中，對眼前的演出做出感性判斷。所以他的身體與情感反應，還是比單純的聽眾更強烈。

但無論如何，感性都會走在理性前面，只是這種感性已包含對速度、表情以及所有音樂層面的知性理解，同時化為感性經驗。

身為指揮家，關於音樂帶給人的審美效果，我曾有一個特別經驗。我曾帶萊茵愛樂前往盧安達一個地區演出，這個地方很窮困落後，完全不同的文化背景，我們很可能是有史以來第一個在當地演出的西方樂團，觀眾可能從來沒看過那些樂器。

當天樂團演出的是海頓（Joseph Hayden）《C 大調第一號大提琴協奏曲》與莫札特（Wolfgang Amadeus Mozart）《D 大調第 38 號「布拉格」交響曲》。觀眾在現場或站或坐，大聲喧嘩，但演奏到莫札特慢板樂章時，他們竟安靜下來專注聆聽。輪到海頓協奏曲第一樂章的炫技樂段時，他們突然哄堂笑起來。這

裡面似乎有音樂聆賞的主觀性，但音樂也可能跨越文化差異，比如莫札特的慢板樂章所引發的安靜聆賞。

　　至於指揮家研讀樂譜時，腦海中一定會浮現自己想像的演奏效果。這當中會有兩種情形，一種是面對一首不曾演奏過的樂曲，尤其是全新委託現代創作。另一種是自己熟悉的曲目。前者在跟樂團開始排演後，有時會讓我感到訝異，原來演奏出來的風貌跟自己想像頗有差異。後者由於很熟悉，在研究樂譜時，腦海中的想像可說是最純粹的完美，但實際排練或演出時，跟不同樂團或演奏家搭配，不時仍有意外的火花讓人驚奇。這也是營造音樂有趣之處。

參考文獻

外文部分：

Adorno, Theodor (1984). Aesthetic Theory. London: Routledge.

Alston, Adam (2013). Audience Participation and Neoliberal Value: Risk, agency and responsibility in immersive theatre. A Journal of the Performing Arts, 18(2), 128-138.

Alston, Adam (2016). Beyond Immersive Theatre. London: Macmillan Publishers Ltd.

Ando, Takatura (1974). Metaphysics: A Critical Survey of its Meaning. The Hague: Martinus Njhof.

Andreotti, L. (1996). Review: Leaving the twentieth century: The Situationist International. Journal of Architectural Education, 49(3), 196-199.

Artaud, Antonin (1958). The Theatre and Its Double, Translated by Mary Caroline Richards. New York: Grove Weidenfeld.

Barish, Jonas (1981). The Antitheatrical Prejudice. Berkeley, Los Angeles, London: University of California Press.

Baudrillard, Jean (1994). The Precession of Simulacra. In Simulacra and Simulation, 1-42. University of Michigan Press.

Baumol, J. W. & Bowen, W. G. (1966). Performing Arts — The Economic Dilemma: A Study of Problems Common to Theater, Opera, Music and Dance. Hampshire: Gregg Revivals.

Bay-Cheng, S., Kattenbelt, C., Laverder, A. & Nelson, R. (2010). Mapping Intermediality in Performance. Amsterdam: Amsterdam University Press.

Beardsley, Monroe (1979). In Defense of Aesthetic Value. Proceedings and Addresses of the American Philosophical Association, 52(6), 723-249.

Begly, Sharon (2007). Train Your Mind, Change Your Brain: How a New Science Reveals Our Extraordinary Potential to Transform Ourselves. New York: Ballantine.

Bekesi, Janos (1999). Dufrenne and the Virtual as an Aesthetic Category in Phenomenology. Journal of French and Francophone Philosophy, 11(1), 56-71.

Belifiore, Elizabeth S. (1992). Tragic Pleasures: Aristotle on Plot and Emotion. Princeton University Press.

Benjamin, W. (1992). The work of art in the age of mechanical reproduction, Translated by Harry Zohn. In Art in Modern Culture: An Anthology of Critical Texts, ed. Frascina, F. & Harris, J. , 297-307. New York: Icon Editions,

HarperCollins.

Berman, Marshall (2010). All That Is Solid Melts into Air: The Experience of Modernity. London and Brooklyn: Verso.

Biggin, Rose (2017). Immersive Theatre and Audience Experience: Space, Game and story in the Work of Punchdrunk. Switzerland: Palgrave Macmillan.

Blijlevens, J., Thurgood, C., Hekkert, P., Leder, T. & Whitfield, T.W.A. (2017). The Aesthetic Pleasure in Design Scale: The development of a scale to measure aesthetic pleasure for designed artifacts. Psychology of Aesthetics, Creativity and the Arts, 11(1), 86-98. Washington, DC: APA.

Böhme, G. (2003). Contribution to the Critique of the Aesthetic Economy. Thesis Eleven: Critical Theory and Historical Sociology, 73(1), 71-82.

Böhme, Gernot (2017). Précis of the book. In Aesthetic economy, Book forum- On Gernot Bohme's Critique of aesthetic capitalism, XLVII, IV 3, 235-267

Bosakova, Kristina (2016). Kantian Turning Point in Gadamer's Philosophical Hermeneutics. CON-TEXTOS KANTIANOS :International Journal of Philosophy, 4, 167-179.

Bostrom, Nick (2008). Why I Want to be a Posthuman When I Grow Up. In Medical Enhancement and Posthumanity, ed. Bert Gordijn & Ruth Chadwick, 107-136. Netherlands: Springer.

Bouchet, Dominique (2014). The Innovative Role of Art in the Time of the Absence of Myth. In Aesthetic Capitalism, ed. Eduardo de la Fuente & Peter Murphy, 174-194. Leiden: Brill

Brague, Rémi (2008). Avoir du cœur. Le sport et le thumos. In Éthique, travail décent et sport, 57-59. Geneva, BIT.

Bremmer, Jan(1983). The Early Greek Concept of the Soul. NJ: Princeton University Press.

Briziarelli, M. & Armano, E. (2017). Introduction: From the Notion of Spectacle to Spectacle 2.0: The Dialectic of Capitalist Mediations. In The Spectacle 2.0: Reading Debord in the Context of Digital CapitalismI, ed. Briziarelli M. & Armano E, 15-48. London: University of Westminster Press.

Bullough, Edward (1912). `Psychical distance' as a factor in art and as an aesthetic principle. British Journal of Psychology, 5(2), 87–98.

Burdett, Carolyn (2011). The subjective inside us can turn into the objective outside: Vernon Lee's Psychological Aesthetics. 19: Interdisciplinary Studies in the Long Nineteenth Century, 12.

Burns, Timothy (2021). Theodor Lipps on the concept of Einfühlung (Empathy). In

Theodor Lipps (1851-1914). Psychologie, philosophie, esthétique, ed. D. Romand & S. Tchougounnikov, 694-722. Genève-Lausanne: Sdvig Academic press.

Burwick, Frederick (1991). Illusion and the drama: Critical theory of the Enlightenment and Romantic era. University Park, PA: Pennsylvania State University.

Callus, Ivan & Herbrechter, Stefan (2012). Introduction: Posthumanist subjectivities, or, coming after the subject···, Subjectivity, 5(3), 241–264. Springer Nature: Transformative Journal.

Campbell, Colin (1987). The Romantic Ethic and the Spirit of Modern Consumerism. Oxford: Blackwell Publishers.

Castoriadis, Cornelius (1997). The Imaginary Institution of Society, Translated by Kathleen Blamey. Cambridge: MIT Press.

Chalmers, David J. (2017). The Virtual and the Real. Disputatio, IX: No. 46, 309–352.

Clapin, Hugh (2002). Philosophy of Mental Representation. Oxford: Oxford University Press.

Chase, Reginald Melville (1927). De Spectaculis. The Classical Journal, 23(2), 107-120. The Classical Association of the Middle West and South, Inc.

Codeluppi, V. (2017). The Integrated Spectacle: Towards Aesthetic Capitalism. In The Spectacle 2.0: Reading Debord in the Context of Digital CapitalismI, ed. Briziarelli M. & Armano E, 51–66. London: University of Westminster Press.

Coleman, Francis J. (1971). Is Aesthetic Pleasure a Myth? The Journal of Aesthetics and Art Criticism, 29(3), 319-332. Denver: American Society for Aesthetics.

Collins, Jim (1989). Uncommon Culture: Popular Culture and Post-Modernism. New York and London: Routledge.

Cross, Gary (2004). The Cute and the Cool. New York: Oxford University Press.

Cupchik, Gerald C. (2001). The Evolution of Psychical Distance As an Aesthetic Concept. Culture & Psychology, 8(2), 155–187. London: Thousand Oaks.

Curtis, William (1987). Walter Gropius, German Expressionism, and the Bauhaus. Modern Architecture Since 1900 (2nd ed.), 309–316. Prentice-Hall.

Dagalp, Ileyha & Hartmann, Benjamin J. (2021) From "aesthetic" to aestheticization: a multi-layered cultural approach. Consumption Markets & Culture, 25(1), 1-20. London: Routledge.

Danto, Arthur (1992). Beyond the Brillo Box: The Visual Arts in Post-Historical Perspective. Berkeley, Los Angeles & London, University of California Press.

Debord, Guy (1983). Society of the Spectacle. Detroit: Black & Red. Reprinted in 2018.

de la Fuente, E. (2000). Sociology and Aesthetics. European Journal of Social Theory, 3(2), 235-247.

Deleuze, G. (1991). A philosophical concept. In Who Comes After the Subject?, ed. E. Cadava, P. Connor & J.-L. Nancy, 96–97. New York: Routledge.

Dewey, John (1925). Experience and Nature. Chicago: Open Court; reprinted in LW 1.

Dewey, John (1934). Art as Experience. New York: Minton, Balch & Co.; reprinted in LW 10.

Dewey, John (1950). Aesthetic Experience as a Primary Phase and as an Artistic Development. The Journal of Aesthetics and Art Criticism, 9(1), 56-58. Denver: American Society for Aesthetics.

Douglas, Mary (1996). Thought Styles: Critical Essays on Good Taste, p. xii. London: Sage.

Dreyfus, Hubert L. & Kelly, Sean Dorrance (2011). All Things Shining: Reading the Western Classics to Find Meaning in a Secular Age. New York: Free Press.

Else, Gerald F. (1957). Aristotle's Poetics: The Argument. Cambridge: Harvard University Press.

Featherstone, Mike (2007). Consumer Culture and Postmodernism. London: SAGE Publications.

Fleming, J. , Honour, H. & Pevsner, N. (1999). The Penguin Dictionary of Architecture and Landscape Architecture (5th ed.). Penguin Publishing Group.

Foucault, Michel (1995). Discipline and Punish: The Birth of the Prison, Translated by Alan Sheridan. New York and Toronto: Vintage Books.

Frampton, Fiona. (1994). William Morris: A Life for Our Time. London: Faber & Faber.

Frampton, Kenneth (1992). The Bauhaus: Evolution of an Idea 1919–32. In Modern Architecture: A Critical History (3rd ed. rev. ed.). New York: Thames and Hudson, Inc.

Frank, Whitford, ed. (1992). The Bauhaus: Masters & Students by Themselves. London: Conran Octopus.

Frow, John (1995). Cultural Studies and Cultural Value. Oxford: Clarendon Press.

Gadamer, Hans-Georg (1975). Truth and Method, Translated by Joel Weinsheimer. New York: Crosssroad.

Geertz, Clifford (1975). The Interpretation of Cultures. London: Hutchinson.

Goffman, Erving (1956). The Presentation of Self in Everyday Life. University of Edinburgh Social Science Research Center.

Golden, Leon (1962). "Catharsis". Transactions and Proceedings of the American Philological Association, 93, 51–60. The Johns Hopkins University Press.

Gossett, Philip (1970). Gioachino Rossini and the Conventions of Composition. Acta Musicologica, 42, 48-58. International Musicological Society.

Gouldner, Alvin (1973). Anti-Minotaur: The Myth of Value-free Sociology. In For Sociology. New York: Basic Books.

Gouldner, Alvin (1973). Romanticism and Classicism: Deep Structures in Social Science. In For Sociology. New York: Basic Books.

Green, Ryan Thomas (2017). Intermediality as an Aesthetic of Immersive Theatre. Thesis for Master of Arts. University of SUSSEX. United Kingdom.

Harris, Daniel (2000). The Aesthetics of Consumerism: Cute, Quint, Hungry and Romantic. Da Capo Press.

Hume, David (1963). "Of the Standard of Taste" Essay. In Essays Moral, Political, and Literary. Oxford: Oxford University Press.

Ingarden, R. (1973). Literary Work of Art, Translated by George G. Grabowicz. Evanston: Northwestern University Press.

Iseminger, Gary (2004). The Aesthetic Function of Art. New York: Cornell University Press.

Jameson, Fredric (1991). Postmodernism, or, The Cultural Logic of Late Capitalism. Duke University Press.

Jameson, Fredric (1979). Reification and Utopia in Mass Culture. Social Text 1, 1 30-148. Duke University Press.

Jappe, A. (1999). Concept of the Spectacle. In Guy Debord. Berkeley, CA: University of California Press.

Jauss, Hans Robert (1982). Aesthetic Experience and Literary Hermeneutics, Translated by: Michael Shaw. Minneapolis: University of Minnesota Press.

Jervis, J. (1999). Exploring the modern. Oxford: Blackwell.

Kamber, Richard (2011). Experimental Philosophy of Art. Journal of Aesthetics and Art Criticism, 69(2), 197-208.

Kandel, Eric R. (2006). In Search of Memory: The Emergence of a New Science of Mind, 202-203. New York: Norton.

Kandel, Eric R. (2012). The Age of Insight: The Quest to Understand the Unconscious in Art, Mind, and Brain, from Vienna 1900 to the Present. New York: Random House.

Kant, Immanuel (1957). The Critique of Judgement. Oxford: Oxford University Press.

Kant, Immanuel. [1790] (2005). The Critique Of Judgement, Translated by J.H. Bernard. New York: Dover.

Kaplan, Richard (2012). Between mass society and revolutionary praxis: The contradictions of Guy Debord's Society of the Spectacle. European Journal of

Cultural Studies, 15(4), 457-478. CA: Sage publications.

Karalis, Vrasidas (2014). The Artefacts of Capitalism and the Objecthood of their Aesthetics. In Aesthetic Capitalism, ed. Peter Murphy & Eduardo de la Fuente, 27-46. Leiden: Brill.

Kaushall, Justin Neville (2020). Natural Spontaneity, or Adorno's Aesthetic Category of the Shudder. Telos, 192, 125-144. NY: Telos Press.

Keesey, Donald (1978). On Some Recent Interpretations of Catharsis. Classical World: A Quarterly Journal on Antiquity, 72(4), 193-205.

Kellner, D. (2017). Preface: Guy Debord, Donald Trump, and the Politics of the Spectacle. In The Spectacle 2.0: Reading Debord in the Context of Digital Capitalism, ed. Briziarelli M. & Armano E.,1-14. London: University of Westminster Press.

Kellner, Douglas (2003). Media Spectacle. London: Routledge.

Kelsky, Karen (1994). Postcards from the Edge: The "Office Ladies" of Tokyo. U.S.-Japan Women's Journal. English Supplement, 6, 3-26. University of Hawai'i Press.

Kenny, Gillian (2002). Our Travelers out There on the Road: Lonely Planet and I ts Readers, 1973-1981. Journal of Australian Studies, 26(72), 111-119.

Kinsella, S. (1995). Cuties in Japan. In Women, media, and consumption in Japan, ed. Brian Moeran & Lise Skov, 220-254. Honolulu, HI: University of Hawaii Press.

Kirby, Christopher C. (2012). John Dewey and the Prospect of Going "Beyond Aesthetics". Aesthetic Pathways, 2(2), 74-97. Ainosco Press.

Krauss, R., Bois, Y-A. & Buchloh, B. (2004). Art Since 1900: Volume 1-1900 to 1944, ed. Hal Foster. New York: Thames & Hudson.

Lapidot-Lefler, Noam & Barak, Azy (2012). Effects of anonymity, invisibility, and lack of eye-contact on toxic online disinhibition. Computers in Human Behavior, 28(2), 434–443.

Lee, Vernon (1924). 'Introduction' to C. Anstruther-Thomson, Art and Man: Essays and Fragments. London: Bodley Head.

Levin, Richard Louis (2003). Looking for an Argument: Critical Encounters with the New Approaches to the Criticism of Shakespeare and His Contemporaries. Fairleigh Dickinson University Press.

Levinson, Jerrold (1993). Extending Art Historically. Journal of Aesthetics and Art Criticism, 51(3), 411-123.

Lopes, Dominic (2014). Beyond Art. Oxford: Oxford University Press.

Lotman, Juri (1977). The structure of the artistic text. Translated by Ronald Vroon.

Ann Arbor: University of Michigan.

Lucas, Donald William (1977). Aristotle: Poetics. Oxford University Press.

Lucas, Frank Laurence (1927). Tragedy in Relation to Aristotle's Poetics. Edinburgh : Neill & Co., Ltd.

Lyotard, J.-F. (1994). Lessons on the Analytic of the Sublime, Translated by Elizabeth Rottenberg. Stanford CA: Stanford University Press.

Machon, Josephine (2013). Machon, Josephine. (2013). Immersive Theatres: Intimacy and Immediacy in Contemporary Theatre Performance. Hampshire: Palgrave Macmillan.

Machon, Josephine (2016). Watching, Attending, Sense-making: Spectatorship in Immersive Theatres. Journal of Contemporary Drama in English, 4(1), 34–48. De Gruyter.

Manguel, Alberto (1996). A History of Reading. New York: Viking.

Mannheim, Karl (1953). Essays on Sociology and Social Psychology. London: Routledge and Kegan Paul.

Matherne, Samantha (2016). Kant's Theory of the Imagination, In The Routledge Handbook of the Philosophy of Imagination, ed. Amy Kind, 55-68. London: Routledge.

Maxwell, Catherine & Pulham, Patricia, ed. (2006). Vernon Lee: Decadence, Ethics, Aesthetics, 1-20. London: Palgrave Macmillan.

McLuhan, Marshall & Fiore, Quentin (2001). The Medium is the Message. CA: Gingko Press.

McLuhan, Marshall (2003). Understanding Media: The Extensions of Man: Critical Edition, ed. W. Terrence Gordon. CA: Gingko.

Merish, Lori (1996). Cuteness and Commodity Aesthetics: Sherley Temple and Tom Thumb. In Freakery: Cultural Spectacles of the Extraordinary Body, ed. Rosemarie Thomson, 185-203. NY: New York University Press.

Merriam-Webster's Encyclopedia of Literature (1995). Merriam-Webster.

Merton, Robert (1967). On Sociological Theories of the Middle Range. In On Theoretical Sociology. New York: Free Press.

Mirhady, David C. (2007). Aristotle's Enthymeme, Thymos, and Plato. In Influences on Peripatetic Rhetoric. Essays in Honor of William W. Fortenbaugh, ed. David C. Mirhady, 53-64. Leiden: Brill.

Munro, Thomas (1986). "Aesthetics", In The World Book Encyclopedia Vol. 1, ed. A. Richard Harmet, et al. Chicago: Merchandise Mart Plaza.

Muth, Claudia & Carbon, Claus-Christian (2013). The Aesthetic Aha: On the pleasure of having insights into Gestalt. Acta Psychologica, 144(1), 25–30.

Naylor, R., Lewis, B., Devlin, G. & Dix, A. (2016). Analysis of Theatre in England. BOP Consulting.

Neumeier, Beate & Youssef, Sarah (2017). Immersive Shakespeare Productions. Anglistik: International Journal of English Studies, 28(2), 163-174.

Ngai, Sianne (2015). Our Aesthetic Categories: Zany, Cute, Interesting. Massachusetts: Harvard University Press.

Nightingale, Andrea Wilson (2004). Spectacles of Truth in Classical Greek Philosophy. Cambridge: Cambridge University Press.

Noël Carroll (2001). Beyond Aesthetics: Philosophical Essays. Cambridge University Press.

Ong, Walter J. (2002). Orality and Literacy. New York: Routledge.

Orelli, B. V. (2014). The Gesamtkunstwerk before the Gesamtkunstwerk. University of Lisbon.

Oxford Dictionary of Art and Artists (2009). Oxford: Oxford University Press, 4th edn. Frampton

Pascual-Leone, A., Amedi, A., Fregni, Felipe & Merabet, L. B. (2005). The Plastic Human Brain Cortex. Annual Review of Neuroscience, 28, 377-401.

Pathak, Krishna Mani (2019). Intuition as a Blend of Cognition and Consciousness: An Examination of the Philosophies of Kant and Krishnamurti. In Kant on Intuition: Western and Asian Perspectives on Transcendental Idealism, ed. Stephen R. Palmquist, 200-215. New York: Routledge.

Pearl, Zach (2019). Ghost Writing the Self: Autofiction, Fictocriticism, and Social Media. ESC: English Studies in Canada, 45(1-2), 161-187.

Pederson, Sanna (2016). From Gesamtkunstwerk to Music Drama. In The Total Work of Art: Foundations, Articulations, Inspirations, ed. David Imhoof, Margaret Eleanor Menninger & Anthony Steinhoff, 39-53. New York and Oxford: Berghahn.

Polkinghorne, Donald (2004). Practice and the Human Sciences: The Case for a Judgment-Based Practice of Care. SUNY Press.

Purviance, Susan M. (2008). Thumos and the Daring Soul: Craving Honor and Justice. Journal of Ancient Philosophy, 2(2), 1-16.

Ramos, J. (2015). (Re-) Constructing the Actor-Audience Relationship in Immersive Theatre Practice, pp. v-4. PhD. University of East London.

Riedel, Tom (1999). Review of "Encyclopedia of Aesthetics 4 vol. Michael Kelly."

Art Documentation: Journal of the Art Libraries Society of North America, 18(2).

Rosati, C. (2017). Spectacle and the Singularity: Debord and the 'Autonomous Movement of Non-Life' in Digital Capitalism. In The Spectacle 2.0: Reading Debord in the Context of Digital CapitalismI, ed. Briziarelli M. & Armano E, 95–117. London: University of Westminster Press.

Ruoppa, Raine (2019). John Dewey's Theory of Aesthetic Experience: Bridging the Gap Between Arts and Sciences. Open Philosophy, 2, 59–74. De Gruyter.

Sager, J. (2013) The Aesthetics of Spectacle. In The Aesthetics of Spectacle in Early Modern Drama and Modern Cinema, 23-49. London: Palgrave Macmillan.

Saito, Yuriko (2007). Everyday aesthetics. Oxford: Oxford University Press.

Salisbury, Meredith & Pooley, Jefferson D. (2017). The #nofilter Self: The Contest for Authenticity among Social Networking Sites, 2002–2016. Social Science, 6(1), 10, 1-24.

Samraj, Adi Da (2008). Aesthetic Ecstasy. The Dawn Horse Press.

Schilling, Mark (1997). The Encyclopedia of Japanese Pop Culture. NY: Weatherhill.

Schonig, Jordan (2020). "Liking" as creating: On aesthetic category memes, New Media & Society, 22(1), 26–48. London: SAGE.

Scott, John A. (2011). A Review on "All Things Shining: Reading the Western Classics to Find Meaning In a Secular Age". Philosophy in Review, 31(6), 408-410. Canada: University of Victoria.

Serck-Hanssen, Camilla (2009). Kant on Consciousness. In Psychology and Philosophy, ed. S. Heinamaa & M. Reuter, 139–157. Netherlands: Springer.

Sharf, Robert H. (2000). The rhetoric of experience and the study of religion. Journal of Consciousness Studies, 7(11-12), 267-287. Exeter: Imprint Academic.

Shelley, James (2017) The Concept of the Aesthetic. The Stanford Encyclopedia of Philosophy, Winter 2017, ed. Metaphysics Research Lab. Stanford University.

Shusterman, Richard (1997). The End of Aesthetic Experience. The Journal of Aesthetics and Art Criticism, 55(1), 29-41. Denver: American Society for Aesthetics.

Sontag, Susan (1961). One Culture and the New Sensibility. In Against Interpretation and Other Essays, 293-304. London: Penguin Books.

Stearns, Peter (1994). American Cool: Constructing a Twentieth-Century Emotional Style. New York: New York University Press.

Stolnitz, Jerome (1961). 'Beauty': Some Stage in the History of an Idea. Journal of the History of Ideas, 22(2), 185-204. University of Pennsylvania Press.

Stueber, Karsten (2006). Rediscovering Empathy: Agency, Folk Psychology, and the Human Sciences. Cambridge, MA: MIT Press.

Stueber, Karsten R. (2015). Naturalism and the Normative Domain. Accounting for Normativity with the Help of 18th Century Empathy-Sentimentalism. RIVISTA INTERNAZIONALE DI FILOSOFIA E PSICOLOGIA, 6(1), 24-36.

Suler, John (2004). The Online Disinhibition Effect. CyberPsychology & Behavior, 7(3), 321–326.

Szentpéteri, Márton (2019). Changing the Rhythm of Design Capitalism and the Total Aestheticization of the World, Hungarian Studies Yearbook, 2019(1), 82-99. Budapest: Scendo.

Taminiaux, Jacques (1993). Poetics, Speculation, and Judgement: The Shadow of the Work of Art from Kant to Phenomenology, Translated by Michael Gendre. Albany: State University of New York Press.

Thiel, Sara B.T. (2017). Game/Play: The Five Conceptual Planes of Punchdrunk's Sleep No More. In Immersive Theatre: Engaging the Audience, ed. Josh Machamer, 55-64. Common Ground.

Thompson, Susan Otis (1996). American Book Design and William Morris (second ed.). Oak Knoll.

Tierney, John (2009). Ear Plugs to Lasers: The Science of Concentration. New York Times, May 5, 2009.

Tipperman, Julie & Rubinoff, Michael (2018) . BRANTWOOD: Canada's Largest Experiment in Immersive Theatre. Canada Theatre Review, 173, 9-14.

Tobin, Joseph (2004). Conclusion: The Rise and Fall of the Pokémon Empire. In Pikachu's Global Adventure: The Rise and Fall of Pokémon, ed. Joseph Tobin, 257-292. Durham and London: Duke University Press.

Trentini, Bruno (2014). The meta as an aesthetic category. Journal of Aesthetics & Culture, 6(1), article 23009.

Weber, Marx (1997). The Protestant ethic and the spirit of capitalism. London: Routledge.

Welsch, Wolfgang (1996). Aestheticization Processes: Phenomena, Distinctions and Prospects. Theory, Culture & Society, 13(1), 1-24. London: SAGA.

Welsch, Wolfgang (2003). Aesthetics beyond Aesthetics. Action, Criticism & Theory for Music Education, 2(2). Sidney: Mayday Group.

Wilkinson, Elizabeth M., ed. (1957). Aesthetics: Lectures and essays by Edward Bullough, p. xxv. London: Bowes and Bowes.

Witkin, Robert (2003). Adorno on Popular Culture. London: Routledge.

Yano, Christine R. (2004). Kitty Litter: Japanese Cute at Home and Abroad. In Toys,

Games, and Media, ed. Jeffrey Goldstein, David Buckingham, et al. Mahwah, New Jersey: Lawrence Erlbaum Associates.

Zangwill, Nick (1995). Groundrules in the Philosophy of Art. Philosophy, 70(4), 533-544.

【外國網路資料】

Achiam, M. (2015). Immersive Exhibitions. In Encyclopedia of Science Education, ed. Gunstone R. Dordrecht: Springer. https://link.springer.com/referenceworkentry/10.1007/978-94-007-2150-0_346#howtocite/. Retrieved at 2022/03/01.

Arnott, Jack (2011/09/02). Punchdrunk? Try petrified – gaming gets the immersive theatre treatment. The Guardian. https://www.theguardian.com/stage/theatreblog/2011/sep/02/punchdrunk-try-terrified/. Retrieved at 2022/02/20.

Bell, Vaughan (2009/02/11). The Myth of the Concentration Oasis. Mind Hacks blog. www.mindhacks.com/blog/2009/02/the_myth_of_the_conc.html. Retrieved at 2022/02/20.

Binaural Dinner Date. Zu-uk. https://zu-uk.com/project/binaural-dinner-date/. Retrieved at 2022/02/20.

Boland, Mike (2021/08/16). 2021 Data Dive: Pokémon GO Hits the $5 Billion Mark. AR insider. https://arinsider.co/2021/08/16/data-dive-pokemon-go-hits-the-5-billion-mark/. Retrieved at 2022/02/26.

Chapple, Craig (2020/11). Pokémon GO Hits $1 Billion in 2020 as Lifetime Revenue Surpasses $4 Billion. Sensor Tower. https://sensortower.com/blog/pokemon-go-one-billion-revenue-2020/. Retrieved at 2022/02/26.

CHEESMAN, NEIL (2014/ 09/29) An Immersive Fairytale GRIMM TALES FOR YOUNG AND OLD. London Theatre 1. https://www.londontheatre1.com/theatre-news/grimm-productions-presents-immersive-grimm-tales-young-old/. Retrieved at 2022/02/20.

Clement, J. (2022/03/07). Most successful Pokémon video games worldwide 2021. https://www.statista.com/statistics/1072224/pokemon-unit-sales-worldwide/. Retrieved at 2022/02/26.

Digital 2022: Global Overview Report. https://hootsuite.widen.net/s/gqprmtzq6g/digital-2022-global-overview-report/.Retrieved at 2022/02/28.

General, Ryan (2020/11/30). 'She was ours': How Hello Kitty went from being popular with Asian Americans in the '70s to being a global icon. NEXTSHARK. https://news.yahoo.com/she-ours-hello-kitty-went-235810156.html/. Retrieved at

2022/02/26.

Hoggard, Liz (2013/07/14). Felix Barrett: the visionary who reinvented theatre. The Guardian. https://www.theguardian.com/theobserver/2013/jul/14/felix-barrett-punchdrunk-theatre-stage/. Retrieved at 2022/03/01.

Jacques Loussier. Wikipedia. https://en.wikipedia.org/wiki/Jacques_Loussier/ Retrieved at 2022/02/15.

Kpop. WOODSHED COLLECTIVE. https://www.woodshedcollective.com/kpop/. Retrieved at 2022/02/20.

Mann, Zoe (2020/09/30). Why does Baby Jesus Look like an Old Man in Medieval Religious Iconography?. The Collector website: https://www.thecollector.com/baby-jesus-in-medieval-religious-iconography/amp/. Retrieved at 01/27/2022.

Matsangou, Elizabeth (2017/06/06). Hello Kitty is taking over the world, one product at a time. https://www.theneweconomy.com/business/hello-kitty-is-taking-over-the-world-one-product-at-a-time/. Retrieved at 2022/02/26.

Perez, Sarah (2016/09/09). Pokémon Go becomes the fastest game to ever hit $500 million in revenue. TechCrunch+. https://techcrunch.com/2016/09/08/pokemon-go-becomes-the-fastest-game-to-ever-hit-500-million-in-revenue/. Retrieved at 2022/02/26.

Puolakka, Kalle (2021). Dewey's Aesthetics, from Stanford Encyclopedia of Philosophy. https://plato.stanford.edu/entries/dewey-aesthetics/#AestExpe/ . Retrieved at 09/02/ 2020.

PORT OF ENTRY . https://portofentrychicago.com/. Retrieved at 2022/02/20.

Rahmanan, Anna (2022/2/10). Sleep No More is re-opening on Valentine's Day with new protocols in place. Time Out. https://www.timeout.com/newyork/news/sleep-no-more-is-re-opening-on-valentines-day-with-new-protocols-in-place-021022/ . Retrieved at 2022/03/01.

Rich, Motoko (2019/08/03). Craving Freedom, Japan's Women Opt Out of Marriage. NYTimes. https://www.nytimes.com/2019/08/03/world/asia/japan-single-women-marriage.html/. Retrieved at 2022/02/28.

Rudenko, Anna (2014/04/01). Heineken beer makes stars of ordinary people in a theatrical social experiment. POPSOP. https://popsop.com/2014/04/heineken-beer-makes-stars-of-ordinary-people-in-a-theatrical-social-experiment/. Retrieved at 2022/02/20.

Shoreditch Town Hall. https://shoreditchtownhall.com/whats-on/grimm-tales/. Retrieved at 2022/02/20.

Soloski, Alexis (Mon 12 Feb 2018). The problem with immersive theatre: why actors need extra protection from sexual assault. The Guardian. https://www.theguardian.com/stage/2018/feb/12/immersive-theatre-punchdrunk-sleep-no-more/ . Retrieved at 2022/03/01.

Spectacle. Cambridge Dictionary. https://dictionary.cambridge.org/dictionary/english/spectacle/ . Retrieved at 2022/01/25.

Tabuchi, Hiroko (2010/05/14). In Search of Adorable, as Hello Kitty Gets Closer to Goodbye. NYTimes. https://www.nytimes.com/2010/05/15/business/global/15kitty.html/. Retrieved at 2022/02/27.

Tertullian, The Shows, Chapter XXX. https://www.tertullian.org/anf/anf03/anf03-09.htm#P1011_411386/. Retrieved at 2022/01/02.

The People's Choice. Independent Curators International. https://curatorsintl.org/exhibitions/the-peoples-choice. Retrieved at 2022/01/26.

Third Rail Projects Immersive Hit THEN SHE FELL Closes after Seven and a Half Years And 4,444 Performances.https://static1.squarespace.com/static/55183522e4b0c99d03d77813/t/5f35b51d2f62d02cd233ec4a/1597355294104/TSF+Closing+Release.pdf/. Retrieved at 2022/02/20.

The Vibe Economy: The Curation of Moods and Feelings Has Become a Coveted Creative Skill. https://thinkforward.wearesocial.com/the-vibe-economy.html/. Retrieved at 2022/02/28.

Travel Voice (2020/09/03). Domestic travel is the most popular leisure activity in Japan for nine years in a row, despite a slight decrease in travelers. https://www.travelvoice.jp/english/domestic-travel-is-the-most-poplar-leisure-activity-in-japan-for-nine-years-in-a-row-despite-a-slight-decrease-in-travelers?fbclid=IwAR3HvgLSnIjGybvTJtu2yIVaaYNpiCdb7feT_6EaAK2KDE_F81CeIl55N7g/ . Retrieved at 2022/02/26.

Victoria Broackes & Geoffrey Marsh (2021). The Evolution of 'Immersive' Exhibition at the V&A Museum, London – 2008-2021. https://aeaconsulting.com/uploads/1200012/1622639487105/PDF_EVOLUTION_OF_IMMERSIVE_EXHIBTIONS_COMINED_WITH_APPENDIX_02.06.21.pdf. Retrieved at 2022/02/25.

VIVA THE LIVE! . Zu-uk. https://zu-uk.com/project/viva-the-live/. Retrieved at 2022/02/20.

Worthen, Joseph R. (2021/12/16). Autofiction and Selfie Aesthetics. Post45. https://post45.org/2021/12/autofiction-and-selfie-aesthetics/. Retrieved at 2022/03/28.

Zu-uk. https://zu-uk.com/about-us/. Retrieved at 2022/02/20.

中文部分：

【書籍】

N. 凱薩琳・海爾斯（2018）。《後人類時代：虛擬身體的多重想像和建構》。賴淑芳、李偉柏譯。台北市：時報出版。

Urry, John（2007）。《觀光客的凝視》。葉浩譯。臺北市：樹林出版。

尼古拉斯・阿伯克龍比（2001）。《電視與社會》。張永喜等譯。南京：南京大學出版社。

尼爾・波茲曼（1985）。《娛樂至死》。章艷譯。北京市：中信出版。

以撒・柏林（2004）。《現實意識》。彭淮棟譯。台北市：臉譜出版。

立普斯（1964）。《論移情作用》。朱光潛譯。北京：人民文學出版社。

瓦爾特・班雅明（1999）。《迎向光量消逝的年代》。臺灣攝影工作室出版。

卡爾（2012）。《網路讓我們變笨？：數位科技正在改變我們的大腦、思考與閱讀行為》。王年愷譯。台北市：貓頭鷹出版。

艾力克・肯德爾（2021）。《啟示的年代》。黃榮村譯注。新北市：聯經出版。

艾德蒙・柏克（2011）。《崇高與美之源起》。林盛彬譯。新北市：典藏出版。

朱光潛（1983）。《論美與美感》。台北市：藝軒圖書出版。

朱光潛（1984）。《文藝心理學》。台北縣：漢京文化出版。

貝拉・巴拉茲（1982）。《電影美學》。北京：中國電影出版社。

杜夫海納（1985）。《美學與哲學》。孫非譯。北京：中國社會科學出版社。

阿多諾、霍克海默（2008）。《啟蒙的辯證：哲學的片簡》。林宏濤譯。台北市：商周出版。

克里斯汀・魯德（2016）。《我們是誰？大數據下的人類行為觀察》。林俊宏譯。台北市：馬可波孛羅文化。

克雷・卡佛特（2003）。《偷窺狂的國家》。林惠娸、陳雅汝。台北市：商周出版。

肯・貝爾森、布萊恩・布雷納（2004）。《Hello Kitty 三麗鷗創造全球億萬商機的策略》。周亞南譯。台北市：商周出版。

亞瑟・丹托（2010）。《在藝術終結之後──當代藝術與歷史藩籬》。林雅琪、鄭惠雯譯。台北市：麥田出版。

法蘭西斯・福山（Francis Fukuyama）（2020）。《身分政治：民粹崛起、民主倒退，認同與尊嚴的鬥爭為何席捲當代世界？》。洪世民譯。台北市：時報文化出版。

施百俊（2009）。《美學經濟密碼》。台北市，商周出版。

約書亞・麥羅維茨（2002）。《消失的地域：電子媒介對社會行為的影響》。

　　肖志軍譯。北京：清華大學出版社。

約翰・史都瑞（2001）。《文化消費與日常生活》。張君玫譯。台北市：巨
　　流出版。

紀・德波（2006）。《景觀社會》。王昭鳳譯。南京市：南京大學。

高友工（2004）。《中國美典與文學研究論集》。台北市：國立台灣大學出
　　版中心。

高宣揚（2005）。《福柯的生存美學》。北京：中國人民大學出版社。

袁國寶、謝利明（2016）。《網紅經濟：移動互聯網時代的千億紅利市場》。
　　台北市：商周出版。

馬斯洛（1987）。《自我實現的人》。許金聲、劉鋒等譯。上海：三聯書店。

馬歇爾・麥克盧漢（2011）。《論人的延伸》。何道寬譯。江蘇：譯林出版。

曼威・柯司特（2000）。《網路社會之崛起》（修訂再版）。夏鑄九、王志
　　弘等譯。台北市：唐山出版社。

康德（1965）。《判斷力批判》上卷。宗白華譯。上海：商務印書館。

康德（1981）。《純粹理性批判》。牟宗三譯。台北市：學生書局。

康德（2004）。《純粹理性批判》。鄧曉芒譯。台北市：聯經出版。

張芷雲主編（2000）。《文化產業：文化生產的結構分析》。台北市：遠流出版。

莎拉・弗埃爾（2020）。《Instagram崛起的內幕與代價》。余韋達譯。台北市：
　　臉譜出版。

莎拉・麥柯克戴爾（2020）。《網紅影響力》。陳冠吟譯。台北市：遠流出版。

章柏青、張衛（1994）。《電影觀眾學》。北京：中國電影出版社。

曼福瑞德・施彼策（Manfred Spitzer）（2015）。《數位癡呆症：我們如何戕
　　害自己和子女的大腦》。李中文譯。台北市：暖暖書屋文化出版。

傑佛瑞・史瓦茲＆夏倫・貝格利（2003）。《重塑大腦》。張美惠譯。台北市：
　　時報文化出版。

舒斯特曼（2002）。《實用主義美學》。彭鋒譯。北京：商務印書館。

彭吉象（2002）。《影視美學》。北京：北京大學出版社。

彭鋒（2000）。《美學的意蘊》。北京：中國人民大學出版社。

彭鋒（2005）。《西方美學與藝術》。北京：北京大學出版社。

彭鋒（2005）。《完美的自然：當代環境美學的哲學基礎》。北京：北京大
　　學出版社。

雅築安・梅爾（2019）。《天宮，諸神，機械人 ── 希臘神話與遠古文明
　　的工藝科技夢》。愷易緯譯。新北市：八旗出版。

湯姆・尼可斯（2018）。《專業之死》。鄭煥昇譯。台北市：臉譜書房出版。

賀爾・福斯特（1998）。《反美學：後現代文化論集》。呂健忠譯。台北縣：

立緒文化出版。
葉朗（1985）。《中國美學史大綱》。上海：上海人民出版社。
葉朗（2009）。《美學原理》。北京：北京大學出版。
塔達基維奇（1990）。《西方美學概念史》。褚朔維譯。北京：學苑出版社。
楊瑪利、藍麗娟、陳應欽（2007）。《新．東京美學經濟》。台北市：天下文化。
雷吉斯．德布雷（2014）。《普通媒介學教程》。陳衛星、王楊譯。北京：清華大學出版社。
赫伯瑪斯（2003）。《事實與格式》。台北市：台灣商務出版。
榎本博明（2016）。《暴走社會》。林惠娸、陳雅汝。台北市：商周出版。
樊尚．考夫曼（2019）。《「奇觀」文學：媒體對文學的影響》。李適嬿譯。南京：南京大學出版社出版。
魯道夫．阿恩海姆（1985）。《電影作為藝術》。北京：中國電影出版社。
鍾大年（1997）。〈技術在電影發展中的位置〉《電影電視走向21世紀》。北京：中國電影出版社。
羅伯．薩波斯基（2019）。《行為：暴力、競爭、利他，人類行為背後的生物學》。吳芠譯。新北市：八旗文化出版。
羅洛．梅（1987）。《愛與意志》。馮川譯。北京：國際文化出版公司。
羅洛．梅（2004）。《焦慮的意義》。朱侃如譯。台北市：立緒文化出版。

【論文】

白愉慈（2018）。《休閒動機、涉入程度及身心健康之關係——以手機遊戲精靈寶可夢GO為例》，亞洲大學休閒與遊憩管理學系碩士在職專班碩士論文，台中市。
余其芬（2016）。《上海都市空間的想像與重構——金宇澄《繁花》中的懷舊與奇觀再現》，國立政治大學傳播學院傳播碩士學位學程碩士論文，台北市。
吳俊賢（2013）。《「客家圓土樓體驗館」的創意發想：美學經濟觀點》，大葉大學設計暨藝術學院碩士班文化產業組碩士論文，彰化縣。
吳哲硯（2014）。《三本當代英美小說中的魔術：創傷、檔案、奇觀》，國立臺灣藝術大學外國語文學研究所碩士論文，新北市。
李孟凡（2019）。《以方法目的鏈探討寶可夢玩家的體驗與價值》，國立東華大學體育與運動科學系碩士論文，花蓮縣。
李雨柔（2014）。《臺灣定目劇、長銷式劇場與其文化奇觀之研究》，國立中山大學劇場藝術學系碩士論文，高雄市。
李傳薇（2021）。《中高齡寶可夢遊戲玩家的遊戲經驗研究》，佛光大學傳

播學系碩士論文，宜蘭縣。

李曉唱（2016）。《審美經濟語境下文化產業價值提升研究》，北京大學藝術學院博士論文，北京。

林永淇（2020）。《寶可夢地方學：地圖、地景與地租》，國立高雄師範大學跨領域藝術研究所碩士論文，高雄市。

林郁芳（2020）。《Pokémon GO 遊戲持續使用的動機》，臺北市立大學心理與諮商學系心理與諮商教學碩士學位班碩士論文，臺北市。

武修硯（2018）。《「精靈寶可夢 GO」之台灣中高齡玩家研究：特質、活躍程度及遊戲態度》，東海大學日本語言文化學系碩士論文，台中市。

唐淑珍（2021）。《中高齡玩家之遊戲吸引要素分析——以寶可夢 GO 為例》，國立雲林科技大學設計學研究所碩士論文，雲林縣。

徐瑞縈（2018）。《遊戲動機與網路社群資訊分享對精靈寶可夢 GO 玩家遊戲體驗滿意度探索——皮卡丘效應的驗證》，育達科技大學行銷與流通管理所碩士論文，苗栗縣。

許碧月（2017）。《美學經濟產業之服務創新與服務價值對顧客滿意與忠誠度影響之研究》，南華大學企業管理學系管理科學碩士班碩士論文，嘉義縣。

許睿洋（2021）。《中高齡者參與「精靈寶可夢 GO」學習歷程後人際關係改變之研究》，國立中正大學成人及繼續教育研究所碩士論文，嘉義縣。

康哲銘（2021）。《寶可夢現象：寶可夢跨媒體呈現的跨文化研究——以法國與台灣為例》，天主教輔仁大學法國語文學系碩士論文，新北市。

梁晏翔（2019）。《探討手遊精靈寶可夢 GO 風潮之關鍵因素》，國立彰化師範大學資訊管理學系碩士論文，彰化縣。

張詩唯（2015）。《空間異相或都市意象？——台中宮原眼科奇觀化的歷史空間及其都市觸媒作用》，國立台灣大學建築與城鄉研究所碩士論文，台北市。

黃微容（2014）。《都市奇觀批判與重構：以臺南市海安路及神農街區藝術造街與社區營造為例（1999-2013）》，國立臺灣藝術大學藝術管理與文化政策研究所碩士論文，新北市。

彭　鋒（2002）'Aesthetic Experience as Present Experience : One Dimension of Chinese Aesthetics'（〈審美經驗作為呈現經驗：中國美學的一個側面〉）《「美學與文化：東方與西方」國際學術研討會論文集》（2006）。高建平、王柯平主編。安徽：安徽教育出版社。

鄒思偉（2017）。《精靈寶可夢使用者愉悅前因之探討》，長庚大學商管專業學院碩士學位學程在職專班資訊管理組碩士論文，桃園縣。

廖俊忠（2017）。《精靈寶可夢 GO 玩家的參與動機、社會支持、持續涉入

於休閒效益之研究》，南華大學資訊管理學系碩士論文，嘉義縣。

蔡杪穎（2021）。《從美學經濟探討補習班品牌形象設計──以「王可樂日語」為例》，環球科技大學視覺傳達設計系文化創意設計碩士班碩士論文，雲林縣。

錢宛青（2019）。《中高齡玩家在精靈寶可夢 GO 的社會互動與連結》，國立交通大學客家學院傳播與科技學系碩士班碩士論文，新竹市。

【期刊、雜誌】

莊佳穎（2014）。〈從政治消費文化觀點看當代台灣社會的民主參與和認同建構〉，《台灣國際研究季刊》，第 10 卷第 1 期。台北市：台灣國際研究學會出版。

趙毅衡（2011）。《都是「審美」惹的禍》，《文藝爭鳴》，2011 年第 7 期。吉林省。

黃興濤（2000）。〈「美學」一詞及西方美學在中國的最早傳播〉，《文史知識》，2000 年第一期。

何剛晴（2004）。〈審美經濟驅動力及美育的時代轉變〉，《讀與寫（教育教學刊）》，2004 年 1 月第 11 卷第 1 期。

李思屈 (2007)。〈審美經濟與文化創意產業的本質特徵〉，《西南民族大學學報（人文社科版）》，2007 年第 8 期。

李紅春（2006）。〈私人領域對當代審美文化的影響〉，《文史哲》，2006 年第 3 期（294），81-87 頁。

雨果・閔斯特堡（1983）。〈深度和運動〉，彭吉象譯。載於《當代電影》，1984 年版第 3 期。

曹家榮、陳昭宏（2022）。〈組裝行動與混成的情緒：Instagram 使用者的憂鬱書寫、連結與共生〉，《新聞學研究》，第一五〇期，第 97-148 頁。

【中文網路資料】

方格子 Vocus（2022/03/02），《「無聊猿」為什麼竄紅？NFT 是什麼？該如何進入市場？NFT 熱潮趨勢一次看懂》，風傳媒，https://www.storm.mg/lifestyle/4159769?page=3/。檢索於 2022/03/17。

Lin, Dindo（2022/02/27）。《2021 年全球數位廣告投放金額破紀錄，Facebook 與 Google 真的走下坡了嗎？》。科技新報。https://technews.tw/2022/02/27/the-cost-of-digital-ad-has-new-record-in-2021-does-it-matter-to-facebook-and-google-or-meta-and-alphabet/。檢索於 2022/02/28。

《不眠之夜上海版用五年為沉浸式駐演正名》。上海尚演文化投資管理有限

公司（2021/12/23）。https://www.prnasia.com/story/346514-1.shtml/。檢索於 2022/03/01。

田孟心（2021/12/23）。《你為什麼該辦一個抖音帳號？》。天下雜誌網站。https://www.cw.com.tw/article/5119462/。檢索於 2022/02/28。

林育綾（2022/02/03）。《必看 3 檔世界級光影展！沉浸式體驗、2000幅大師作品巨幕環繞》。ETtoday 新聞雲。https://www.ettoday.net/news/20220203/2177071.htm/。檢索於 2022/02/25。

邱品蓉（2020/10/15）。〈商業經營 盼重啟凱蒂貓旋風！老字號三麗鷗換年輕新血接棒，靠數位轉型能奪回娛樂龍頭地位嗎？〉。數位時代。https://www.bnext.com.tw/article/59602/hello-kitty-digital-transformation/。檢索於 2022/02/27。

旅遊經（2021/10/22）。〈「2021 光臨藝術節」交通＋套裝 旅遊資訊懶人包報您知〉。新浪新聞。https://news.sina.com.tw/article/20211022/40307986.html/。檢索於 2022/02/26。

柯裕棻（2000）。〈Hello Kitty and The identity Politics in Taiwan〉https://citeseerx.ist.psu.edu/viewdoc/download?doi=10.1.1.517.9451&rep=rep1&type=pdf/ 檢索於 2022/02/27。

黃子倩、林佑璇（2017/04/09）。〈集點首發！12 年前消費 77 元免費送磁鐵〉。TVBS 新聞網。https://news.tvbs.com.tw/life/719112/。檢索於 2022/02/26。

許麗娟（2018/02/09）。〈大獲好「屏」！熱帶農業博覽會、綵燈節來囉～〉。自由時報電子報。https://news.ltn.com.tw/news/life/breakingnews/2336214/。檢索於 2022/02/26。

曹松清（2022/01/14）。〈Hello Kitty 蘋果村親子餐廳 插旗新竹快閃登場〉。《經濟日報》。https://money.udn.com/money/story/7843/6034331/。檢索於 2022/02/26。

趙毅衡（2018）。〈當今中國文化現狀與發展的符號學研究〉。每日頭條。https://kknews.cc/zh-tw/culture/86xr4gl.html/。檢索於 2022/02/10。

中國超壞媽媽（Big Bad Chinese Mama）網站：http://www.bigbadchinesemama.com/。檢索於 2022/02/27。

諦觀（漢語詞句）。百度百科。https://baike.baidu.hk/item/ 諦觀 /10427509/。檢索於 2022/02/12。

歐陽辰柔（2017/01/15）。《創造都市裡人與人相遇的可能！東京專訪 teamLab 共同創辦人豬子壽之》。La Vie，2017 年元月號。https://www.wowlavie.com/article/ae1700081/。檢索於 2022/02/25。

時報出版
CHINA TIMES PUBLISHING COMPANY

審查意見書

茲審閱《新審美經濟》（Economy of New Aesthetic Categories）一書，

認可其撰寫與內容符合學術規範與標準。

北京大學文化產業研究院院長　　銘傳大學講座教授　　佛光大學藝術學研究所前所長
北京大學藝術學院教授

西元 2022 年 4 月 16 日

hello! Design 69

新審美經濟

作者	潘罡
照片提供	潘罡
主編	謝翠鈺
企劃	陳玟利、鄭家謙
封面設計	陳文德
美術編輯	趙小芳

董事長	趙政岷
出版者	時報文化出版企業股份有限公司
	108019 台北市和平西路三段二四〇號七樓
	發行專線｜(〇二)二三〇六六八四二
	讀者服務專線｜〇八〇〇二三一七〇五｜(〇二)二三〇四七一〇三
	讀者服務傳真｜(〇二)二三〇四六八五八
	郵撥｜一九三四四七二四時報文化出版公司
	信箱｜一〇八九九　臺北華江橋郵局第九九信箱
時報悅讀網	http://www.readingtimes.com.tw
法律顧問	理律法律事務所｜陳長文律師、李念祖律師
印刷	勁達印刷有限公司
初版一刷	二〇二二年五月二十七日
定價	新台幣四五〇元

（缺頁或破損的書，請寄回更換）

時報文化出版公司成立於一九七五年，
並於一九九九年股票上櫃公開發行，於二〇〇八年脫離中時集團非屬旺中，
以「尊重智慧與創意的文化事業」為信念。

新審美經濟/潘罡作. -- 初版. -- 臺北市：時報文化, 2022.5
　　面；　公分. -- (hello! design ; 69)
ISBN 978-626-335-411-1(平裝)
1.CST: 審美 2.CST: 美學 3.CST: 文化經濟學 4.CST: 文化產業

541.2016　　　　　　　　　　　　111006823

ISBN 978-626-335-411-1
Printed in Taiwan